HANS-MARTIN GAUGER

Über Sprache und Stil

VERLAG C.H. BECK

Die Arbeit an diesem Buch
wurde durch ein Stipendium der Carl Friedrich von Siemens-Stiftung
von Oktober 1993 bis September 1994 ermöglicht.

Die Deutsche Bibliothek – CIP-Einheitsaufnahme

Gauger, Hans-Martin:
Über Sprache und Stil / Hans-Martin Gauger. – Orig.-Ausg. –
München : Beck, 1995
   (Beck'sche Reihe ; 1107)
   ISBN 3 406 39207 5
NE: GT

Originalausgabe
ISBN 3 406 39207 5

Umschlagentwurf: Uwe Göbel, München
Umschlagabbildung: Tullio Pericoli: „Komische Szene",
© Margarethe Hubauer
© C.H.Beck'sche Verlagsbuchhandlung (Oscar Beck), München 1995
Gesamtherstellung: Presse-Druck- und Verlags-GmbH, Augsburg
Gedruckt auf säurefreiem,
aus chlorfrei gebleichtem Zellstoff hergestelltem Papier
Printed in Germany

Inhalt

1. Sprache ist Tradition

Sprache ist Tradition, mehr noch: nichts ist so sehr Tradition wie Sprache. Sie ist für den einzelnen Menschen das fraglos Übergebene und fraglos Übernommene. Und diese Tradition wird, im Unterschied zu anderen, *vollständig* übernommen. Jeder spricht wie seine Umgebung. Zunächst wie diejenige seiner Kindheit. Wobei bereits diese frühe Umgebung, deren Einfluß zuallermeist entscheidend bleibt, Verschiedenheit aufweisen kann: es gibt die Umgebung, die Eltern und Geschwister sind, und die *weitere* Umgebung (für das Kind sind dies, vor allen übrigen, die anderen Kinder). So tritt, in unseren Breiten, eine erste Differenzierung durch den Kindergarten und die ersten Schuljahre auf. Die Änderungen, die sich später ergeben, sind durch neue Umgebungen bedingt, in die man hineingerät: durch Ausbildung und Bildung, durch Beruf und Ortsveränderung. Aber diese Änderungen des ursprünglich Angelegten, die wie Zusätze sind, sind ihrerseits durch Traditionen, *andere* Traditionen, bewirkt. Man kann weit von seinem sprachlichen Ursprung weggeraten. Dann erfährt man das freudige Erstaunen, beinahe Erschrecken, wenn man, nach langer Abwesenheit, an den Ort der Kindheit zurückgekehrt, den alten Ton, bestimmte Wörter und Wendungen wieder hört.

Zudem ist es, muß man sich klarmachen, so, daß *alle übrigen* Traditionen, die der einzelne, mehr oder weniger vollständig, übernimmt, nicht unabhängig von der Sprache, sondern im Verein mit ihr – als von ihr getragene – übernommen werden. Sodann ist sie, wenn wir auf den Spracherwerb blicken, eine der ersten Traditionen, die der einzelne übernimmt, wenn es nicht überhaupt die erste ist. Gibt es eine andere, die ihr vorausginge? Es könnte nur das Lächeln sein, das Lächeln des sehr kleinen Kindes, des ‚in-fans', des ‚Noch-nicht-Sprechenden'. Im Unterschied zum anfänglichen Schreien oder Weinen ist dies Lächeln ja nicht frei von ‚traditionellen' Elementen, und vielleicht berührt es uns darum so nah. Ist es nicht wie ein erstes Heraustreten aus dem zunächst bloß Biologischen? Es kommt doch eigentlich *von uns,* ist eine Antwort auf *unser* Lächeln und ist bereits „kommunikative Interaktion". Das Weinen und das Schreien, zunächst anders bedingt, gewinnen bald ebenfalls Elemente solcher Interaktion; sie werden traditionell ‚informiert' (was das Lächeln angeht, gibt es freilich auch die andere, „biologistische" Meinung: I. Eibl-Eibesfeld, Elementare Interaktionsstrategien, in: W. Heindrichs / G. C. Rump, *Dialoge,* Hildesheim 1979, S. 14).

Dann aber – das Verstehen geht dem Sprechen erheblich voraus – die Sprache. Sie wird in das Kind buchstäblich hineingeredet und ist so sehr Tradition, daß das Kind eigentlich gar nichts sagt, das man ihm nicht gesagt hätte zuvor. Dies gilt weithin für das Inhaltliche; ohne Einschränkung gilt es aber für das Lautlich-Materielle. Damit soll nicht bestritten sein, daß es in der Aneignung der Sprache auch aktive und quasi schöpferische Elemente gibt. Jeder kennt den Kinderfehler von der Art „er hat es mir gebringt". In solchen Fehlern liegt etwas Kreatives, aber dies Kreative folgt immer, wie in diesem Fall, vorgegebenen Mustern; es handelt sich um Übergeneralisierungen. Man glaubt hier gar, drei Phasen auseinanderhalten zu können: Zunächst erscheine die korrekte Form des Partizips Perfekt „gebracht", dann die übergeneralisierte „gebringt", die zeigt, daß das Kind bereits eine Regel internalisiert hat, es hat gleichsam das Prinzip verstanden, schließlich wieder die korrekte Form „gebracht". Ähnlich im Semantischen, bei den Wörtern. Auch hier die bekannten Übergeneralisierungen, also etwa „Wauwau" oder „Muh" für viele Tiere: auch eine Katze oder gar ein Fisch werden dann mit „Wauwau" oder „Muh" benannt. Schließlich aber endet der Spracherwerb auch hier in der völligen Übereinstimmung des Sprechens (und Verstehens) mit dem der Umgebung. Alles Abweichende wird eliminiert.

Man muß wissen, daß es eigentlich nicht ‚Nachahmung' ist,

die das Kind beim Spracherwerb motiviert. Das Kind ahmt nicht nach, so wie es später einen anderen nachahmen mag in dessen spezifischem Sprechen. Es ist da etwas Radikaleres am Werk, nämlich ‚Identifizierung'. Was vorliegt, ist Internalisierung durch (unbewußten) Wunsch nach Identifizierung. Das Kind will sein wie die Eltern, wie die anderen der Umgebung überhaupt. Und ein Teil des frühkindlichen Wie-die-Eltern-sein-Wollens ist das Sprechen-Wollen-wie-sie. Der Spracherwerb ist also eingebettet in ein fundamentales Allgemeineres: den Wunsch nach Identifizierung, der, nach Freud, der „intensivste und folgenschwerste Wunsch der Kinderjahre ist" (S. Freud, *Gesammelte Werke,* VII, S. 227). Übrigens kann man fragen (leider hat Freud selbst die Frage nicht gestellt), ob die seelische Instanz, die er als „Über-Ich" bezeichnet und als „Elternrepräsentanz" bestimmt, im Spracherwerb eine Art Vorläufer, so etwas wie ein Vorbild findet. Es gibt jedenfalls bemerkenswerte Analogien zwischen Spracherwerb und Über-Ich (vgl. H.-M. Gauger, „Sprache und Sprechen im Werk S. Freuds", in: H.-M. Gauger, *Der Autor und sein Stil,* Stuttgart 1988, S. 149–155).

Die Sprache also ist Tradition: sie wird *vollständig* und *fraglos* übernommen; sie ist eine der *ersten* übernommenen Traditionen, wenn nicht überhaupt die erste; die Übernahme geschieht *unbewußt,* angetrieben durch den Wunsch nach *Identifizierung* mit den Eltern, den Großen überhaupt, aber auch mit den nur wenig größeren Gleichaltrigen (jeder weiß, wie wichtig für das Kind – und es gilt bis in die späten Jugendjahre hinein – gerade die *ein wenig* Älteren sind).

2

Der Erwerb der Sprache geschieht unbewußt. Andererseits hat, was wir Bewußtsein im Sinne ich-haften Selbstbewußtseins nennen, ganz gewiß gerade Sprache als notwendige Voraussetzung: kein Bewußtsein – im eigentlichen Sinn – ohne Sprache. Man müßte hier von der ‚Sprachhaftigkeit des Bewußtseins' reden, der dann umgekehrt die ‚Bewußtseinshaftigkeit der Sprache' entspricht. So wie die Sprache das Bewußtsein ermöglicht, im strikten Sinn der Bedingung der Möglichkeit, ist nämlich umgekehrt Sprache an Bewußtsein gebunden. Gewiß umgreift sie – hierin liegt ihre Objektivität, die gerade in ihrer Traditionalität besteht – das einzelne Bewußtsein. Sprache ist jedoch nicht irgendwo. Sie ist im Bewußtsein, in mehreren oder vielen ‚Bewußtseinen' gleichzeitig, und ohne Bewußtsein ist sie nicht, was sie ist. Obgleich also die Sprache ein dem Individuum von außen Auferlegtes ist (sie ist ein „fait social" im Sinne Emile Durkheims), darf sie nicht hypostasiert werden, wir sagten es, zu einer Art Person. Sie bedarf, um sein zu können, was sie ist, des Substrats eines Bewußtseins. Wir haben hier demnach ein komplexes, um nicht zu sagen dialektisches Ineinander. Die Sprache schafft das Bewußtsein, bedarf aber ihrerseits eines Bewußtseins als ihres Trägers; sie ist Sprache nur als Besitz eines Bewußtseins, *für welches* sie Sprache ist und das ihre Elemente zusammenhält. Sprache ist immer die Sprache von jemandem. Sie ist nicht für sich selbst (hierzu: H.-M. Gauger, *Sprachbewußtsein und Sprachwissenschaft*, München 1976, S. 33–68).

3

Sprache ist als Tradition insofern spezifisch, als sie, im Unterschied zu anderen Traditionen, als solche kaum zu Bewußtsein kommt. Man leidet, allein aus diesem Grund, nicht an seiner Sprache. Man mag Schwierigkeiten mit ihr haben, wie dies in spezifischer Weise dem literarischen Autor geschieht („Ein Schriftsteller ist jemand, dem das Schreiben schwerfällt" – so, bekanntlich, das witzige dictum Thomas Manns, zu welchem Ulrich von Wilamowitz-Moellendorff angemerkt haben soll: „Dann soll er's doch bleiben lassen!"). Aber man fühlt sich nicht eingeengt durch diese Tradition. Man *leidet* nicht an ihr, wie man an anderen Traditionen, deren Opfer man wurde, leiden mag: an einer bestimmten Erziehung etwa; an dem, was von Vater oder Mutter ausging oder von beiden zugleich. Auch hier hat man „internalisiert", aber man kann zu diesen Traditionen großen Abstand gewinnen. Nicht so bei der Sprache. Hier haben wir, jedenfalls bei der *ersten* Sprache, etwas wie Urvertrauen. Man zieht da, unter normalen Umständen, nichts in Zweifel. Im Gegenteil: hier herrscht, was Mario Wandruszka „muttersprachliche Selbsttäuschung" nennt. Man hält die Formen und Wörter der eigenen Sprache für schlechthin angemessen und zweifelt nicht an ihrer fundamentalen „Richtigkeit". Die Sprache gibt uns in sehr elementarer Weise „Außenhalt".

Die Tradition, die die Sprache ist, ist durch einen weiteren Zug gekennzeichnet, nämlich durch Neutralität und Offenheit. Sie engt nicht ein; sie tut dies nicht nur subjektiv nicht, sondern sie läßt auch objektiv große Freiheit. Sehr Verschiedenes ist möglich und geschieht in der Tat auch praktisch mit ihr. Womit nicht gesagt sein soll, daß sie in jeder Hinsicht unbelastet sei. Eugenio Coseriu hat einmal erklärt (es ist die für Linguisten typische Position), die Sprache sei „als solche das Unschuldigste, da sie gegenüber ihren Verwendungen im Sprechen völlig unbestimmt" sei (*Sprache, Strukturen und Funktionen,* Tübingen 1970, S. 133). Dies geht zu weit; es ist nicht richtig. Da die Sprache historisch geworden ist, schleppt sie manches mit: „Urväter Hausrat drein gestopft". Dies gilt, wenn irgendwo, hier. Und es kann nicht ausgeschlossen werden, daß von jenem Mitgeschleppten auch im gegenwärtigen Bewußtsein vieles lebendig ist oder erneut lebendig werden kann. Zum Beispiel sind unsere europäischen Sprachen – und diese sind hierin gewiß nicht singulär – stark männlich geprägt, Sprachen gleichsam mit „Männerphantasien" (H.-M. Gauger, „Negative Sexualität in der Sprache", in: W. Mauser, U. Renner, W. Schönau, *Phantasie und Deutung,* Würzburg 1986, S. 315–330). Dies hindert aber nicht, daß wir uns subjektiv durch unsere Sprache nicht eingeengt fühlen und daß sie uns auch objektiv kaum einengt, jedenfalls: nicht einzuengen braucht. Eine Sprache erlaubt uns, das ‚Ideologische', das in ihr liegen mag, zu überwinden. Zudem ist jede Sprache in ihrem wesentlichen Teil, dem Wortschatz, durchaus offen für *andere* Sprachen. Was wären, zum Beispiel, die europäischen Sprachen ohne ihre – nahezu allgegenwärtigen – griechischen und lateinischen Elemente? Die Tradition also, die eine Sprache ist, ist wesentlich Freiheit. Freiheit des Sagens, die vor allem das Was betrifft. Hierfür ist die immer gegebene Möglichkeit des Übersetzens ein sehr starkes Beweisstück: Man kann, was mit den Mitteln irgendeiner Sprache gesagt worden ist, vielleicht nicht gleich treffend und in gleicher Kürze, aber doch auf *irgendeine Weise* mit den Mitteln irgendeiner anderen Sprache ebenfalls sagen.

Erheblich weniger frei sind wir im Wie des Sagens. Und was nun die Sprache selbst – in ihrer Sprachlichkeit – angeht, sind wir ganz und gar unfrei. Wir übernehmen sie so, wie sie ist. Wir können sie nicht ändern. Selbst der Caesar, wußten bereits die Römer, hat über sie keine Macht. Und Horaz kannte schon den *usus tyrannus:* „bei ihm (beim Gebrauch) liegt die Entscheidung, das Recht und die Richtschnur des Sprechens" („*quem penes arbitrium est et ius et norma loquendi", Ars Poetica,* II, 72). Man mag den Gedanken theologisch finden oder nicht: jedenfalls ist der Mensch – dies sollte man sich klarmachen – gerade in dem, was ihn, nach einer alten Bestimmung, vom Tier *unterscheidet,* nämlich im Sprachlichen, ganz und gar nicht autonom; hier, in seiner Sprachlichkeit, ist er restlos heteronom, fremdbestimmt, bedingt durch andere.

Lassen wir die These beiseite, die Wilhelm von Humboldt vertrat, die sich aber schon vor ihm, im 18. Jahrhundert, anbahnte, nach welcher das ‚Weltbild' einer Gemeinschaft durch deren Sprache geprägt sei. Prägung also des Denkens, Wollens und Fühlens, des Weltempfindens insgesamt, durch die jeweilige Sprache. Selbst wenn diese These im Recht wäre, was jedenfalls innerhalb der europäischen Sprachen ausgeschlossen ist, wäre im Sinn des zuvor Skizzierten zu sagen, daß solche Prägung überwindbar wäre: eine bestimmte Sprache kann – durch die Mittel dieser Sprache selbst – transzendiert werden. Sprachliche „Transzendenz' ist innerhalb *jeder* Sprache zu erreichen. Man kann sich – in ihr – von ihr lösen. Vielleicht nicht ganz, aber ein gutes Stück weit.

Aus der Tatsache, daß Sprache Tradition ist, folgt etwas Einfaches, keineswegs aber immer in Rechnung Gestelltes: dies nämlich, daß es die Sprache, die Sprache im Singular, nicht gibt. ,Die Sprache' ist eine Abstraktion: ein bloßes Gedankending, *ens rationis*. Man muß sich den Sachverhalt klarmachen, daß jegliches Sprechen, das irgendwo geschieht, sich unausweichlich in einem traditionellen, historisch gewordenen *Modus* des Sprechens vollzieht. Es gibt Sprache realiter nur als geschichtlich gewordene Einzelsprache. Man sollte auch die organizistische Metapher, die in dem Adjektiv ,gewachsen' liegt, vermeiden. Eine Sprache ist nicht gewachsen, sondern geworden. Sie gehört ganz und gar zum Geschichtlichen.

Herauszustellen ist sodann eine weitere Abstraktion. Es gibt auch nicht, als ein wirklich Vorkommendes, ein *ens reale,* eine bestimmte Sprache in großer zeitlicher Ausdehnung. Es gibt zum Beispiel nicht die deutsche Sprache von ihren „ältesten Denkmälern", wie die Philologie sagt, bis heute. Es gibt nicht die deutsche Sprache von den Merseburger Zaubersprüchen bis Martin Walser. Auch dies ist eine Abstraktion – eine legitime Abstraktion der historischen Sprachwissenschaft. Eine Abstraktion ist schließlich auch, was Ausdrücke wie „die deutsche Sprache heute", „das gegenwärtige Deutsch" meinen. Diese Begriffe ergeben sich aus *historischer* Sicht, sie sind historisch vermittelt. Der Sprechende erfährt seine Sprache nicht als einen bestimmten ,Zustand' innerhalb der Geschichte seiner Sprache.

Wie kommt Sprache realiter vor? Wie ist ihre Seinsweise? Ihre Geltung? Das ist eine Frage, die die Sprachwissenschaft eigentümlich wenig interessiert. In der Tat setzt das faktische Geschäft der Sprachwissenschaft ihre Beantwortung nicht voraus (Heidegger: „Wissenschaft denkt nicht…"). Gleichwohl ist die Frage für das Verständnis dessen, was Sprache ist, entscheidend. Die Antwort kann nur lauten: eine Sprache kommt realiter nur als Besitz eines Individuums vor, als *gemeinsamer* Besitz zeitlich koexistierender Individuen. Die Sprache – gerade als geschichtliche – übergreift, wie gesagt, das Individuum, kommt aber dann doch nur *im* Individuum realiter vor. Nur so wird sie von dem Sprechenden erfahren: ich habe etwas in mir, als *meinen* Besitz, das ich auch in *anderen* – freilich mit Unterschieden – feststelle: in eben denjenigen anderen, mit denen ich mich sprachlich verständigen kann. Auch hier muß das Element Abstraktion gesehen werden. Auch hier wird abstrahiert, es wird *abgesehen* von – wiederum geschichtlich bedingten – Unterschieden. Aber diese Abstraktion ist eine Abstraktion *anderer* Art. Sie ist real, denn sie wird von den Sprechenden selbst vollzogen. Eben sie meint der – seit Saussure üblich gewordene – Begriff des „Synchronischen": Gemeinsamkeit der Sprache bei gleichzeitig (synchronisch) Existierenden. Diese Abstraktion gehört zum ‚Funktionieren‘ der Sprache selbst. Jeder Sprechende setzt sie in seinem Sprechen voraus: Gleichheit des Besitzes. Gemeinsamkeit also der Sprache gleichzeitig (im gleichen ‚Raum der Zeit‘) lebender Menschen. Und dieser ‚Raum der Zeit‘ wird nun durch die Schrift erheblich erweitert. Die gewaltige Erfindung der Schrift erlaubt eine Art Kommunikation auch mit längst Entschwundenen. Zusammenfassend: Sprache kommt nur vor erstens als historisch gewordene Einzelsprache, zweitens – innerhalb solcher Einzelsprachlichkeit – als synchronisch subjektgebundene. Jeder andere Begriff von Sprache ist eine Abstraktion. Und noch einmal: Abstraktionen sind nicht unerlaubt; man darf sie nur nicht verdinglichen.

5

Der Sprachbesitz, als welcher die Sprache realiter in der Psyche vorkommt, ist als ein Können zu begreifen: Sprechenkönnen, Verstehenkönnen, dann auch das Können, vorgelegte (oder vorgesprochene) Sätze als korrekt zu beurteilen oder als inkorrekt, wobei Zweifelsfälle konzediert werden müssen. Es ist ein *unbewußtes* Können, das aber bewußt gemacht werden kann. Dieses Können gehört somit zu dem Bereich der Psyche, den Freud als System des „Vorbewußten" beschreibt: der Bereich des faktisch vielleicht immer Unbewußten, aber prinzipiell Bewußtseinsfähigen. Wir *können* die Grammatik, die Morphosyntax: die materiellen Abwandlungen der Wörter und deren Inhalte (Semantisches gibt es auch in der Grammatik, nicht nur im Lexikon), dann den großen Komplex der Regeln, die als wenn…dann-Verhältnisse zu fassen sind und zu denen – ein sehr wichtiger Punkt – auch die *Abfolge* der Elemente gehört. Zum Beispiel französisch: *Le chasseur tue le lion, Le lion tue le chasseur.* Wir *können* aber auch diejenigen materiellen Elemente der Sprache, die nicht, wie die bisher genannten Signifikanten, in kleinste aufeinanderfolgende Segmente, die sogenannten Phoneme, zerlegbar sind, diejenigen Elemente also, die die Sprachwissenschaft als „suprasegmentell" bezeichnet und die sich den Phonemen, den „segmentellen", gleichsam hinzufügen: Wechsel in der Stärke des Atemdrucks (dynamischer Akzent) und Wechsel in der Tonhöhe (Intonation). Schließlich beherrschen wir auch die parasprachlichen Mittel, die – ebenfalls durchaus historisch geprägt – das Sprechen ergänzend oder es geradezu *ersetzend* begleiten: Mimik und Gestik. Denn das Sprechen bewegt sich nicht, wie das Schreiben, das sich nur auf das Sehen verlassen muß, nur in *einem* Medium, es ist nicht unimedial: es wendet sich nicht allein an das Ohr, obwohl es sich, wie zum Beispiel am Telefon, durchaus darauf beschränken kann, wenngleich mit Einbußen, sondern auch an das Auge; das sokratische „Rede, damit ich dich sehe!" hat auch *diesen* Sinn.

6

Sprache als Tradition: dies gilt auch für den literarischen Autor. Die literarische Sprache ist keine andere Sprache neben oder innerhalb der allgemeinen. Spezifisch sind lediglich Sprachverwendung und die Sprachhaltung, die hinter solcher Verwendung steht. Der literarische Autor wendet sich an jemanden, der gerade nicht literarischer Autor ist. Schon dies zeigt, daß er keine andere Sprache als die anderen hat. Freilich vermag er es, den Sprachbesitz – und zwar gerade für seine Leser – zu erweitern, zum Beispiel nach rückwärts, zur Vergangenheit hin. Er kann Elemente in die Gegenwart hereinholen, die dann, auf dem Wege der Bildung, an dieser Gegenwart auf vermittelte Weise partizipieren. In der Regel wird er auf Elemente zurückgreifen, die als ‚archaische‘ lebendig sind. Aber wiederum: ein Element ist nicht für sich selbst archaisch, es ist archaisch nur für die Sprechenden innerhalb einer bestimmten Synchronie. Wieder die prinzipielle Subjektgebundenheit des Sprachlichen.

Dem literarischen Autor liegt seine Sprache vor in deren vielschichtiger, komplexer Varietät. Auch diese Varietät ist, nicht anders als die externe, Äußerung der Geschichtlichkeit (hierüber S. 30). Dem literarischen Autor wird seine Sprache zum Mittel. Er macht etwas *mit* seiner Sprache. Dies gilt natürlich – mit Unterschieden – für jedermann. Für den literarischen Autor jedoch wird die Sprache zum Mittel, zum Material in einem *spezifischen* Sinn. Aber passen hier eigentlich die Begriffe „Mittel“ und „Material“? Sie treffen in der Tat, was hier vorliegt, kaum, denn sie setzen einen Abstand voraus, der hier nicht gegeben ist. Die Sprache ist für den literarischen Autor nicht Mittel, sondern Medium. Er ist *in* ihr, und erst innerhalb dieses spezifischen „In-Seins“, um mit Heidegger zu sprechen, kann dann das Sprachliche zu einem Instrumentellen, zu einem „Zuhandenen“, also zu einem wirklichen Mittel werden (*Sein und Zeit*, § 22).

Seine Sprache ist dem Autor nicht als Fremdes, ihm Äußerliches gegeben. Er hat sie längst, bevor er zu schreiben beginnt, verinnerlicht. Sie ist ihm in ihm gegeben. Also wieder diese beiden Seiten, die zwei Seiten ein und desselben sind: er ist *in* der Sprache, die Sprache ist *in ihm*. Es wäre somit richtiger zu sagen: er selbst, wie er ist, als empirische Person, ist als Vorgabe seines Schreibens bereits da, und hierzu gehören dann auch seine Sprache und sein spezifisches Sprachverhalten. Diese Sprache ist dann aber nicht – es wäre ein Mißverständnis – schlechthin etwa „das gegenwärtige Deutsch“. Es geht um Individualsprache, um Idiolekt im Sinne *individuellen* Sprachbesitzes. Wieder lauert hier die Gefahr der Abstraktion, genauer: die Gefahr, eine Abstraktion als Reales zu nehmen. Es ist nicht so, daß die Sprache, in der der Autor schreibt, schon da wäre. Sie ist nur da, insofern sie – mit ihren Potentialitäten – *in ihm* ist. Sie ist ihm da als *sein* Sprachbesitz.

Es gibt, in einer ersten Einteilung, drei Ausprägungen des Sprachbewußtseins: das ‚durchschnittliche‘, das ‚literarische‘ und das ‚linguistische‘ Sprachbewußtsein. Das letztere unterscheidet sich von den beiden erstgenannten dadurch, daß jene – in verschiedener Weise – ‚naiv‘ sind (‚naiv‘ im Sinne des Nicht-Wissenschaftlichen), während das linguistische Sprachbewußtsein durch die spezifische Distanzhaltung, das „interesselose Interesse“ wissenschaftlicher Reflexion geprägt ist. Was nun aber das literarische Sprachbewußtsein angeht, das, bei aller außerwissenschaftlichen Naivität, äußerst raffiniert sein kann, so ist zu sagen, daß sich die literarischen Autoren hier stark unterscheiden. Es wäre interessant, in dieser Hinsicht eine ‚Typologie‘ zu versuchen: es gibt stark sprachbewußte und mehr oder weniger sprachunbewußte Autoren.

Der individuelle Sprachbesitz fällt keineswegs zusammen mit dem, was der Betreffende faktisch äußert. Es ist zu unterscheiden zwischen dem aktiven Sprachbesitz und dem passiven. Man versteht – rein sprachlich – viel mehr als das, was man sagt oder sagen kann. Vorgegeben also ist dem literarischen Autor als Reservoir sein passiver Sprachbesitz. Der passive Sprachbesitz besteht aus Elementen, die aus der Lebenswelt sind, und solchen, die aus der Literatur stammen, die man sich also angelesen hat: Lebenswelt und Lesewelt. Natürlich decken sich die Mengen beider Elemente weithin. Es gibt aber Elemente, die nur der einen oder nur der anderen beider ‚Welten‘ zugehören. Die Lesewelt ist nun aber für den literarischen Autor gewiß von besonderem Gewicht. Und hier ist ein Begriff nicht nur angemessen, sondern unabdingbar, der für die Sprachwissenschaft in der letzten Zeit wichtig geworden ist; er gehört zwischen Sprachbesitz und Sprachverwendung hinein: es gibt nicht nur den individuellen Sprachbesitz und nicht nur die Sprachäußerung, die aktuelle ‚Rede‘, es gibt auch – real im realen Bewußtsein der Sprechenden – die *Diskurstraditionen,* ein

Begriff, der sich auf das Reden *und* das Schreiben bezieht. Es geht da um Stil, um Stilarten, um Gattungen oder allgemeiner: Textarten; es geht aber auch um Werke anderer Autoren, die dem Autor, mehr oder weniger bewußt, als Vorbild dienten. Die Literaturwissenschaft spricht von „Intertextualität". Dieser nützlich abstrahierende Begriff, der sich eben auf das Bedingungsgefüge zwischen anderen Texten und dem in Rede stehenden bezieht, gehört ebenfalls hierher (er stammt von Julia Kristeva). Es gibt demnach Diskurstraditionen, Traditionen des Sprechens und Schreibens, die dem Autor *zusätzlich* zu dem ihm verliehenen individuellen Sprachbesitz gegeben und – mehr oder weniger bewußt – präsent sind. Sie gehören jedenfalls nicht zum Sprachbesitz selbst, denn natürlich *kann* man eine Sprache auch, wenn man diese Traditionen nicht beherrscht. Die Diskurstraditionen sind nur zum Teil sprachlich begründet und auch nicht an eine Einzelsprache gebunden (Zum Beispiel wäre es unsinnig, die Diskurstradition ‚realistischer Roman' in bezug auf eine bestimmte Sprache zu kennzeichnen). Wenn literarische Autoren oder Literaturhistoriker und Literaturkritiker von einer „neuen Sprache" reden, die jemand gefunden habe oder nach der zu suchen sei, so meinen sie gar nicht dies. Sie meinen nicht eine neue Sprache, sondern neue Sprachverwendung. Sie meinen einen neuen Diskurs, das Loskommen von vorgefundenen Diskurstraditionen oder von der herrschenden Tradition. Es geht also nicht um eine „neue Sprache", sondern um neue Arten des Schreibens, um die Begründung vielleicht gar einer neuen Diskurstradition *innerhalb* der großen, umfassenden, alles andere tragenden Tradition, die eine jede Sprache ist.

2. Die Unmöglichkeit, was Sprache ist, *eigentlich* zu verstehen

Wittgenstein sagt einmal (eine nicht selten zitierte Äußerung): „Es ist so schwer, den *Anfang* zu finden. Oder besser: es ist schwer, am Anfang anzufangen. Und nicht (zu) versuchen, weiter zurückzugehen" (*Über Gewißheit*, Frankfurt 1971, S. 123). Bemerkenswerte, auch irritierende Sätze. Eigentlich, könnte man einwenden, ist die Besorgnis, die sie zum Ausdruck bringen, doch überraschend. Warum sollte es – gedanklich – eine Gefahr sein, zu weit zurückzugehen? Denn dies – Anwesenheit einer gedanklichen Gefahr – wird hier suggeriert: die Sätze implizieren, daß es wichtig sei, nicht zu weit vorne, zu früh zu beginnen, sondern genau dort, wo zu beginnen sei, und weil dies wichtig sei, um eine Sache oder ein Problem nicht zu verfehlen, sei da auch gedankliche Gefahr. Im schlimmsten Falle, wäre hier aber doch einzuwenden, würde man, wenn man zu weit zurückginge, doch nur Dinge sagen, die unnötig sind. Man verhielte sich unökonomisch, käme aber doch irgendwann, bei geeignetem Vorgehen, an den Anfang heran. Wittgenstein jedoch will, daß der genaue Anfang einer Sache oder eines Problems ausgemacht werde: der wirkliche Anfang – entweder in einem systematischen oder in einem historischen Sinn, denn es gibt den historischen Anfang und den systematischen. Wo beginnt der Mensch historisch? Und wo beginnt er systematisch? Das Beispiel zeigt, daß zwischen beiden Fragen ein Zusammenhang bestehen kann. Um zu wissen, wann der Mensch naturhistorisch beginnt, muß man wissen, wo er systematisch beginnt. Die Beantwortung der historischen Frage hängt hier von der systematischen ab. Im allgemeinen wird ja (und nicht zu Unrecht) bereits vorausgesetzt, daß man schon wisse, was der Mensch sei. Und für die Naturhistorie genügt dieses Wissen ohne Zweifel. Die systematische Überlegung könnte aber bei entsprechender Definition durchaus zu dem Ergebnis führen, daß der Mensch historisch noch kaum begonnen hat... Man sieht an diesem Beispiel übrigens auch, daß die strikte Trennung von Historischem und Systematischem auch ihre Schwierigkeiten hat; sie ist strikt nicht aufrechtzuerhalten. Zurück aber zu Wittgenstein: man kann ihm zugestehen, daß derjenige in der Tat irrt – gedanklich systematisch oder historisch –, der *zu früh* beginnt, über den Anfang hinaus also zurückgeht.

Wir sprachen vom Menschen. Wie aber steht es mit der Sprache? Hier haben wir einen Sonderfall. Womit wir nicht sagen wollen, die Sprache sei in dieser Hinsicht singulär; es gibt gewiß noch andere Erscheinungen dieser Art: eine von ihnen ist sicher die Religion, das Phänomen des Religiösen. Im Falle der Sprache ist nämlich, zumindest historisch (aber vielleicht denkt Wittgenstein gar nicht an diese Art Anfang), die Gefahr, zu weit zurückzugehen, gar nicht gegeben. Man kann hier nicht über den Anfang hinaus zurückgehen, da es bereits völlig ausgeschlossen ist, den Anfang überhaupt zu erreichen. Man kommt an den Anfang der Sprache empirisch, von der Empirie her – und darauf käme es an –, nicht heran. Was sind die rund dreitausend Jahre schriftlich belegter Sprache im Vergleich zu den rund drei Millionen Jahren, die wir brauchten, um an das Anheben der Sprache zu gelangen? Vergegenwärtigen wir uns die hier einschlägigen Zahlen: Das angenommene Alter der Erde beläuft sich auf 4,5 Milliarden Jahre; vor 25 bis 30 Millionen Jahren ergab sich die Trennung der Menschenaffen und der sogenannten Hominiden; das „Tier-Mensch-Übergangsfeld" ist vor rund drei Millionen Jahren anzusetzen (G. Heberer); hiermit sind wir im „oberen Pliozän"; der älteste bisher bekannte (aber es gab allerjüngst neue Funde) Vertreter des Menschen, der sogenannte „homo erectus", trat vor rund 1,3 Millionen Jahren auf; er gebrauchte bereits das Feuer und stellte Werkzeuge her; von späteren Formen des Frühmenschen, etwa dem Cro-Magnon-Menschen, kennen wir Höhlenmalereien und Skulpturen; es gibt gute Gründe für die Annahme, daß die Herstellung von Werkzeugen, die wir bei keinem Tier kennen, und natürlich Malereien und Skulpturen Sprache voraussetzen...

Wir kommen also an jenen, wie Konrad Lorenz sich einmal ausdrückte, „Kugelblitz der Evolution", der aus dem Menschen oder dem, was Mensch werden sollte, das so überaus spezifische Tier machte, nicht heran. Wir kommen – von daher – an die Sprache nicht heran. Übrigens ist das mit dem „Kugelblitz der Evolution", der „Fulguration", eine – rein wissenschaftlich – kaum zu verantwortende Äußerung. Jedenfalls ist sie nichts anderes als eine das Rätsel statuierende Metapher. Weshalb sollte es zu einer solchen „Fulguration" gekommen sein? Sind wir noch immer beim „Wunder-Ursprung" (Nietzsche) der Sprache? Man wird es wohl sagen müssen.

In dem schönen Gespräch im Eisenbahnzug, Strecke Paris–Lissabon, über die Entstehung der Welt, des Lebens und des Menschen zwischen Felix Krull und dem Professor Kuckuck erklärt dieser: „O doch, Mensch und Tier, die sind verwandt genug! Wollen wir aber von Abstammung reden, so stammt der Mensch vom Tier, ungefähr wie das Organische aus dem Unorganischen stammt. Es kam etwas hinzu." Und nun eröffnet der Paläontologe dem staunenden Humbug-Marquis, das Gesagte erläuternd (und nie ist dies schöner gesagt worden): „Es hat nicht eine, sondern drei Urzeugungen gegeben: Das Entspringen des Seins aus dem Nichts, die Erweckung des Lebens aus dem Sein und die Geburt des Menschen." Kurz danach präzisiert Kuckuck (und dies wird nun, eher beiläufig, nur noch in indirekter Rede mitgeteilt): „Aus dem Tier sei durch Abstammung, wie man sage, in Wirklichkeit durch ein Hinzukommendes, das so wenig beim Namen zu nennen sei wie das Wesen des Lebens, wie der Ursprung des Seins, der Mensch hervorgegangen" (Thomas Mann, *Die Bekenntnisse des Hochstaplers Felix Krull*, 3. Buch, 5. Kapitel). Sind wir nicht weithin und weiterhin aufgeklärte Metaphysiker von der Art des Paläontologen Kuckuck aus Lissabon?

Unmöglichkeit also eines empirischen Zugangs zum Anfang. Dies ist zumindest für die Sprachwissenschaft gravierend, denn sie ist nun einmal eine durch und durch empirische Disziplin: sie ist, bei aller Spekulation und aller theoretischen Konstruktion, die auch in ihr hervortreten und ihr zugehören, auf Beob-

achtung angewiesen. Auch in der sogenannten „Universalien-
forschung", in der es darum geht, das „Wesen" der Sprache zu
bestimmen, also diejenigen Elemente zusammenzustellen, die
an einem Ding sein müssen, damit man es Sprache nennen
kann: auch diese Forschung ist angewiesen auf die faktisch vorkommenden bekannten Sprachen.

Eine andere empirische Möglichkeit, an den Sprachursprung
heranzukommen, wäre, könnte man meinen, die Beobachtung
der Verständigungssysteme der Tiere. Man redet hier vorsichtiger und in der Tat zutreffender von „Signalsystemen" als von
„Sprachen". Aber auch dieser Weg führte nicht zu Resultaten.
Die Untersuchung wildlebender Schimpansen, die von Jane
van Lawick-Goodall so eindrucksvoll beobachtet wurden, auch
die Untersuchungen von Günter Tembrock *Signalsystem der
Primaten* (1981) und andere Bemühungen führten nicht zu
dem erwünschten und so inständig gesuchten Brückenschlag
zwischen dem Tier und dem Menschen. Helmut Gipper, auf
den wir uns hier unter anderem stützen, betont: „im Grunde
tritt dabei die Kluft zwischen beiden insonderheit im geistig-
sprachlichen Bereich, noch deutlicher hervor" (Sprachursprung
und Spracherwerb. Phylogenetische und ontogenetische Probleme der Entwicklung des Menschen in heutiger Sicht, in:
Evolution und Sprache, Herrenalber Texte 66, Karlsruhe 1985,
S. 78; eine andere Position vertrat allerdings, in einem Vortrag
vor der Carl Friedrich von Siemens-Stiftung in München im
November 1993, John Maynard Smith). Auch ein Vertreter der
Sprachwissenschaft wie Noam Chomsky, dessen Stärke gewiß
nicht im Empirischen liegt, ist mehr als skeptisch: „There is no
reason to suppose that the ‚gaps' are bridgeable", und im Blick
auf die Bemühungen von W. H. Thorpe erklärt er noch dezi-
dierter: „it seems to me to show very clearly the hopelessness
of the attempt to relate human language to animal communica-
tion" *(Language and Mind,* New York u. a. 1972, S. 68, S. 69).

Im Unterschied zur Sprache der Menschen fehlt den tierischen Signalsystemen das Ineinanderwirken, das äußerst komplex ist, zweier verschiedener „Bereiche", das die Sprache
kennzeichnet, ja, zur Sprache macht, nämlich das von Lexikon

und Grammatik. Das Ineinanderwirken dieser beiden „Bereiche" ermöglicht eine unbegrenzte Vielzahl von Äußerungen: Die Wörter, vereinfacht gesprochen, können durch die Grammatik unendlich kombiniert werden, so daß es – von daher betrachtet – schlechterdings keine Grenze für das Sagbare gibt. Dies heißt natürlich nicht, daß man alles sagen könne; es gibt die Unsagbarkeit (nicht nur als Topos); es heißt nur, daß die Zahl der möglichen Sätze und Äußerungen endlos und das Sagbare also nicht eingrenzbar ist. Tiere jedoch scheinen nur über eine endliche Zahl von Signalen zu verfügen; diese Signale bilden (sowohl im Blick auf das Individuum als auch auf die Spezies) „geschlossene Systeme, die nicht oder nur geringfügig veränderbar sind" (Gipper). Über diese – in einem zumindest auch technischen Sinn – spezifische Differenz der Sprache (im Unterschied zu tierischen Signalsystemen) herrscht leider weder Klarheit noch Übereinstimmung. Karl Bühler hingegen sieht gerade in diesem „zweiklassigen" Charakter – und die beiden „Klassen von Setzungen und Gebilden" sind für ihn „Wortschatz" und „Grammatik" – das Spezifische der Sprache und die Voraussetzung ihrer „Produktivität" (*Sprachtheorie,* Stuttgart 1965, S. 73/74).

Schließlich lehrt uns – denn daran mag man ebenfalls denken – auch die sprachliche Ontogenese, die Entstehung der Sprache im frühkindlichen Individuum also, kaum etwas über den phylogenetischen Ursprung der Sprache, da die Sprache in der Umwelt des Neugeborenen ja schon voll ausgebildet vorhanden ist. Kein empirischer Zugang also („nach drüben ist die Aussicht uns verrannt"): weder phylogenetisch noch ontogenetisch. Der Vergleich zum Tier zeigt nur die Differenz.

Was also Dichter und Denker vom späten 18. Jahrhundert an das Frühe, das Ursprüngliche, das Anfängliche oder Uranfängliche, die Morgenfrühe der Menschheit nennen, ist in Wahrheit äußerst spät. Vor dieser schlichten Zahlendifferenz – drei Millionen Jahre gegen dreitausend – erscheint es als überaus abwegig, im Blick auf Sprachliches, von „ursprünglich" und so weiter zu sprechen, wenn jene Zeit in Rede steht, aus der die ältesten schriftlichen Belege stammen, die bedingt sind durch den einigermaßen kontingenten Faktor der Schrift, deren Entstehung um 3000 vor Christus, vielleicht ein wenig früher, anzusetzen ist. Diese war überaus folgenreich, die der später gefundenen, vielleicht gar regelrecht *erfundenen* Alphabetschrift zumal; aber sie war kontingent. Und die Kontingenz ist, was die *Erhaltung* jener frühen Denkmäler angeht, noch beträchtlicher (Beschaffenheit des Materials, Trockenheit oder Feuchtigkeit der Luft, etc.).

Man muß die Sprache zunächst in dieser naturhistorischen Perspektive sehen, um sie nicht als eine „ewige Tatsache" zu betrachten. Dies ist, nach Nietzsche, der „Erbfehler der Philosophen" (es ist ihr „Mangel an historischem Sinn"): sie alle, sagt er, betrachten den Menschen als „ewige Tatsache"; sie nehmen nicht zur Kenntnis, „daß der Mensch geworden ist, daß auch das Erkenntnisvermögen geworden ist". Ein weiterer Gedanke ist dann dieser: „Alles Wesentliche der menschlichen Entwicklung ist in Urzeiten vor sich gegangen, lange vor jenen viertausend Jahren, die wir ungefähr kennen." Für diese konzediert Nietzsche, daß sich in ihnen „der Mensch nicht mehr viel verändert haben mag" *(Menschliches, Allzumenschliches. Kritische Studienausgabe,* 2, S. 24/25). In jene „Urzeiten" – und zwar in die wirklichen, die naturhistorischen Urzeiten – fällt nun auch die Entwicklung der Sprache, die – als dessen notwendige Bedingung – zum „Erkenntnisvermögen" des Menschen gehört. Wir sollten bis hierher Nietzsche durchaus folgen: auch die Sprache muß – in diesem Sinne – in der Tat historisch betrachtet werden. Zwei Jahre nachdem Nietzsche *Menschliches, Allzu Menschliches* publiziert hatte, erschienen Hermann Pauls *Prinzipien der Sprachgeschichte* (1880): das theoretische Hauptwerk der sogenannten junggrammatischen Schule. Die Sprachwissenschaft gehört nach Paul zur Geschichtswissenschaft; eine andere Sprachuntersuchung als eine geschichtliche, wenn anders sie wissenschaftlich sein soll, ist nach Paul nicht möglich. Wissenschaftlich heißt für ihn in der Sprachuntersuchung – geschichtlich. Überraschend offen kommt Paul am Ende seines ersten Kapitels „Allgemeines über das Wesen der Sprachentwicklung" auf das Problem der „Anfänge der Sprache überhaupt" zu sprechen: „Wir können nicht auf Grund der Überlieferung eine historische Schilderung von den Anfängen der Sprache entwerfen. Die Frage, die sich beantworten läßt, ist überhaupt nur: wie war die Entstehung der Sprache möglich? Diese Frage ist befriedigend gelöst, wenn es uns gelingt die Entstehung der Sprache lediglich aus der Wirksamkeit derjenigen Faktoren abzuleiten, die wir auch jetzt noch bei der Weiterentwicklung der Sprache immerfort wirksam sehen" (*Prinzipien der Sprachgeschichte*, Darmstadt 1960, S. 35). Also nicht: wie entstand die Sprache tatsächlich?, sondern: wie war es möglich, daß sie entstand? – und der Hinweis auf „noch immerfort wirksame Faktoren". Weiter jedoch geht Hermann Paul auf diese Frage nicht ein. Man sieht im übrigen, daß auch er die Sprache als „ewige Tatsache" zu betrachten scheint. Offensichtlich muß sich die Sprache aus etwas entwikkelt haben, was noch nicht Sprache war. Und man wird vermuten, daß sie sich allmählich entwickelt hat. Aber eben diese Vorstellung einer allmählichen Entwicklung macht uns Schwierigkeiten. Wir können uns Sprache eigentlich nur so vorstellen, wie sie jetzt ist, das heißt: wie sie ist, seitdem wir sie kennen, und wir wissen, daß sie schon sehr, sehr lange Zeit hindurch so, wie wir sie antreffen, war. Daher die Metapher vom „Kugelblitz". Wir können uns auch nicht vorstellen, daß zum bereits fertigen Menschen die Sprache gleichsam noch hinzukam, eben weil zum Menschen die Sprache schon gehört. Diese Schwierigkeit hat bereits Humboldt scharf umrissen: „Der Mensch ist nur Mensch durch seine Sprache; um aber die Sprache zu erfinden, müßte er schon Mensch sein" („Über das vergleichende Sprachstudium in Beziehung auf die verschiedenen Epochen der Sprachentwicklung" [1820], in: *Gesammelte Schriften*, Leitzmann, Berlin 1968, IV, S. 15).

In diesem Zusammenhang ist es bemerkenswert, daß in den beiden Schöpfungsberichten der biblischen Genesis *ein* Motiv völlig fehlt: der Versuch nämlich, die Sprache herzuleiten. Beide Berichte setzen die Sprache fraglos voraus als ein zum Menschen unmittelbar Gehörendes. Sprache und Mensch werden als gleich ursprünglich beurteilt. Gott schafft den Menschen und spricht sogleich zu ihm. Denkbar wäre es ja, daß – in der Erzählung – zuerst der Mensch geschaffen und dann ein Fehlen festgestellt würde, ähnlich wie dies im Blick auf Eva geschieht (die Tiere markieren für Adam ein Fehlen: sie sind nicht, was er braucht und will). Dem bereits geschaffenen Menschen würde dann noch die Sprache gegeben – als etwas, das eben noch fehlte. So jedoch sind die beiden Schöpfungsberichte nicht. Die biblische Genesis gibt eine narrative Antwort lediglich auf die Frage, weshalb es nicht *eine,* sondern *viele* Sprachen gibt, sie setzt ursprüngliche Monoglossie aller Menschen voraus, und der Bericht vom Bau der Stadt und des großen Turms im Lande Schinar in Babel, mit dem die biblische Urgeschichte schließt (1. Mose, 11), ist eine narrative Erklärung der Sprachenvielfalt. In seinem Aufsatz über „Sprachursprung und Spracherwerb" erklärt Gipper einleitend: „Der Sprachursprung ist ... nach dem biblischen Bericht kein Problem." Dies ist nun aber vorschnell. Aus der Tatsache, daß jener Bericht (es sind, wie gesagt, zwei) keinen Lösungsversuch anbietet, darf nicht geschlossen werden, daß für die Autoren und die Traditionen, auf die sie sich stützen, hier kein Problem lag. Die Abwesenheit eines Lösungsversuchs kann auch darauf hindeuten, daß für ein durchaus gefühltes, ja, drängendes Problem keine Lösung gesehen wurde, in anderen Worten: daß ohne Sprache das Menschsein für die Traditionen, auf denen diese Berichte beruhen, nicht denkbar war. Dann entspräche diese Position genau derjenigen, die Humboldt umreißt. Genauso wenig, wie aus der Tatsache, daß das Böse nicht narrativ hergeleitet wird – der „Sündenfall" ist ja bereits das Produkt der Einflüsterung des Bösen –, geschlossen werden darf, das Böse sei für die Verfasser und deren Tradition kein Problem, darf aus der Abwesenheit einer Herleitung der Sprache ein analoger Schluß gezogen werden. Aus der Abwesenheit einer Antwort darf auf die Abwesenheit einer entsprechenden Frage nicht geschlossen werden. Derjenige Bericht, der in der biblischen Genesis an erster Stelle steht, ist der jüngere; er entstand in der vorliegenden Form wohl zwischen 550 und 450, somit nach dem babylonischen Exil. Der ältere Bericht steht in der Bibel an zweiter Stelle; er wurde wohl 950, zur Zeit des Königs Salomo, niedergeschrieben und beruht gewiß auf einer vorausgehenden mündlichen Tradition, von der wir nicht wissen, wie lange sie zurückreicht. Jedenfalls, wie lange sie auch immer zurückreicht, wäre es falsch, diese Berichte, die bemerkenswerte Unterschiede zeigen, als „früh" zu betrachten in dem uns hier interessierenden, sehr viel weitläufigeren Zusammenhang; beide Berichte sind für uns wiederum sehr, sehr spät (das Wort „Bericht" entspricht übrigens genauer der Textart, die hier intendiert wurde – und darauf kommt es an –, als „Erzählung").

In *Jenseits von Gut und Böse* formuliert Nietzsche eingangs das typische Herangehen der „Metaphysiker aller Zeiten": „Wie *könnte* Etwas aus seinem Gegensatz entstehn? Zum Beispiel die Wahrheit aus dem Irrthume? Oder der Wille zur Wahrheit aus dem Willen zur Täuschung? Oder die selbstlose Handlung aus dem Eigennutze? Oder das reine sonnenhafte Schauen des Weisen aus der Begehrlichkeit?" Und wir könnten, *müßten* hinzusetzen: Oder die Sprache aus den Signalsystemen der Tiere, also das Sprechen aus der – von uns aus gesehen – Stummheit der Tiere? Und endet nicht schließlich alles bei der „Stummheit" oder dem „Schweigen jener unendlichen Räume", dem Schrecken Pascals? Nietzsche gibt höhnend die Metaphysiker-Antwort: „Solcherlei Entstehung ist unmöglich; wer davon träumt, ein Narr, ja Schlimmeres; die Dinge höchsten Werthes müssen einen anderen, *eigenen* Ursprung haben … im Schoosse des Sein's, im Unvergänglichen, im verborgenen Gotte, im ‚Ding an sich' – *da* muss ihr Grund liegen, und sonst nirgendswo!" *(Kritische Studienausgabe,* 5, S. 16). Nietzsche hat recht: die Erklärung „von oben" ist keine. Wie aber die Sprache „von unten", von den „Signalsystemen" der Tiere her erklären?

Es gibt hier nur offene Fragen und die Abwehr vorschnell gegebener Antworten. Somit stehen wir – nur dies sollte gesagt werden, aber es ist nicht wenig – vor einer ernsten Situation. Sie läßt sich wie folgt umreißen. Die Sprache ist eine historische Erscheinung. Historische Erscheinungen kann man nur begreifen, wenn man sie *historisch* – und dies heißt: eben von ihren *Anfängen* an – zu erfassen vermag. Da eben dies nicht möglich ist, kann, was Sprache ist, nicht in vollem Sinn begriffen werden. Ist dies übertrieben? Sicher ist jedenfalls, daß wir von der Sprache sehr viel mehr wüßten, daß wir sie weit besser begriffen, wenn wir empirisches Material über ihre Herausbildung hätten und also diese Herausbildung beobachten könnten. Dasselbe gilt natürlich, damit zusammenhängend, für den Menschen. Das Ergebnis dieser Überlegungen kann also nur lauten: da wir die Sprache, die eine historische Erscheinung ist, die auf biologischen Grundlagen ruht, die ihrerseits (aber in einem anderen Sinne) historisch sind, gerade *historisch* nicht begreifen können, können wir die Sprache im vollen Sinn überhaupt nicht begreifen. „Tief ist der Brunnen der Vergangenheit …" In ihm verliert sich, sehr rasch, schon an seinem oberen Rand, die Sprache, die entwicklungsgeschichtlich eine der jüngsten Erscheinungen ist, wenn sie nicht überhaupt die jüngste ist. Sie ist also – innerhalb der Naturgeschichte – jung. Innerhalb der menschlichen Geschichte aber ist sie alt. Ihre Vergangenheit kennen wir nicht. Wir kennen sie nur in ihrer drei- bis viertausendjährigen Gegenwart. So gesehen gibt es keine historische Sprachuntersuchung. So gesehen ist Sprachuntersuchung immer „synchronisch". Wir bewegen uns immer im äußerst Späten.

3. Was ist und was soll Sprachkritik?

Was ist Sprachkritik? Zunächst ist zu sagen, obwohl es sich von selbst zu verstehen scheint (es ist aber nicht ganz selbstverständlich): die Sprache ist bei der Sprachkritik *Gegenstand* der Kritik, nicht ihr Subjekt. Wer aber ist ihr Subjekt? Sagen wir einmal ausweichend: der Sprachkritiker, nicht jedenfalls der Sprachwissenschaftler; eher schon der Philosoph. Sodann ist „Kritik" hier in einem neutralen Sinne gemeint, nicht also notwendig negativ.

Hier könnte Sprachkritik gleich einsetzen: warum hat das Wort „Kritik" – etymologisch gesehen unberechtigt – zumeist negative Bedeutung, *negativ* in dem Sinne, daß das zum Gegenstand der Kritik Gemachte negativ herausgestellt wird, negativ dann aber auch, vielfach in dem Sinne, daß gerade solche auf das Negative gehende Kritik ihrerseits negativ bewertet wird? Wo bleibt, lautet ein berühmter Einwand, das Positive? Auch im Wort „Sprachkritik" dominiert ja das Negative. Gleichwohl muß klar sein, daß es um Würdigung geht – positiv oder negativ, je nachdem.

Solche Würdigung setzt Distanzierung voraus: abstandnehmendes Heraustreten aus der Sprache zum Zweck der Analyse. Solches Heraustreten ist nicht alltäglich. Es fällt aber andererseits auch nicht völlig aus der Alltäglichkeit heraus. Zu den essentiellen Merkmalen der Sprache gehört ja Reflexivität. In anderen Worten: Reflexivität gehört zu ihrem Wesen. Zur Sprache gehört Metasprache, auch schon im Alltäglichen: mit Sprache kann über Sprache gesprochen werden. Dies ist bereits der Fall, wenn wir etwa sagen: „gut, ich hab' da vielleicht nicht den richtigen Ausdruck gewählt, aber ich meine …". Zur Sprache selbst gehört, daß sie selbst mit ihr selbst zum Gegenstand gemacht werden kann. Und *eine* gedankliche Schwierigkeit der Sprachkritik tritt hier sogleich hervor: mit der Sprache wird hier Sprache kritisiert. Das Instrument der Kritik ist auch das Kritisierte. Schließlich: das in der Analyse Vorgefundene oder auch das sich von selbst als irritierend Aufdrängende wird bewertet; der Kritik geht es um Wünschbarkeit. Dies Bewerten erfolgt nach Kriterien. Und die Frage ist natürlich, *woher* die Kriterien kommen. Woher kommen sie historisch gesehen? Denn sie sind gerade auch wieder historisch gegeben. Und dann: wie steht es mit ihrer sachlich systematischen Berechtigung? Herkunft also und sachliche Legitimation der Kriterien, nach denen Sprachliches bewertet wird. Sprachkritik nimmt hier lediglich etwas auf, das an sich schon zur Sprache gehört, und zwar, noch einmal, wegen ihrer prinzipiell gegebenen Reflexivität.

Diese Reflexivität findet Ansätze, zahllose Anlässe in einem anderen essentiellen Zug der Sprache, nämlich der Varietät. Varietät heißt, daß jede einzelne Sprache, mit Unterschieden des Grads, durch *interne* Varietät gekennzeichnet ist. Varietät im Raum, in der Zeit, in der sozialen Schichtung, in den sogenannten Stillagen. Die Sprachwissenschaft hat hier die Termini: *diatopisch* (Raum), *diachronisch* (Zeit), *diastratisch* (soziale Differenzierung), *diaphasisch* ("Stil" in einem bestimmten Sinn dieses Begriffs, man könnte auch von der Verschiedenheit der „Sprechanlässe" reden). Auch das Medium der Schriftlichkeit bedingt einen besonderen Typ von Varietät: gesprochene und geschriebene Sprache. Hier sollte man von *diamedialer* Varietät sprechen. Dies ist die *interne* Varietät der Sprache, auf die wir zurückkommen müssen, denn hier stecken nicht wenige Probleme (zum Beispiel haben wir hier „diachronisch" in einem anderen als sonst in der Linguistik üblichen Sinne verwendet). Die *externe* Varietät besteht darin, daß der Begriff „Sprache" selbst Verschiedenheit unvermeidbar voraussetzt: jede Sprache definiert sich als eine von anderen verschiedene.

Somit: Sprache als *Objekt* der Kritik; die Figur des Sprachkritikers, die eine andere ist als die des Sprachwissenschaftlers; Kritik im *neutralen* Sinn des Worts; *Identität* von Kritisiertem und Instrument der Kritik; *Bewertung* des Vorgefundenen nach auch historisch bedingten und also sich *wandelnden* Kriterien, Kriterien, die zu charakterisieren und ihrerseits, nach ihrer sachlichen Berechtigung, zu bewerten sind; schließlich dies, daß die Sprachkritik nur *aufnimmt,* was ohnehin zur Sprache gehört und seinen normalen Anlaß findet in der internen Sprachvarietät.

Bei der Sprachkritik, sagten wir, sei die Sprache Gegenstand. In einem gewissen metaphorischen Sinn ist aber die Sprache auch Subjekt von Kritik. „Metaphorisch" ist hier wichtig, weil die Sprache in der Tat kein Subjekt ist, sie enthält aber in ihrem Wortschatz Beurteilung von Wirklichkeit. In ihren Bedeutungen hat sich Kritik angelagert, Kritik, die sich dann auf Dinge richtet. Nennen wir einige Beispiele! Solche Kritik tritt etwa in den Adjektiven hervor, die von Substantiven abgeleitet sind. Das Adjektiv *hündisch* zum Beispiel zeigt doch wohl eine bestimmte und überraschend negative Bewertung dieses Tiers. Das Wort *hündisch* ist eine Hervorholung dessen, was für den Hund als charakteristisch gilt, ein Interpretamentum, so wie die Adjektive *väterlich* und *mütterlich* und *brüderlich* und *schwesterlich* und so fort Interpretamenta der Wirklichkeiten enthalten, die die betreffenden Substantive bezeichnen. Aber auch in der übertragenen, uneigentlichen Wortverwendung kann sich solche Kritik indirekt zeigen: die geläufige Äußerung etwa „So ein Theater" oder „Das gibt ein fürchterliches Theater" zeigt doch wohl ein gewisses Verständnis von „Theater". Sigmund Freud beruft sich zur Erhärtung seiner These, daß der Traum stets eine Wunscherfüllung sei, auf den Sprachgebrauch, der in der Tat das Wort „Traum", wenn dies Wort für sich selbst gebraucht wird, stets positiv verwendet: traumhaft schön, das wäre mir im Traum nicht eingefallen, Traumfrau, Traumwohnung und so fort (S. Freud, *Gesammelte Werke,* XI, S. 129 f.). Dann etwa die Bewertung von Tieren, wie sie in der Verwendung von Tierbezeichnungen für Menschen zum Ausdruck kommt; auch hier geht es um Übertragung, Metaphorik: da gibt es den *Esel,* den *Fuchs,* das *Kamel* und den *Hammel,* es gibt das *Schwein,* es gibt – wieder überraschend negativ – den *Hund,* und es gibt das spezifisch deutsche Mischtier, den *Schweinehund.* Daß der Schweinehund ursprünglich tatsächlich ein Hund für Schweine, genauer: für den Schweinehirten war, hindert nicht, daß das gegenwärtige Sprachbewußtsein unter diesem Wort eine Kombination, ein Mischtier versteht, so wie die griechische Chímaira ein Mischtier war. Überaus bedenklich wird es, wenn ethnische Bezeichnungen zu Schimpfwörtern werden, also gerade auf solche angewandt werden, die zu der betreffenden ethnischen Gruppe gar nicht gehören (nur dann handelt es sich um Schimpfwörter). Zu den ganz wenigen Verwendungen dieser Art gehört, neben *Zigeuner (So ein Zigeuner!),* bekanntlich das Wort *Jude,* und wenn es heute weniger so gebraucht wird als früher, heißt dies keineswegs, daß diese Verwendung gänzlich geschwunden wäre. Wir haben hier, dies wird man sagen müssen, in unserer Sprache selbst, als ein *Element* von ihr, eine Bewertung. Hier kritisiert, hier urteilt quasi die Sprache selbst, und dies trübselige Beispiel zeigt, daß die Kritik der Sprache an den Dingen ihrerseits zum Gegenstand von Kritik gemacht werden muß. Übrigens findet sich diese Verwendung von „Jude" und „jüdisch" natürlich nicht nur im Deutschen; sie findet sich vermutlich in den *meisten* Sprachen, die hier in Frage kommen. Es wäre naiv zu meinen, derlei Wertungen hätten keinen Einfluß auf das Denken ... Leider fehlt ein Buch, das die Dingbewertungen durch die Sprache zusammenstellte; ein noch wenig entdecktes Thema. Man hätte sich hier zu konzentrieren erstens, wie gesagt, auf spezifische – negative oder positive – Verwendungen von Wörtern, namentlich in festen Verbindungen (Typus: „Da geht's zu wie in einer Judenschule"), dann auf die noch gar nicht als solche erkannten „interpretierenden" Adjektive, die von Substantiven abgeleitet sind (Typus *väterlich*). Die Sprachkritik hätte also gerade solche Fälle einzubeziehen, in denen die Sprache selbst, als wäre sie ein Subjekt, als kritische Instanz aufzutreten scheint.

Sprachkritik ist mit Sprachskepsis nicht identisch. Aber Sprachskepsis ist stets Sprachkritik. Hier ist, meine ich, nicht ausreichend beachtet und bedacht worden, daß im Verhalten zur Sprache ein fundamentaler Unterschied besteht zwischen den beiden Quellen dessen, was wir *abendländische Kultur* nennen. In der Antike, in der griechischen ganz besonders, tritt

Sprachskepsis verschiedentlich hervor, nicht allein bei Plato. Demgegenüber fehlt solche Sprachskepsis in der Welt der Bibel ganz und gar, wobei da keinerlei Unterschied ist zwischen den jüdischen und den nur christlichen Büchern dieses Buchs. Nirgends finden wir, weder in den Büchern des sogenannten Alten noch in denen des Neuen Testaments, sprachskeptische Äußerungen. Wo Sprachliches gewürdigt wird (etwa bei der Erklärung von Namen), findet sich kein Mißtrauen gegenüber der Sprache. Im Gegenteil: die Sprache erscheint in reiner Fraglosigkeit. Narrativ erklärt wird ja in der biblischen Genesis lediglich die Tatsache der Sprachverschiedenheit, nicht, daß der Mensch überhaupt spricht. Und die Sprache erscheint als verläßliche Brücke zwischen Gott und den Menschen. Und daß es hier, in diesem Bereich, und wieder im Neuen Testament nicht anders als im Alten, primär um das *Hören* auf Gesprochenes geht, nicht um das Sehen, ist wiederum bedeutsam: die Stimme, die aus dem brennenden Dornbusch redet (Exodus 3); und der Glaube, von dem Paulus sagt, daß er vom *Hören* kommt, „fides ex auditu" (Römer 10, 17, bei Luther heißt es: „so kommt der Glaube aus der Predigt …"). Groß ist auch das Vertrauen der biblischen Welt in die *schriftliche* Fixierung, verglichen mit dem Mißtrauen gegenüber der Schrift, wie sie im Griechentum hervortritt, besonders bei Plato: Jahwe schreibt den Dekalog selbst auf die beiden Tafeln, die beiderseitig beschrieben sind. „Die Tafeln hatte", lesen wir, „Gott selbst gemacht, und die Schrift, die auf den Tafeln eingegraben war, war Gottes Schrift" (Exodus 32). Die weitergehenden Weisungen schreibt dann Mose auf, übergibt das Aufgeschriebene zur sicheren Verwahrung den Leviten, ordnet zusätzlich an, daß das Aufgeschriebene alle sieben Jahre bei der Zusammenkunft im Laubhüttenfest „laut vorgetragen" werde, schließlich soll die Weisung auswendig gelernt werden. Also eine Sicherung erstens durch schriftliche Niederlegung, zweitens durch sichere Aufbewahrung des Geschriebenen, drittens durch lauten mündlichen Vortrag – das Geschriebene muß immer wieder vermündlicht werden –, schließlich, viertens, die Sicherung durch Auswendiglernen (Deuteronomium 31). Und noch auf der letzten Seite

der Bibel, im letzten Kapitel der „Offenbarung", definiert sich
Gott selbst alphabetisch: „Ich bin das Alpha und das Omega,
der Erste und der Letzte, der Anfang und das Ende" (Offenbarung 22). Dies impliziert, daß alles Existierende, alle Bestand-
stücke der Welt, benannt, ausgesprochen und aufgeschrieben
werden können, daß dem Sprechen und dem Aufschreiben alles, schlechthin alles zugänglich ist: alles ist einschließbar zwischen Alpha und Omega... Ein großes Vertrauen also in Sprache und Schrift; ein immer wieder hervortretendes Mißtrauen
im Griechentum. Natürlich fehlen im späteren, dem nachbibli-
schen Christentum, auch dem späteren Judentum, in der My-
stik besonders, sprachskeptische Elemente keineswegs. Nur
eben der biblischen Welt sind sie fremd. Daß in den fernöstli-
chen Religionen Sprachskepsis, Sprachmißtrauen noch viel weiter gehen als im Griechentum, erfahren wir selbst in den ver-
formten, verdünnten und zurechtgemachten Ablegern jener
Lehren, die neuerdings zu uns dringen: da gehen immer „die
Worte zart am Unsäglichen aus" (Rilke), da muß das Sprachliche, wie auch immer, überstiegen, zurückgelassen werden.

Wir wollen nun, in einer Übersicht, die verschiedenen Richtungen der Sprachkritik zusammenstellen und kennzeichnen.
Zuvor jedoch eine Überlegung zu dem schwierigen Verhältnis
zwischen Sprachkritik und der Disziplin, die für den Gegenstand ‚Sprache' zuständig ist, der Sprachwissenschaft oder Linguistik (für uns sind diese Bezeichnungen synonym).

Das Verhältnis zwischen Sprachkritik und Sprachwissenschaft könnte eigentlich einfach sein. Die Sprachwissenschaft
will wissen, was ist, und eben dies, zu sagen, was in der Sprache
ist, ist ihre einzige Aufgabe. Mit Plato (*Sophistes*) zu reden: das
Seiende, hier im Blick auf die Sprache, so zu sagen, wie es ist,
„tà ónta hos estín légein". Das Seiende zu sagen, wie es ist, unabhängig von jeglicher Wünschbarkeit, eben dies ist Aufgabe
jeder Wissenschaft (vgl. S. 247 f.). Und die Sprachbetrachtung,
zuvor bloße Gelehrsamkeit und Spekulation, wurde wissenschaftlich, wie andere Disziplinen auch, in dem Maß, wie sie
auf Orientierungswissen verzichtete (dies war im 19. Jahrhundert). Wissenschaftlichkeit ging einher mit Orientierungsver-

zicht. Die Sprachwissenschaft will nicht anleiten zum guten Sprechen und Schreiben. Die Frage ist übrigens, ob sie dies könnte. Was Wolf Lepenies für andere Disziplinen gezeigt hat, gilt auch für sie. Man muß noch einen Schritt weitergehen: die Sprachwissenschaft will – gerade insofern sie Wissenschaft ist – die Wirklichkeit, die sie sich als ihr Objekt gesetzt hat, nicht verändern. Sie könnte dies auch nicht. Sie will wissen, was ist. Zusätzlich stellt sie die – die Frage nach dem, was ist, verschärfende – Frage nach dem Warum: Warum ist etwas, wie es ist? Warum wurde etwas, wie es ist oder war? Die Sprachwissenschaft sollte also nicht Subjekt von Sprachkritik sein. Vielmehr: für die Sprachwissenschaft ist Sprachkritik, in ihren verschiedenen Ausprägungen, gerade Objekt. Selbst nicht wertend, sondern nur beobachtend und erklärend, verzeichnet sie Wertungen, die sie vorfindet, und macht sie gegebenenfalls zum Gegenstand ihrer Beschreibung. Sie interessiert sich für Sprachkritik, partizipiert aber nicht an ihr.

Hier sollten in der Tat die Grenzen nicht verwischt, die Aufgaben nicht vermischt werden. Andererseits sollte nun aber die Sprachwissenschaft Sprachkritik tolerieren, ja, sie sollte sie beraten, und auch umgekehrt: Sprachkritik sollte sich von der Sprachwissenschaft beraten lassen. Denn es liegt auf der Hand: Kritik, wertende Stellungnahme, hat zutreffende Beschreibung zur Voraussetzung. Nur wer weiß, was ist, kann kritisieren. Dies also wäre das *Ideal:* Getrenntheit einerseits von Sprachwissenschaft und Sprachkritik, Sprachkritik – *außerhalb* der Sprachwissenschaft; andererseits aber von dieser *toleriert* – auf der Grundlage sprachwissenschaftlich gesicherter Beschreibung. Natürlich ist nichts dagegen einzuwenden, wenn Sprachwissenschaft und Sprachkritik in Personalunion auftreten: der Sprachwissenschaftler kann auch Sprachkritiker sein, die sprachwissenschaftliche Beratung ist dann gesichert. Nur kann sich der Sprachwissenschaftler als Sprachkritiker – darauf kommt es an –, wenn er wertet, was er als Sprachkritiker unvermeidlich tut, nicht von seiner Disziplin her legitimieren. Er darf für seine Wertungen nicht das Gewicht seiner Disziplin beanspruchen. Im übrigen gibt diese Disziplin für diese Wertung kaum etwas her. Ich kann zu sprachkritischen Fragen, die gängig sind, von der Sprachwissenschaft her kaum argumentieren. Nennen wir einige Beispiele.

Soll man in unseren Schulen zu einigermaßen dialektfreier Rede, zu lautreiner Hochsprache, zur Orthoepie also, soweit dies überhaupt möglich ist, erziehen? Die Sprachwissenschaft gibt mir nicht die Möglichkeit, diese ohne Zweifel wichtige Frage zu bejahen oder zu verneinen. Soll man den feministischerseits vorgeschlagenen und schon weithin praktizierten Gebrauch *StudentInnen, LehrerInnen,* mit großem I im Wortinnern, dem I, das nicht (oder allenfalls durch den „Knacklaut") hörbar wird, übernehmen? Also etwa: „LehrerInnen werden zu schlecht bezahlt." Oder zum Beispiel der vielfach kritisierte Ausdruck unserer Politiker „Ich gehe davon aus, daß…". Er nervt viele, obwohl man auch die Kritik an ihm exzessiv finden kann. Es stört hier, wie in vielen Fällen dieser Art, vor allem die hohe Frequenz und daß nun plötzlich niemandem mehr etwas anderes einfällt als dies: „Ich gehe davon aus." Rein sprachwissenschaftlich kann ich aber dazu nichts sagen (E. Eppler hat diesen Ausdruck auf eine interessante Weise halbwegs gerechtfertigt: Kavalleriepferde beim Hornsignal, Die Krise der Politik im Spiegel der Sprache, Frankfurt 1992, S. 138–144). Selbst den skandalösen Gebrauch des Worts „Jude" zur spezifisch negativen Kennzeichnung von jemandem, der dies gar nicht ist, kann ich sprachwissenschaftlich nicht zurückweisen. Rein sprachwissenschaftlich könnte ich nur sagen: der Gebrauch ist heute seltener, war früher weit häufiger; er findet sich auch in anderen Sprachen. Was ich gegen den Ausdruck sagen kann und muß, kann ich hingegen *ohne* Sprachwissenschaft sagen. Man kann da nur sagen, was jeder Vernünftige hierzu sagen wird. Oder soll man sagen „trotz des schlechten Wetters" oder „trotz dem schlechten Wetter"? Die Sprachwissenschaft kann mir hier nicht helfen. Sie stellt fest, daß die letztere Ausdrucksweise immer häufiger geworden ist, daß sie freilich vielen, auch mit regionalen Unterschieden, als ungebildet gilt (dies ist beispielsweise eine der Wertungen, die sie aufnehmen muß!). Oder die ärgerliche Lücke, die das Deutsche aufweist, wenn es um einen neutralen oder sozusagen normalen Ausdruck für „faire l'amour" oder – viel jünger – „to make love" geht. Da haben wir nur medizinische, juristische oder vulgäre Ausdrücke, auch Verlegenheitsausdrücke wie „miteinander schlafen". Was soll man sprachwissenschaftlich sagen zu dem Ausdruck, der Lehnübersetzung, wie sie nun vordringt, „Liebe machen"? Man kann natürlich darauf hinweisen, daß „machen" etwas anderes meint als „to make" im Englischen und „faire" im Französischen. Doch dazu braucht man kaum Sprachwissenschaftler zu sein. Oder ein Beispiel, das die Schreibung betrifft. Im Spanischen werden die englischen Wörter restlos graphisch eingemeindet. Die „Königliche Spanische Akademie", „Real Academia Española", hat nichts dagegen, vielmehr empfiehlt sie Schreibungen wie „mítin" für „meeting" oder „líder" für „leader" und „güisqui" für „whisky". Dies wäre, wie wenn wir im Deutschen schrieben: „Wiski", „Mätschball", „häppi" und „Äkschen". Man könnte da doch sprachwissenschaftlich nur erklären, weshalb die „Akzeptanz" solcher Graphien im Deutschen nicht gegeben wäre. In der Tat wird sie nur scherzhaft verwendet. Aber kann man die spanische Praxis kritisieren? An sich ist doch vernünftig, was hier gemacht wird, und bei uns würden zum Beispiel weniger Leute „Stihk" sagen, wenn sie ein „Steak" meinen, wäre unsere Graphie-Praxis ebenso. Vor einigen Jahren schrieb ein Hamburger mit akademischem Grad an die Intendanz des Thalia-Theaters: „Nun sende ich Ihnen doch einmal Ihr Programm zurück – mit der herzlichen Bitte und ernstgemeinten Aufforderung, Ihre treuen norddeutschen und Hamburger Besucher und Abonnenten nicht länger mit dem süddeutsch-katholischen Ausdruck für unseren *Sonnabend* zu provozieren. Kehren Sie doch, bitte, wie die anderen Hamburger Theater auch, zu dieser Ausdrucksweise zurück! Oder glauben Sie, indem Sie Ihre ständigen Besucher ständig und immer wieder ärgern, dafür Gäste aus dem Süden der Republik ins Parkett zu locken? Lesen Sie doch einmal Hamburger Zeitungen ... Die würden ihre Abonnenten niemals mit einem ‚Samstag' brüskieren. Im Namen mindestens dreier treuer Abonnenten-Paare bitte ich Sie ernstlich, die neue Spielzeit mit einem für das Heimat-Publikum freundlichen Akt zu beginnen und sich endlich wieder auf den *Sonnabend* umzustellen. Aufrichtigen Dank im voraus, Ihr …" Eine sprachkritische Frage, ohne Zweifel. Interessant ist die bemerkenswerte Irritation der Einlassung, und daß sie grotesk irrtümlich den Unterschied der Wochentagsbezeichnung mit dem Konfessionellen verbindet. *Samstag* ist natürlich kein katholischer Ausdruck (hier hätte dem Kritiker Wissen genützt). Gewiß würde man umgekehrt ein *Stuttgarter* Publikum mit *Sonnabend* ebenfalls zu Reaktionen bringen. Doch wieder: was soll man sprachwissenschaftlich zu der Frage sagen? Oder: was könnte man nicht auch so, fern von jeder Sprachwissenschaft, sagen, um der Intendanz jenes Theaters einen guten Rat zu geben? Auch die Kritik an den von uns sogenannten „unwahren Wörtern", so berechtigt sie ist, kann sprachwissenschaftlich nicht fundiert werden: „neuartige Waldschäden", „Entsorgungspark", „Verklappung", „maschinenlesbarer Ausweis", „gemäßigte Kleinschreibung", wenn alles außer Eigennamen und dem ersten Buchstaben des Satzes klein geschrieben werden soll; oder – überaus heikel – „werdendes" oder „ungeborenes Leben"? Die CDU redet von „ungeborenem Leben", voraussetzend, daß es hier um Leben geht, das lediglich noch nicht geboren wurde; die SPD entschied sich, offenbar nach einigem Debattieren, in ihrem neuen „Grundsatzprogramm" für „werdendes Leben". Dieser Ausdruck impliziert: da ist etwas, das erst noch Leben wird, also noch nicht ist. Freilich (insofern ein schlauer Ausdruck): um Leben zu werden, muß es eigentlich doch schon Leben sein. Eine äußerst interessante und engagierende Frage, aber von der Sprachwissenschaft nicht zu erreichen. Immerhin hat die SPD auf das alte Mogelwort „Schwangerschaftsunterbrechung" verzichtet: „Die Strafbarkeit des Schwangerschaftsabbruchs", heißt es jetzt, „hat nicht zum Schutz werdenden Lebens, sondern seit jeher mehr zur Bedrohung und Demütigung von Frauen geführt." Im übrigen sind beide Ausdrücke – „ungeborenes" und „werdendes Leben" – eigentlich verfehlt, denn es geht ja nicht einfach um *Leben,* sondern um *Menschen,* so daß die Alternative im Grunde wohl lauten müßte: „werdende" oder „ungeborene" *Menschen.*

Unsere These ist: zu Fragen dieser Art kann der Sprachwissenschaftler zwar informierter reden als andere, aber im eigentlichen Sinne *Entscheidendes* kann er zu ihnen nicht sagen. Er ist hier eine Stimme unter anderen. Zudem wäre da ja noch, was meist sehr schwierig ist, Konsens herzustellen unter den Sprachwissenschaftlern… Sprachkritik also und Sprachwissenschaft sind prinzipiell verschieden. Zu Recht hält sich die letztere aus der ersteren heraus. Mit ebensolcher Entschiedenheit sei aber auch betont, daß die Sprachwissenschaft die Sprachkritik nicht behindern soll. Was seinerzeit, als die Glossensammlung „Aus dem Wörterbuch des Unmenschen", von der wir noch reden müssen, erschien, in der Sprachwissenschaft an blinder, fachidiotischer Abwehr geschah, war nicht zu rechtfertigen. Man hätte sich darauf beschränken sollen, die sprachwissenschaftlich unzureichenden Voraussetzungen herauszustellen. Statt dessen wollte man der Sprachkritik das Wort verbieten. Man verfiel in das Umgekehrte, in welches Sprachwissenschaftler zumeist verfallen, wenn es um ihren Gegenstand geht, nämlich in blinde Verteidigung. Und wirklich pflegt die Sprachwissenschaft in solchen Fällen jeweils festzustellen: wenn eine bestimmte Veränderung eintritt, wenn dies oder das geschieht, hat es seinen guten Grund. In der Tat ist es ja unentrinnbar so, wie Wulf Oesterreicher feststellt: „Jede Sprache genügt den Erfordernissen der ihr entsprechenden soziokulturellen Wirklichkeit." Da dies unausweichlich so ist, da – umgekehrt – die „soziokulturelle Wirklichkeit" nicht so wäre, wie sie ist, wenn es keine Sprache gäbe, die ihr entspräche, muß die Sprachwissenschaft eigentlich, was immer sie antrifft, in Ordnung finden. Die Sprachwissenschaftler finden denn auch immer alles prima. „Fehler und Fehlentwicklungen gibt es in der Sprache … nicht", sagt geradeheraus Peter von Polenz. Daher auch der Rat eines führenden nordamerikanischen Sprachwissenschaftlers aus der Bloomfield-Schule, eines Vertreters allerdings bemerkenswert sturer Provenienz, Robert A. Hall jr. (es ist ein Buchtitel von ihm): „Laß deine Sprache in Ruhe!", *Leave your language alone!* Dies ist nun, in der Tat, ein wiederum fachidiotischer, ein fachsimpler Rat (Karl Vossler: „Der Fachsimpel ist auch in seinem Fach ein Simpel"). Seine Sprache in Ruhe zu lassen – darum darf es nicht gehen. Im übrigen haben einige Sprachwissenschaftler seit einiger Zeit etwas gemerkt. Sie haben vormals nur formal und abstrakt und nach Modellen gearbeitet. Jetzt werden einige konkret und schreiben sprachkritische Bücher, von denen freilich wieder gesagt werden muß, daß sie sich nicht *sprachwissenschaftlich* legitimieren und daß diese Bücher, etwa das von Hans-Jürgen Heringer *Ich gebe Ihnen mein Ehrenwort* (1990), Beobachtungen und Überlegungen enthalten, die jedermann anstellen könnte. Um dieses Buch zu schreiben und zu verstehen, muß man wahrlich nicht Sprachwissenschaftler sein. Zu beanstanden ist hier übrigens nicht die Meinungsänderung als solche, wohl aber deren Geräuschlosigkeit ...

Ist Sprachkritik etwas Wichtiges? Der nicht unbedeutende Sprachkritiker Fritz Mauthner, der in diesen Jahren wiederentdeckt wird, nennt sie, ebenso schlicht wie pathetisch, „das wichtigste Geschäft der denkenden Menschheit". Mauthners drei Bände *Beiträge zu einer Kritik der Sprache* erschienen von 1906 an. Samuel Beckett las dem erblindenden Joyce daraus vor. Mauthner gehört zu den Denkern, die das Sprachthema ganz ins Zentrum rücken. Es war nämlich in der Philosophie ein Randthema bis in unser Jahrhundert hinein. Dies heißt nicht, daß es nicht, von Plato an, eine philosophische Reflexion über die Sprache, den Zusammenhang von Denken und Sprache, gegeben hätte. Der platonische Dialog *Kratylos* zum Beispiel befaßt sich mit dem Problem, das die heutige Sprachwissenschaft als „Arbitrarität" der Wörter, genauer: „Arbitrarität" der Wortsignifikanten, umreißt, eine Fragestellung, die Plato schon vorgefunden hat. Im Zusammenhang mit Rhetorik und Sophistik, in der „griechischen Aufklärung", war das Vertrauen in die Sprache erschüttert worden. Die Erfahrung, daß in der Rhetorik Sprache gleichsam beliebig, handwerklich artistisch, durch lehrbare Mittel, zur „Herstellung von Überzeugung" verwendet werden konnte, hatte gewiß im Hinblick auf ihre Einschätzung eine ambivalente Wirkung. Und die Sophisten stellten explizit die Frage, ob die Wörter von Natur aus seien, wie sie sind, ob sie auf „naturwüchsige" Weise auf das, was sie bezeichnen, *passen* oder das Produkt von Konvention, bloßem Herkommen seien. Eben das Herkommen, der Brauch, der nómos wurde da, auch im Blick auf die Wörter, in Frage gestellt: *muß* dies alles sein, wie es ist? Könnte es nicht auch *anders* sein? Erschütterung also des Sprachvertrauens, der sprachlichen Sicherheit, bei den Gebildeten zumindest, durch Rhetorik und Sophistik.

Die Frage der „Arbitrarietät" oder, wie Plato sie vorfand, die nach der „Richtigkeit der Namen", ist gewiß eine sprachkritische Frage, und es ist die älteste uns bekannte Frage, die in bezug auf Sprachliches gestellt wurde, das älteste zugleich sprachwissenschaftliche und sprachkritische Problem. Plato bleibt oder läßt seine Unterredner undeutlich bleiben, vermutlich will er die Frage als wenig ergiebig oder gar verfehlt diskreditieren. Aristoteles hingegen entscheidet sich dann klar für die Position, die in der Sprachwissenschaft heute bekannt ist als das „Saussuresche Prinzip" von der Arbitrarietät des sprachlichen Zeichens. In Wirklichkeit nahm Saussure lediglich auf, was durch die Jahrhunderte hindurch, von Aristoteles an, hierzu gesagt wurde. Aber – dies ist wichtiger – jenes „Saussuresche Prinzip" ist nicht schlechthin richtig. Für den Sprechenden, den unabständigen Sprachteilhaber, sind die Lautungen der Wörter keineswegs arbiträr oder (dies ist der bessere Ausdruck) kontingent in dem Sinne, daß er von dem Gefühl beherrscht wäre, sie könnten auch *anders* sein. Dieses Prinzip, die Aussage „le signe linguistique est arbitraire", gilt nur für die sich aus einer Sprache gleichsam heraussetzende philosophisch abständige Betrachtung: für den Philosophen, den sich distanzierenden Betrachter und *nur* für ihn, sind die Wörter arbiträr. Saussure folgt hier einem Element spezifisch philosophischer Sprachkritik (das heißt: er beschreibt nicht, was für den normalen „Sprachteilhaber" Wirklichkeit ist).

Dies ist nun die *eine* und *erste* Richtung der Sprachkritik: die philosophisch interessierte, die das Problem der Erkenntnis ins Zentrum rückt und nach dem Verhältnis zwischen Sprache und Wirklichkeit fragt. Sie gerät in die gedankliche Spannung, die darin liegt, daß Sprache einerseits Erkenntnis ermöglicht, andererseits aber auch behindert. Das Instrument der Erkenntnis – das einzige – ist gleichzeitig Behinderung. „Das Geheimnis eines gut begründeten Denkens beruht auf dem Mißtrauen gegenüber den Sprachen", sagt Paul Valéry, ein großer noch wenig als solcher bekannter Sprachdenker, und bringt das Grundmotiv philosophischer Sprachkritik zum Ausdruck: Mißtrauen in die Sprache, Überwindung des gedanklich Unzulänglichen in der Sprache durch Beobachtung und Denken, wobei sich diese wieder der Sprache bedienen müssen. Valéry sagt geradezu: „Ich empfinde Verachtung für die Welt der Sprache." Die Vorhaltungen, die der Sprache gemacht werden, sind – vor allem diese Motive kehren immer wieder – folgende: Existenzvorspiegelung; die Sprache suggeriert die Existenz von Dingen, einfach weil ein Wort für sie da ist; „kein ding sei wo das wort gebricht", heißt es in Georges berühmtem, auch von Heidegger bemühten Vers; hier, in der philosophischen Sprachkritik, besteht die umgekehrte Sorge: ein Ding nämlich werde dort angesetzt, wo in Wahrheit nur ein Wort, also – in der Wirklichkeit außerhalb des Worts – gar nichts ist; „vorhandenen Namen werden Dinge unterlegt", so wiederum Paul Valéry; dann die Ungenauigkeit, die Unschärfe der Wortbedeutungen, schließlich die verzerrende Darstellung durch Metaphorik, Metonymie und Anthropomorphismen, auch den spezifischen Bau, die Beschaffenheit der Sprache oder der Sprachfamilie, in der man sich bewegt, der man sich denkend anvertraut. „Was ist also Wahrheit?", fragt Nietzsche mit Pilatus in seiner frühen (von ihm selbst nicht publizierten) Abhandlung *Über Wahrheit und Lüge im außermoralischen Sinne* (1873) und kommt zu der bitteren, doch wie immer schönen Formulierung: „Ein bewegliches Heer von Metaphern, Metonymien, Anthropomorphismen, kurz eine Summe von menschlichen Relationen, die, poetisch rhetorisch gesteigert, übertragen, geschmückt wurden, und die nach langem Gebrauche einem Volke fest, canonisch und verbindlich dünkten: die Wahrheiten sind Illusionen, von denen man vergessen hat, daß sie welche sind, Metaphern, die abgenutzt und sinnlich kraftlos geworden sind, Münzen, die ihr Bild verloren haben und nun als Metall, nicht mehr als Münzen in Betracht kommen" (Kritische Studienausgabe, 1, S. 880/ 881). Eine gewaltige Stelle, die andeutet (Derrida führt dies fort), daß zuletzt nichts mehr übrig bleibt als „Interpretation": „es gibt kein Außen des Texts", „il n'y a pas de hors texte".

Wir haben also die philosophische Sprachkritik von den So- phisten und Plato an über die Scholastik bis zu Francis Bacons „Trugbildern des Markts", „idola fori". Diese gehören für ihn zu den vier „Idolen", die unvoreingenommene Beobachtung und unvoreingenommenes Denken verhindern. Für ihn be- ginnt die Erkenntnis eben mit der Überwindung dieser „Idole". Um welche Trugbilder handelt es sich da? Da sind zu- nächst die „Idole des Stamms", „idola tribus". Sie bestehen in der Tendenz des Erkennenden, alles nach dem Maß, der Analo- gie des Menschen, „analogia hominis", zu beurteilen; der Blick- winkel, der zu uns gehört, insofern wir Menschen sind, wird absolut gesetzt. Zweitens gibt es die „Idole der Höhle", „idola specus": hier handelt es sich um die Absolutsetzung des eige- nen, subjektiven Blickwinkels. Drittens dann die „Idole der Bühne", „idola theatri"; mit diesem überraschenden, aber, denkt man darüber nach, sehr einleuchtenden Ausdruck meint Bacon die Vorurteile, die sich aus der überlieferten Anschau- ung, der Tradition insgesamt ergeben, und der Ausdruck „Theater" paßt ja nicht übel zu dem Rituellen, das zum Thea- ter- und Rollenhaften (nicht allein im akademischen Bereich) der Tradition gehört. Dann also viertens die uns hier speziell interessierenden „idola fori", die der Sprache. Hier handelt es sich um die – sich zutreffender Beobachtung und zutreffendem Denken in den Weg stellenden – Vorurteile, die aus der Sprache kommen. Wörter suggerieren die Existenz von Dingen, die es nicht gibt, oder sie stellen die Wirklichkeit anders dar als sie ist.

Solche Sprachkritik steht, bei Francis Bacon, signifikant am Beginn der Neuzeit. Sie wird durch Hume und Locke weiter- geführt, ist – als ein Randthema, wir sagten es – immer da, bis, bei Nietzsche sich ankündigend, die Sprache in diesem Jahr- hundert philosophisch ins Zentrum rückt und gleichsam alles wird, und zwar bei ganz verschiedenen Richtungen, so ver- schieden, daß sie sich gegenseitig ignorieren. Denken wir nur an die Namen Rudolf Carnap, Ludwig Wittgenstein und Martin Heidegger (und anzuschließen wäre hier, was jeweils von ihnen ausging). Aber zu nennen wären hier auch die „transzendentalphilosophische" Sprachreflexion bei Cassirer, Apel und anderen, dann Habermas, der von hier ausgeht, und die evolutionäre Erkenntnistheorie von Lorenz, auch natürlich der „Graphozentriker" Derrida. Zu beachten ist hier, daß das Thema Sprache nicht wie ein zusätzliches, bisher nicht oder zu wenig beachtetes Thema hervortritt, sondern daß sich, bei Wittgenstein besonders radikal, Philosophie überhaupt auf Analyse und Beschreibung von Sprache und alltäglich faktischer Sprachverwendung reduziert. Hier handelt es sich also keineswegs um „Sprachphilosophie" als einem Teilgebiet von Philosophie, sondern um Philosophie überhaupt. Vielfach finden wir hier die Auflösung des Subjekts zugunsten der Sprache. Und nun wird konsequenterweise die Sprache hypostasiert zu einem Subjekt: so wie der Strukturalismus die Sprache als losgelöst von einem sich verstehenden Subjekt, als in sich selbst reflexionslos strukturiert betrachtet, so entmachtet Martin Heidegger (aber nicht nur er) das Subjekt im Namen der Sprache, die dann ihrerseits zum Subjekt gerät: „So enthüllt es (das Subjekt) sich zuletzt etwa als ein vorübergehender Modus und Auswurf der blinden Materie oder als ein Effekt einer zur Eigenständigkeit hinaufgesteigerten Sprache. Nicht der Mensch spricht eine Sprache, sondern die Sprache spricht den Menschen" (so Franz Josef Wetz, Tübinger Triade, Zum Werk von Walter Schulz, Pfullingen 1990, S. 15/16). Humboldt – der wohl gewichtigste Sprachphilosoph, der aber erst in diesem Jahrhundert zu eigentlicher Wirkung kam – sah dies ganz anders. Doch wie immer: daß die Sprache, die Sprachkritik in diesem Sinne so ins Zentrum rückt und zur eigentlichen „ersten Philosophie", „prima philosophia", wird, ist gewiß ein Zeichen der Moderne. Man sucht, sich von der Sprache zu befreien, einerseits, gibt sich aber andererseits ihr hin, läßt sie gleichsam denken, vertraut ihr als einem Subjekt, erkennt, was man ihre „Unhintergehbarkeit" zu nennen pflegt. Die Sprache kann auch in der Wissenschaft, auch in den sogenannten „exakten Disziplinen", nicht absolut präzis gemacht werden; die sprachliche Äußerung kann nicht auf schiere Information im logischen Sinne reduziert werden. Carl Friedrich von Weizsäcker erklärte schon 1959 in einem bemerkenswerten Vortrag über „Sprache als Information" in einem eigentümlichen, zugleich schiefen und treffenden Bild: „Die ganz in Information verwandelte Sprache ist die gehärtete Spitze einer nicht gehärteten Masse". Was nützt, möchte man fragen (und es ist wohl auch Weizsäckers Frage), eine „gehärtete Spitze", wenn sie einem Weichen aufgesetzt ist?

Was soll man sagen nach all der massiven philosophischen *Kritik* an der Sprache? Jedenfalls dies: wir *haben* nur die Sprache, genauer: die *Sprachen,* und müssen mit ihnen zurechtkommen und gewiß darauf achten, daß wir, um noch einmal mit Valéry zu sprechen, „nicht in den Wörtern hängen bleiben". Sigmund Freud erklärte, sich auseinandersetzend mit dem Vorwurf der Mehrdeutigkeit des Kriteriums „bewußt/unbewußt", dieses Kriterium sei nun einmal auf diesem Feld „die einzige Leuchte", es sei mit diesem Kriterium „wie mit unserem Leben: es ist nicht viel wert, aber es ist das einzige, was wir haben". Auch die Sprachen, unsere Sprachen, sind nun einmal für die Erkenntnis, am Anfang und am Ende, „das einzige, was wir haben".

Übrigens gibt es in der philosophischen Sprachkritik (und hier geht sie in die literarische über), was Fritz Mauthner als „sentimentale Sprachkritik" bezeichnet. Diese Art der Sprachkritik meint, daß die Mittel der Sprache weithin auch untauglich seien zum Ausdruck des Seelischen. Wofür Schillers schöner Vers steht mit den gewichtigen beiden Kursivschreibungen, die Hervorhebungen, Betonungsanweisungen sind: „*Spricht* die Seele, so spricht, ach, schon die *Seele* nicht mehr". Wenn also die Seele anhebt zu sprechen, ist, was spricht, schon nicht mehr sie, sondern ein anderes, von ihr Verschiedenes. Erinnern wir auch an das eigentümliche und sehr schöne Motto von Maurice Maeterlinck, das Musil seinem „Törless" voranstellt: „Sobald wir etwas aussprechen, entwerten wir es seltsam. Wir glauben in die Tiefe der Abgründe hinabgetaucht zu sein, und wenn wir wieder an die Oberfläche kommen, gleicht der Wassertropfen an unseren bleichen Fingerspitzen nicht mehr dem Meere, dem er entstammt. Wir wähnen eine Schatzgrube wunderbarer Schätze entdeckt zu haben, und wenn wir wieder ans Tageslicht kommen, haben wir nur falsche Steine und Glasscherben mitgebracht; und trotzdem schimmert der Schatz im Finstern unverändert." Leider müssen wir, was die Sprachkritik unter philosophischem Interesse angeht, feststellen, daß ein *Buch* fehlt: es gibt keine historisch systematische Aufarbeitung dieser Sprachkritik von Plato bis zu Valéry, Wittgenstein, Heidegger, Habermas und Derrida. Es wäre ein Lebenswerk oder doch „Hälfte des Lebens".

Neben der philosophischen Sprachkritik gibt es die moralische, also: politische, die zumindest latent politische, denn sie bezieht sich nicht primär auf den privaten Sprachgebrauch. Natürlich ist die moralische von der philosophischen nicht völlig getrennt; sie ist aber etwas von ihr Verschiedenes, wobei die Verschiedenheit darin liegt, daß die moralische Sprachkritik keine globale oder fundamentale Kritik an der Sprache übt; sie ist auch nicht sprachskeptisch, muß es jedenfalls nicht sein und richtet sich gegen Einzelnes in Sprache und Sprachverwendung. Ein beinahe klassisches Beispiel ist die genannte Sammlung *Aus dem Wörterbuch des Unmenschen* von Dolf Sternberger, Gerhard Storz und Wilhelm Emanuel Süskind. Die erste Vorbemerkung zu dieser Glossensammlung aus der Zeitschrift *Die Wandlung* stammt von 1945, die letzte von 1986, als das Buch, als Nachdruck der dritten Auflage von 1968, noch einmal herauskam. Zu nennen ist in diesem Zusammenhang natürlich auch Karl Korns *Sprache in der verwalteten Welt* von 1958; auch Uwe Pörksens *Plastikwörter* von 1988 gehören hierher. Gewiß muß hier auch Karl Kraus genannt werden, der „große Sprachkritiker", wie man zu sagen pflegt. Die Frage ist freilich, ob es sich hier nicht um eine erhebliche Fehleinschätzung handle: der durchaus ungute, substanzlose Messianismus, die ständig auf Spatzen gerichteten Kanonen, die unausgesetzten Kirchenentfernungen aus Dörfern, all dies (und anderes kommt hinzu) spricht gegen ihn. Man muß ja nicht Krausianer sein (wobei diese fraglos schlimmer sind als ihr Idol).

Die moralische Sprachkritik ist so alt wie die philosophische.

Konfuzius, berichtet das dreizehnte Buch seiner Gespräche, sei einmal gefragt worden, welche Reform er zuerst vornehmen würde, wenn ihm die Regierung anvertraut würde. Er antwortete: „Ich würde damit beginnen, die Ausdrücke zu definieren, um sie genau zu machen". Zur Begründung dieser überraschenden Maßnahme sagt er: „Wenn die Ausdrücke nicht korrekt definiert sind, stimmen die Wörter nicht mit den Dingen überein. Wenn die Wörter nicht mit den Dingen übereinstimmen, bleiben die Dinge, die für den Staat wichtig sind – ungetan. Wenn diese Dinge ungetan bleiben, können Ordnung und Eintracht nicht blühen. Wenn Ordnung und Eintracht nicht blühen, erreichen Gesetz und Gerechtigkeit ihre Ziele nicht, und das Volk wird außerstande sein, Hände und Füße zu bewegen. Daher wird der Weise ... in der Wahl seiner Wörter nie unbedacht sein". Das Programm, das Konfuzius hier entfaltet, darf man wohl, von heute aus und sicher etwas „ungeschichtlich" gesehen, utopisch nennen, und zwar in einem unguten Sinn. Die Bedeutungen der Ausdrücke festsetzen, ein für alle Mal, nicht nur für sich selbst, sondern für alle, ist ein quasi terroristisches Programm. Andererseits ist gewiß begriffliche Reinlichkeit, gerade unter politischen Gesichtspunkten, von Wichtigkeit. Man sollte nicht *so* nennen, was man eigentlich, unter der Forderung der Redlichkeit, *so* nennen müßte. Man soll für ein Ding, das einem in der Wirklichkeit begegnet, den Namen verwenden, der für es vorgesehen ist. Die Schwierigkeit ist, daß dies nicht durchweg klar und zuweilen strittig ist. Realistischer ist eine Äußerung des älteren Cato, die jedenfalls Sallust in der *Verschwörung des Catilina* ihm in den Mund legt: er läßt ihn vor dem Senat sagen: „Leider sind uns schon längst die wahren Wörter für die Dinge abhanden gekommen, und eben deshalb, weil fremdes Gut verschenken Freigebigkeit heißt und frecher Mut zu bösen Streichen Tapferkeit: deshalb steht der Staat in äußerster Gefahr", „eo res publica in extremo sita est". Dies ist in der Tat ein bedeutsames Motiv moralisch politischer Sprachkritik: die „wahren Wörter der Dinge", „vera vocabula rerum".

Zweifel, erhebliche Zweifel, gibt es hinsichtlich einer der Annahmen oder Voraussetzungen dieser Sprachkritik. Dolf Sternberger erklärte 1965 in einem Thesen-Beitrag: „Die Frage des sprachlichen Niveaus und der sprachlichen Gestalt ist wahrhaftig eine moralische Frage. Eine Frage nicht so sehr der Intelligenz, keinesfalls des ästhetischen Sinnes, wohl aber des Charakters." Es ist aber wohl kurzschlüssig, die „sprachliche Gestalt", das „sprachliche Niveau" in so engen Zusammenhang zu Moral und Charakter zu bringen. Keinesfalls scheint dies anzugehen in bezug auf die *einzelne* Äußerung eines Individuums. „Sprechen und Denken sind eins", sagt Karl Kraus. Aber dies ist nun wiederum eine geradezu terroristische Position, denn sie kann nur zu gänzlich ungerechten Urteilen führen, Terrorurteilen in der Tat. Sprechen und Denken sind eben *nicht* eins, und rationaler Diskurs beruht geradezu auf ihrer Trennbarkeit. Dasselbe, das gedanklich Identische, muß so oder so oder so gesagt werden können. Etwas anderes ist es, wenn ein Zusammenhang postuliert wird in einem *überindividuellen* Sinn, wenn etwa – und schon dies ist bedenklich genug – Humboldt von den „Völkern" sagt: „Ihre Sprache ist ihr Geist, und ihr Geist ist ihre Sprache – man kann sich beide nie identisch genug denken". Dergleichen ist schnell und eindrucksvoll gesagt, aber hier stecken Probleme. Richtig ist allenfalls, daß überhandnehmende, in einer Gesellschaft hochfrequente Sprachverwendungsweisen etwas aussagen *können* über den moralisch intellektuellen Zustand dieser Gesellschaft insgesamt.

Peter Wapnewski hat dies 1990 so formuliert: „Jeder Philologe (und nicht nur er) weiß: Sprache ist Kriterium. Sprache ist Indikator. Sprache ist Seismograph. Sprache ist Symptom" (Sprache – der wahre Verräter: Stilistische Beobachtungen zum Sprachgebrauch der Gegenwart, in: Jahrbuch 5, Bayerische Akademie der Schönen Künste). Sätze, die zeigen, daß ihr Urheber kein Gegner des Fremdworts ist. Also: Kriterium, Indikator, Seismograph, Symptom. Nur *was* die Sprache verrät, läßt sich so leicht nicht sagen, und unsere Sprachkritiker sind hier vielfach kurzschlüssig und ungerecht. Und vielfach geht es doch gerade weniger, im·Unterschied zu dem, was Sternberger feststellt, um Charakter und Moral als um Intelligenz und sprachlich ästhetische Sensibilität. Ein konkretes Beispiel. In einer bestimmten Phase der sogenannten (und nun längst historischen) Nachrüstungs-Diskussion gebrauchte Helmut Kohl den Ausdruck „Waffen-Mix". Er meinte damit, daß zwei bestimmte Raketentypen gebraucht werden für die sogenannte „Nachrüstung". „Wir brauchen den Waffen-Mix", pflegte er zu sagen. Natürlich ist dies ein skandalöser Ausdruck; der Bundeskanzler hat ihn sich seinerzeit auch (durch Karl Korn) ausreden lassen. Ist aber der Schluß erlaubt, Kohl habe hier *charakterlich* versagt, seine Sprache habe verraten, daß er sich der Natur jener Höllenvorrichtungen, jener „Völkervertilgungsmittel", wie Ivan Illich zu Recht diese Geräte nennt, die den Namen „Waffen" längst nicht mehr verdienen, daß er sich also dessen nicht bewußt war? Es ist zu vermuten, er hat nicht charakterlich, sondern ästhetisch und intellektuell versagt und sich insoweit ästhetisch und intellektuell doch auch wieder bewährt, als er sich diesen Ausdruck ausreden ließ. Es geht also nicht an, schlicht zu formulieren: „Der Verderb der Sprache ist der Verderb des Menschen" (so Sternberger 1945 – diese Jahreszahl ist hier zu beachten!). Sonst wäre ja umgekehrt die Verbesserung der Sprache eine solche des Menschen!

Schließlich gibt es, neben der philosophischen und der moralischen, eine literarische Sprachkritik, eine Kritik an der Sprache, deren Subjekt die Literatur, die Dichtung ist. Da geht es um die Dichtung selbst, um ihre Möglichkeit. Die Sprache sei, sagt Fritz Mauthner, „ein ausgezeichneter Stoff der Wortkunst, aber ein elendes Werkzeug der Erkenntnis". Die moderne Dichtung ist keineswegs durchgehend dieser Ansicht. Aber hier ist ein spezifischer Zug gerade *moderner* Dichtung: keine andere Dichtung vor ihr hat in dieser radikalen Weise das Problem der Sprache aufgeworfen. Sie ist von Anfang an in einer Sprachkrise.

Man könnte hier eine Linie ziehen von dem Glauben der klassischen Zeit an das „treffende Wort", „le mot juste", wie es im französischen siebzehnten und achtzehnten Jahrhundert zum Kult erhoben wurde, dem Wort, das es vermag, die jeweilige Wirklichkeit genau zu treffen, zu der Sprachmagie der modernen Dichtung, der Rettung des Dichterischen *in* der Sprache und *durch* die Sprache, bis dann auch dieses Vertrauen erlischt und eine tiefe – gerade auch poetisch literarisch motivierte – Sprachskepsis übrigbleibt. Besonders beunruhigend zeigt sie sich in der Dichtung Samuel Becketts, der, wie zu Recht gesagt wurde, gegen Ende „am Rand des Verstummens dichtet". Vom Vertrauen also in die Sprache als verläßlicher Brücke zum Wirklichen, über den Rückzug aus dem Wirklichen ins Sprachliche, das Vertrauen in die Sprache für sich selbst, Sprache als Rettung, bis zum Erlöschen auch dieses Vertrauens: „Wörter versagen, zuweilen versagen sogar sie", „words fail, there are times when even they fail", heißt es in Becketts *Happy Days*, einem Stück, in dem immer wieder die Furcht hervortritt, das Sagbare würde sich verbrauchen, es bliebe nichts mehr zu sagen übrig: „There is so little one can say, one says it all", „Man kann so wenig sagen, man sagt immer gleich alles". In der modernen Dichtung ist die Sprache als Thema fast omnipräsent: zwischen der Apotheose des Worts, wie sie einem klassischen Dichter nie eingefallen wäre, und der Angst vor dem Versagen des Worts, der Wörter, dem Sprachentzug, dem Sinnloswerden allen Sprechens.

Gottfried Benn hat beides – glanzvoll rauschend und alltagssprachlich leise – benannt:

> „Ein Wort, ein Satz –: aus Chiffren steigen
> erkanntes Leben, jäher Sinn.
> Die Sonne steht, die Sphären schweigen
> und alles ballt sich zu ihm hin."

Dann, am anderen Ende, wiederum Anfangszeilen, in denen das Sprechen nur noch als Zeichen gilt, daß man noch lebt:

> „Komm, reden wir zusammen.
> Wer redet, ist nicht tot."

Derselbe Dichter hat ja auch in einem vielzitierten Satz erklärt, es gebe heutzutage „nur zwei verbale Transzendenzen": Mathematik und Kunst, der Rest sei, setzte er hinzu, „Bierbestellung", also: praktische Kommunikation.

Es gibt, zur literarischen Sprachkritik, eindrucksvolle einzelne Arbeiten; es fehlt aber auch hier die Synthese, das monographische Buch. Daß dies Buch fehlt, liegt wohl auch an dem bedauerlichen bloßen Nebeneinander von Linguistik und Literarhistorie. Es gibt da wenig commercium.

In der Dichtung ist das materielle Medium die Sprache. Das Kunstwerk ist hier sprachlich. Nun hat das Material des Dichterischen gegenüber dem anderer Künste, der Musik und der sogenannten bildenden Künste, eine Eigentümlichkeit, mit der gerade die moderne Dichtung ringt. Das Material des sprachlichen ist von vornherein welthaltig. Vor allem die *Wörter* der Sprache sind immer schon über sich hinaus, sie haben, im Unterschied zu den Tönen und den Farben, bereits als pures Material, unvermeidbar Sinn. Daher kann das sprachliche Kunstwerk, so sehr es sich der Musik anzunähern sucht, nie *wie* Musik sein. Und daher, gewiß, befriedigt das dichterisch Gesprochene, gerade in dem, was ihm an „magischer Gewalt" innewohnen mag, am meisten, wenn, sagen wir es ein wenig lehrerhaft, dem gedanklich Erhellenden und Treffenden, uns existenziell Anrührenden, sich das schöne Wie, die schöne Form hinzugesellt. Peter Wapnewski hat in dem genannten Vortrag solche „Stellen" genannt, seine eigenen. Und diese Stellen sind eben dieser Art: da ist auf schöne Weise etwas *Wichtiges* (lassen wir noch einmal den Lehrer sprechen) gesagt. Sinn, Rhythmus, Klang kommen zusammen. Und das „Wichtige" muß hier keineswegs, *darf* wohl nicht einmal etwas Sentenzenhaftes sein. Also, unter anderen Stellen, die Wapnewski zitiert: „Oh flaumenleichte Zeit der dunklen Frühe…" Oder: „Du bist Orplid, mein Land…" Oder: „Ihr alle kennt die wilde Schwermut, die uns bei der Erinnerung an Zeiten des Glücks ergreift…" Nicht genug ist dieser Einsatz der „Marmorklippen" zu bewundern (es folgt aber sogleich ein eigentümlicher Bruch). Oder, in der Tat: „Und unsern kranken Nachbarn auch" (einen Vers, den auch Thomas Mann einmal unter allen übrigen pries), und dann, gewaltig nach dem vorhergehenden (und doch eigentlich, im strengen Sinne, nichts sagend): „Denkt Kinder und Enkel und schüttelt das Haupt". Hier ist – darauf kommt es an – überall auch *Sinn*.

Schließlich bleibt die philologisch orientierte Sprachkritik, die insgesamt eher unerfreulich ist. Bücher also der Art von Gustav Wustmanns vormals berühmten *Allerhand Sprach-dummheiten* von 1891. Hier lesen wir etwa: „Von *Arzt* hat man in der letzten Zeit *Ärztin* gebildet. Manche getrauten sich das anfangs nicht zu sagen und sprachen von *weiblichen Ärz-ten*, es ist aber nichts dagegen einzuwenden." Aber die Bildung *Beamtin* fand Wustmann „entsetzlich"! Dies war vor genau hundert Jahren: man sieht, wie sehr Sprachempfinden sich wan-delt.

Es geht bei der philologischen Sprachkritik natürlich stets nur um einzelnes und vorzugsweise erstens um grammatische Richtigkeit, zweitens um sprachliche Reinheit, denn hierher ge-hört das Fremdwortproblem. Ein schmerzhafter Höhepunkt sind da die Bücher von Eduard Engel, etwa das Buch *Sprich Deutsch! Ein Buch zur Entwelschung*. Das Werk erschien, wie es auf der Titelseite heißt, „Im dritten Jahre des Weltkrieges ums deutsche Dasein". Oder dann ein Wörterbuch mit dem wiederum schlichten Titel *Entwelschung. Verdeutschungswör-terbuch für Amt, Schule, Haus, Leben*, erschienen 1918. Die Einleitung „Vom Welschen und Entwelschen" beginnt so: „Für deutsche Leser, Sprecher und Schreiber ist dieses Buch be-stimmt, also für gebildete Deutsche; jedoch nur für solche, die eines guten Willens zur deutschen Sprache sind und nach dem Worte tun wollen: ‚Lasset uns von aller Befleckung des Geistes uns reinigen' (2. Kor., 7, 1)." Dies also ist der puristische Stand-punkt, und es wird hier anstößig sichtbar, auf welche Weise er ins Moralische, ja, Religiöse geht. Übrigens war Engel alles an-dere als ungebildet! Er vertritt eine speziell deutsche Tradition, die freilich in diesem Jahrhundert, nach dem zweiten Krieg, eine Entsprechung in Frankreich gefunden hat in dem Kampf gegen die Amerikanismen. Berühmt ist hier René Etiembles Buch von 1964 mit dem hübschen, durchaus an Eduard Engel erinnernden Titel – aber es ist halt französisch – *Parlez-vous franglais?* (mit der Kontamination von *français* und *anglais*).

Ursprünglich, in der antiken und der späteren Rhetorik, war der Begriff der Reinheit *nicht* so gemeint. „Rein" war da, was dem guten „Gebrauch", dem „usus" entsprach. In Deutschland wandte er sich früh, vom 17. und 18. Jahrhundert an, gegen die als demütigend erlebte Überfremdung. Zu Beginn des 19. Jahrhunderts kam eine spezifisch romantische, auch spezifisch deutsche und ungute Vorstellung von Reinheit auf: Reinheit als Ablehnung des Fremden, bloß weil es – und nun bedienen wir uns der zugehörigen Metapher – nicht dem eigenen Wurzelboden entsproß. Wir sind hier in der Tat beim Boden und beim Blut… Das Fremde wird abgelehnt allein, weil es fremd ist. Der sich aus dieser Auffassung ergebende Purismus der deutschen Sprachreiniger oder „Eigendünkler", wie Leibniz das Wort „Purist" polemisch hübsch übersetzt, hat mit dem Purismus etwa des französischen 17. Jahrhunderts nichts zu tun. Was Leibniz angeht, so zeigt sich bei ihm, daß der Einwand gegen das Fremdwort auch anders, angemessener, *legitimer* motiviert sein kann. In seiner Schrift von 1697 *Unvorgreiffliche Gedancken betreffend die Ausübung und Verbesserung der teutschen Sprache* sagt er: „Was aber die fremden oder undeutschen Worte anbetrifft, so entsteht darin der größte Zweifel, ob nämlich und inwieweit sie zu dulden, nachdem sie vielen noch unverständlich." Der Einwand gegen das Fremdwort ist also der, daß es der Verständlichkeit im Wege stehe und Schranken errichte. Dies ist ein wichtiger, keineswegs erledigter Gesichtspunkt.

Nur soviel zur Frage des Fremdworts, die eine der beliebtesten deutscher Sprachkritik ist. Sie ist vielschichtig, reizvoll im einzelnen und verträgt keine pauschalen Antworten: das Fremdwort erscheint in der Tat als jene „silberne Rippe" im Leib unserer Sprache, von der Walter Benjamin in einer Wendung sprach, die Adorno in einem schönen, aber eigentlich doch nur schönen Aufsatz „Wörter aus der Fremde" zitiert. „Ja, mit den Fremdwörtern", läßt Hofmannsthal eine seiner Figuren über eine andere sagen, „mit den Fremdwörtern hätt' er sich a bisserl menagieren können".

Also: philosophisch, moralisch, literarisch und philologisch orientierte Sprachkritik. Es ist wichtig, diese vier Ausprägungen zu unterscheiden. Und es wäre wohl eine fünfte, theologisch religiös orientierte, hinzuzufügen: Auch im Religiösen finden wir eine Krise der Sprache und des Sprechens, auch hier ist Ungenügen am sprachlich Überkommenen, auch hier rückt das Sprachthema ins Zentrum.

Die Unterscheidung dieser verschiedenen Ausprägungen von Sprachkritik ist wichtig, weil diese Richtungen, wegen ihrer verschiedenen Anlässe, Interessen und Intentionen *verschieden* zu beurteilen sind. Jede von ihnen ist zunächst am „Ideal ihrer Absicht", wie Herder sagte, zu messen. Und schließlich bedarf auch die Absicht selbst der Überprüfung; Kritik der Sprachkritik.

So haben wir Sprachkritik in je verschiedener Weise in den drei großen Bereichen: in der Lebenswelt, in der Wissenschaft, in der Kunst. In der Lebenswelt und im Blick auf sie erscheint Sprachkritik unter dem Gesichtspunkt der Kommunikation, wobei das Kriterium der Wahrhaftigkeit, der Glaubwürdigkeit, der Aufrichtigkeit dominiert. Darum geht es, wenn hier von Moral, Charakter, Politik und so weiter die Rede ist. Nicht immer wird jedoch beachtet, daß Kommunikation nur *eine* der mehreren Funktionen der Sprache ist. In der modernen Welt geht es spezifisch um die Weite des Kommunikationsradius. Diese ist heute weit wichtiger als vor hundert Jahren. Weite des Kommunikationsradius ist eine Forderung der modernen Lebenswelt. Zunehmend aber meldet sich heute jene andere Funktion der Sprache zu Wort, die der französische Linguist Louis-Jean Calvet die „gregarische" nennt, „la fonction grégaire": da geht es um Identifikation, um Selbstfindung, um das Gefühl von Zusammengehörigkeit und Heimat. Wir *verstehen* uns nicht nur in einer Sprache und mit ihrer Hilfe, sie gibt uns auch – intellektuell und emotional – Heimat. Es gilt gewiß in besonderem Maße für die Formen des Sprachlichen mit eher reduziertem Kommunikationsradius, für die Dialekte. Der Dialekt, sagte Goethe, „ist doch eigentlich das Element, in welchem die Seele ihren Atem schöpft", so im Blick auf sich selbst in *Dichtung und Wahrheit* (2. Teil, 6. Buch). Vieles an der

Sprachkritik, die sich auf die Lebenswelt bezieht, ist bedingt durch den Widerstreit dieser beiden berechtigten Forderungen: der nach der Weite des Kommunikationsradius und der nach der Möglichkeit – auch gerade sprachlich – von Identifikation. In der Wissenschaft geht es sprachkritisch um Sprache als Mittel des Erkennens und der Mitteilung des Erkannten. In der Kunst schließlich um Sprache als Medium und als Material, wobei Sprache ein Material *ganz anderer Art* ist, als es Farben und Töne sind, weil dieses der Lebenswelt entstammende Material schon für sich selbst Bedeutung hat. Der Ausdruck „sprachliches Kunstwerk", der uns so leicht über die Lippen geht, ist von daher eigentlich verfehlt. Goethes *Iphigenie* ist nicht in gleicher Weise ein *sprachliches* Kunstwerk wie Beethovens op. 111 eines aus *Tönen* oder Michelangelos David eines aus *Marmor* ist.

Wenn es um die verschiedenen und die – von der Sache her – *überhaupt möglichen* Ausprägungen der Sprachkritik geht, ist eine Unterscheidung unumgänglich, die für die Sprachwissenschaft – speziell für die zu Beginn dieses Jahrhunderts anhebende synchronisch strukturelle Sprachwissenschaft – grundlegend ist. Es ist diejenige Sprachwissenschaft, die sich bewußt absetzt vom historischen und nicht mehr auf die Beschreibung und Erklärung von Entwicklungen zielt, sondern auf die von „Zuständen". Da geht es dann um den Unterschied zwischen einzelnen Sprachäußerungen und der Sprache als Anlage, als Besitz. Diese Unterscheidung macht dem Außenstehenden oft Schwierigkeiten. Sie ist aber unumgänglich. Es ist ja, gerade in bezug auf Sprachkritik, ein erheblicher Unterschied, ob ich einzelne Sprachäußerungen kritisiere oder Elemente einer bestimmten Sprache unabhängig von ihrer Verwendung.

Man muß sich hier das folgende klarmachen. Das Sprachliche kommt überhaupt nur in zwei Formen realiter vor: entweder als Besitz oder als Äußerung. Sprachbesitz ist, was wir in unseren Köpfen haben als Möglichkeit des Sprechens und des Verstehens, auch wenn wir gerade *nicht* sprechen. Die Äußerung hingegen ist der konkrete einzelne Gebrauch, den ein Individuum von diesem Besitz, über den es verfügt, in einer jeweils so und so bestimmten Situation macht. Sprachäußerung ist also aktualisierter Sprachbesitz. Wichtig hieran ist nun (und dies ist auch der Sprachwissenschaft keineswegs immer klar): beide, Besitz und Äußerung, kommen nur als individuelle vor. Eine Äußerung ist immer die eines einzelnen Subjekts. Es kann sich immer nur einer äußern. Daß mehrere gleichzeitig dem Wortlaut nach dasselbe sagen, geschieht nur, wenn es verabredet wurde und kommt eigentlich doch nur im Theater vor. Der Chor im Theater, auch wenn er nur *spricht*, ist unrealistisch. An ein Subjekt gebunden ist aber auch die Anlage. Der Sprachbesitz ist immer der eines einzelnen Subjekts. Was vorliegt – und dann eben sprachliche Verständigung ermöglicht –, ist, daß eine mehr oder weniger große Zahl anderer Individuen, die insgesamt die sogenannte „Sprachgemeinschaft" ausmachen, mehr oder weniger über *denselben* sprachlichen Besitz verfügen. Sprache ist also Äußerung oder Besitz eines Subjekts. Keinesfalls darf die Sprache, genauer: der Sprachbesitz, zu einem Subjekt hypostasiert werden. Die Sprache, noch einmal, ist kein Subjekt. Daher (schon allein daher) spricht die Sprache nicht.

Das Verhältnis zwischen Subjekt und Sprache ist komplex: Einerseits kommt Sprache nur vor als etwas in einzelnen Subjekten Angelegtes, andererseits umgreift die Sprache das einzelne Subjekt, eben weil sie es mit anderen Subjekten verbindet und weil sie von außen her, von *anderen,* auf dem Weg der „Internalisierung", wie der gelehrte Verlegenheitsausdruck lautet, in das Subjekt hineingelangt. Man muß also beides sehen: die prinzipielle Subjektgebundenheit der Sprache (ihr Substrat sind die einzelnen Subjekte, die an ihr partizipieren), andererseits ihre Objektivität, die sich darin zeigt, daß die Subjekte über die Sprache selbst nicht verfügen, daß sie ihnen von außen gleichsam zugewiesen, in sie gleichsam hineingeredet wurde. Einerseits also ist die Sprache *in uns,* andererseits sind umgekehrt wir *in der* Sprache.

Schließlich muß man sich vergegenwärtigen, daß es *die* Sprache gar nicht gibt. Es gibt nur einzelne Sprachen: historische Einzelsprachen, sagt die Sprachwissenschaft. Aber dies ist nicht radikal genug, denn zum Begriff des Sprachlichen selbst gehört schon Vereinzelung und Historizität. Und Vereinzelung, also externe Varietät, und Historizität hängen zusammen: die Historizität bedingt die Vereinzelung. Sprache kommt immer nur als einzelne Sprache vor, und diese ist historisch geworden. Es gibt also nur Sprachen. Die Sprache im Singular ist eine pure Abstraktion. Die Abstraktion ist berechtigt, ja, sie ist notwendig. Aber sie muß im Auge behalten werden als Abstraktion. Auch wieder bereits von daher ist es abwegig, davon zu reden, daß die Sprache spreche: allenfalls das Deutsche, das Griechische, das Englische könnten sprechen. Aber auch sie tun es nicht. Nicht das Deutsche spricht, sondern die deutsch Sprechenden. Die Philosophen insbesondere machen es sich zu leicht mit diesem Sachverhalt. Sie nehmen die Situation nach Babel, „After Babel", um George Steiners Titel aufzugreifen, nicht ernst. Muß nicht zum Beispiel die Tatsache, daß es viele Sprachen gibt, erheblich Karl Otto Apels „apriorische Kommunikationsgemeinschaft" stören?

Also: Notwendigkeit einer Unterscheidung zwischen Sprachbesitz und Sprachäußerung; es handelt sich um die beiden einzigen realen Vorkommensweisen des Sprachlichen; prinzipielle Subjektgebundenheit sowohl der Äußerung (in der Äußerung äußert sich ein Subjekt) als auch des Sprachbesitzes, wobei die Subjektgebundenheit des Sprachbesitzes einhergeht mit Objektivität (er ist dem Subjekt objektiv vorgegeben – Sprache ist so subjektiv und objektiv zugleich); prinzipielle Historizität des Sprachlichen, und dies heißt: Sprachverschiedenheit, externe, aber auch interne Varietät.

Zunächst zur Kritik am Sprachbesitz. Der Sprachbesitz kann unter drei Aspekten kritisiert werden. Erstens unter dem Gesichtspunkt der Wahrheit; Sprache also als Instrument der Erkenntnis. Zweitens unter dem Gesichtspunkt des Kommunikativen. Drittens als mögliches Medium für Dichtung. Beim Gesichtspunkt Sprache als Instrument der Erkenntnis handelt es sich um die philosophische Sprachkritik. Diese Sprachkritik richtet sich zumeist auf die universellen Züge der Sprache, diejenigen also, die prinzipiell zur Sprache, zu ihrem „Wesen", gehören. Anders die Sprachkritik hinsichtlich der kommunikativen Funktion: diese Sprachkritik ist praxisorientiert und hat unvermeidlich einen vergleichenden Zug, indem hier zwei oder mehrere Sprachen miteinander verglichen werden. Ein einfaches Beispiel sind die ungeschickt angelegten Zahlwörter des Deutschen: *einundsechzig* gegenüber Englisch *sixty one*, Französisch *soixante et un*, Italienisch *sessantuno*, Spanisch *sesenta y uno*, Russisch *schjestdjesjat odin*, türkisch *altmış bir*. Wir haben hier im Deutschen dadurch, daß die Einerzahlen *vor* den Zehnerzahlen genannt werden, ein unpraktisches, in nicht wenigen Situationen hinderliches oder lästiges Auseinanderfallen der Reihenfolge zwischen geschriebener und gesprochener Sprache (erinnern wir nur an das Wählen von Telefonnummern). Diese Art von Sprachkritik, die einer objektivierenden Betrachtung einigermaßen zugänglich wäre, wird leider von der Sprachwissenschaft wenig betrieben. Auch die außerfachliche Sprachkritik interessiert sich für sie kaum. Die Sprachwissenschaftler setzen hier allzu leicht voraus – was auch eine Wertung impliziert –, daß in jeder Sprache mit Notwendigkeit alles eben so sein muß, wie es *ist*. Sie haben, insbesondere in bezug auf ihre jeweilige Muttersprache, eine eigentümlich apologetische Tendenz. Unter dem dritten Gesichtspunkt, dem ästhetischen, kann ein Sprachbesitz zwar kritisiert werden, aber weit kann solche Kritik nicht führen, da in aller Regel Muttersprachlichkeit die Voraussetzung dichterischen Umgangs mit der Sprache ist. Trotzdem sind diesem Gesichtspunkt Möglichkeit und ein gewisses Recht nicht abzusprechen.

Was die Sprachäußerungen betrifft, so können sie kritisiert werden unter dem Gesichtspunkt ihrer *grammatischen Korrektheit* (Grammatikalität). In der deutschen Bildungssprache haben wir sogar, seit Joachim Heinrich Campe, eine spezifische Bezeichnung für die hier maßgebende Instanz: „Sprachgefühl". Diese Instanz ist aber nichts spezifisch Deutsches, sondern gehört zum Sprachbesitz prinzipiell. In der Tat gehört zum Beherrschen einer Sprache nicht nur das korrekte Sprechen und das Verstehen, sondern auch die Fähigkeit, vorgelegte Sätze als korrekt oder inkorrekt zu beurteilen, auch wenn diese Urteile nicht begründet werden können. Man kann zweitens Sprachäußerungen beurteilen unter dem Gesichtspunkt ihrer *Reinheit;* dies ist, wie gesagt, das puristische Kriterium. Dazu kommt – drittens – der Gesichtspunkt der *Klarheit:* sind die Gedanken in den beurteilten Sprachäußerungen faßlich ausgedrückt, so daß sie leicht greifbar werden? Viertens der Gesichtspunkt der *Wahrheit:* ist das Ausgesagte wahr? Falls es sich tatsächlich um Aussage handelt, denn nur „aussagende Rede", „lógos apophantikós", wie sie schon Aristoteles unterscheidet von anderer „Rede", unterliegt diesem Kriterium. Von dem der Wahrheit ist der Gesichtspunkt der *Wahrhaftigkeit* verschieden: er geht auch über die „aussagende Rede" hinaus. Wahrhaftig oder unwahrhaftig können zum Beispiel auch Fragen sein. Ist also – fünftes Kriterium der Beurteilung – die Äußerung wahrhaftig? Sechstens der Gesichtspunkt der *Schönheit:* sind die Äußerungen sprachlich schön oder unschön? Wie immer man zu diesem gewiß problematischen Kriterium steht, faktisch wird es angewendet. Ein siebter Gesichtspunkt ist der der *Angemessenheit*, es ist das „aptum" der klassischen Rhetorik: entsprechen die Äußerungen dem, was in dieser konkreten Situation erwartet werden muß? Man kann achtens nach der *sprachlichen Komplexität* fragen: sind die Äußerungen einfach oder komplex in ihrem syntaktischen Aufbau? Wobei sich zeigt, daß syntaktisch einfache Äußerungen unklar und komplexe klar sein können. Dann, neuntens, ein Kriterium, das wir *„Eigenprägung"* nennen möchten: ist die Äußerung spezifisch geprägt durch ihren „Produzenten"? Ist sie charakteristisch? Zehntens ein Kriterium, das eine alte, aber irritierende Kategorie impliziert, die schwer einzuordnen ist, denn sie liegt eigentümlich quer zu den anderen Kriterien: das des *Stils.* Stil kann einerseits mit den Eigenschaften, die sich unter den genannten Kriterien herausstellen, etwas zu schaffen haben; andererseits sind jene Eigenschaften aber doch auch wieder neutral, was den möglichen Stil einer Äußerung angeht. Der Gesichtspunkt „Eigenprägung" kommt der Kategorie Stil am nächsten. Er deckt sich aber nicht mit ihr, denn Stil erscheint ja nicht allein als *Individualstil,* sondern auch als *Gattungsstil,* als Stil demnach, der bestimmten Textarten entspricht, in welche sich also die für diese Textarten bestimmten Äußerungen „stilistisch" einzufügen haben (hierüber Kapitel 9).

Dies also sind, in etwas schulmeisterlicher Zusammenstellung, die möglichen und faktisch vorkommenden Kriterien zur Beurteilung von Sprachlichem. Im Blick auf den Sprachbesitz: Sprache als Instrument der Erkenntnis, Sprache in ihrer kommunikativen Funktion, Sprache hinsichtlich ihrer Eignung als Material des Dichterischen. Und im Blick auf Sprachäußerungen: Korrektheit, Reinheit, Klarheit, Wahrheit und – von ihr verschieden – Wahrhaftigkeit, dann Schönheit, Angemessenheit, Grad an syntaktischer Komplexität, Eigenprägung und schließlich, besonders schwierig, das irritierende Kriterium „Stil". Sodann die vier Ausprägungen – der allgemeinen Orientierung nach – von Sprachkritik: die philosophische, die moralische, die literarische und die philologische. All diese Kriterien und die vier Ausprägungen oder Richtungen der Sprachkritik haben in verschiedener Weise, wie wir dies zu skizzieren versuchten, ihr begrenztes Recht. Sie sind nicht unvernünftig. Und jedenfalls sind in ihrer unterschiedlichen Virulenz diese Kriterien und Richtungen am Werk. Es muß für Sprachkritik einen Raum rationalen Diskurses geben. Zunächst und vor allem geht es hier um die moralisch-politische Sprachkritik; dann aber auch um die philosophische und die philologische (die literarische, die sich – eben weil sie literarisch ist – der Diskussion entzieht, bleibe den Dichtern und Literaten überlassen; das heißt: sie ist wichtig, von größtem Interesse, aber sie muß gesehen werden in ihrer „literarischen" Einbettung; da ist – philosophisch und philologisch gesehen – Unernst; es gibt aber einen spezifischen ästhetischen Ernst). Rational heißt: es geht nicht bloß um Anmutungen, um Gefühle, sondern um Gründe. Es ist ein Irrtum der Sprachwissenschaft zu meinen, der einzig legitime Diskurs über Sprachliches sei ihr eigener und außer ihr gebe es keinen vernünftigen: extra linguisticam nulla salus, nulla ratio … Diese Sicht – Ausfluß von Wissenschaftsimperialismus oder einer „déformation professionnelle" – ist zu *eng*. Eben weil die Sprachwissenschaft – aus guten Gründen – etwas Entscheidendes *ausspart*, sollte sie Sprachkritik tolerieren. Außerdem geschieht diese ja ohnehin. Sprachkritik ist legitim. Sie greift – explizierend, argumentierend – auf, was ohnehin zur Sprache, zu sprachlichem Leben gehört: Sprache kann nicht, ohne daß sich die Sicht verzerrte, getrennt werden von ihren realen Trägern. Und gerade von diesen her gesehen gehört Sprachkritik immer schon zu bewußtem und insbesondere zu „gebildetem" Sprachbesitz.

Sprachkritik ist nicht nur legitim; sie ist auch notwendig. Es gibt in der Sprache vieles zu kritisieren. Sprachwissenschaftler reden nicht selten irritiert und mit charakteristischem Unterton von den „selbsternannten Sprachkritikern". Hier aber ist deutlich zu sagen: jeder darf sich selbst zum Sprachkritiker ernennen. Freilich muß sich der Kritiker seinerseits kritisieren lassen. Schließlich: es geht bei der Sprachkritik nicht darum, Vorschriften zu machen. Man kann sprachlich (von Injurien abgesehen) niemandem etwas vorschreiben. Aber man kann kritisieren. Im Großen, Wichtigen und im Kleinen, Peripheren. Und gegebenenfalls, wenn es um Wichtiges geht, muß man anprangern, „denunzieren", wie vormals die Frankfurter sagten... Also, frei nach Wittgenstein: Worüber man nicht schweigen darf, darüber muß man sprechen.

4. Der etymologische Holzweg

„Denn wenn du die Herkunft eines Wortes kennst,
verstehst du seine Kraft viel schneller.
Jedes Ding läßt sich klarer erfassen,
wenn man seine Etymologie kennt."

Isidor von Sevilla, 6./7. Jahrhundert

Es geht nicht um falsche Etymologien, nicht – jedenfalls nicht hier – um etymologische Richtigkeit. Es geht um etymologisierendes Denken, um die Verwendung der Etymologie, des Etymons, als Mittel der Erkenntnis. Diese besteht in dem Versuch, auf etymologischem Weg zu Erkenntnis zu gelangen oder durch den Rekurs auf Etymologie Erkenntnis, die auf anderem Wege gewonnen wurde, zu bestätigen. Etymologische Erkenntnisgewinnung und Erkenntnisbestätigung. Es ist der Etymologie-Fehler oder, deutlicher, die Etymologie-Falle (denn man kommt aus diesem Fehler nicht leicht heraus), also der etymologische Holzweg. Die Aufdeckung des etymologisierenden Denkens als Holzweg, als Weg, der zu nichts führt, ist eine dringende Aufgabe der Sprachkritik.

Zunächst zum Terminologischen. Wir unterscheiden die *Etymologie,* die Lehre von der Herkunft der Wörter (es geht da aber nicht nur um Herkunft in einem punktuellen Sinn – „dieses Wort bedeutete ursprünglich…" –, sondern um die Geschichte insgesamt der einzelnen Wörter). Zu dieser Bedeutung gehört auch das Verb *etymologisieren,* das in diesem Sinne verwendet wird („es ist bisher nicht gelungen, das Wort zu etymologisieren"). Der Terminus *Etymologie* kann aber auch die Herkunft und Geschichte eines Wortes selbst bezeichnen („was hat dieses Wort für eine Etymologie?"); es ist die Zweideutigkeit, die wir auch bei dem Wort *Geschichte* finden (das, was geschehen ist und die Beschäftigung damit). Das *Etymon* meint in einem punktuellen Sinn die historische Grundlage, unter Umständen auch den eigentlichen Ursprung eines Wortes; lateinisch *mare* zum Beispiel ist das Etymon von französisch *mer,* italienisch *mare,* spanisch und portugiesisch *mar:* es geht in diesem Fall um die bloße Grundlage, denn woher kommt lateinisch *mare?* Man nennt uns als indogermanischen Signifikanten **mari,* ein Neutrum, mit der Bedeutung „See, Meer"; dann heißt es: „Das Wort wird zu **mer* – ‚glänzen' gestellt (‚das Glänzende'), doch ist diese Annahme unverbindlich": eine sehr typische, eigentümlich ins Leere laufende Auskunft des „völlig neu bearbeiteten" *Etymologischen Wörterbuchs der deutschen Sprache* von Friedrich Kluge (1989), also von Elmar Seebold. Dagegen ist der Eigenname *Hoover,* um einen klaren Fall zu nehmen, das Etymon im Sinne eigentlicher Herkunft der englischen Wörter *Hoover* „Staubsauber" und *to hoover* „staubsaugen" (es wäre offensichtlich absurd, den Eigennamen *Hoover* [Fabrikmarke] zu etymologisieren, um auf die ursprüngliche Bedeutung des englischen Worts für dieses auch *vacuum cleaner* genannte Gerät zu kommen). Schließlich – drittens – der *Reflex,* womit das vorläufige oder definitive Ergebnis einer Wortgeschichte gemeint ist (definitiv von der Gegenwart aus gesehen); französisch *mer* ist der Reflex von lateinisch *mare,* dieses der Reflex von indogermanisch **mari,* zu dessen Reflexen auch etwa das altirische *muir* oder das altkirchenslawische *morje* gehören; Reflex und Etymon entsprechen sich also komplementär, sie sind beide punktuell (Ergebnis und Ausgang).

Ein gutes Beispiel für das, was wir den etymologischen Holzweg nennen, ist bereits die Etymologie von *Etymologie:* das eine, wichtigere Etymon dieses sehr alten Bildungsworts ist das griechische *tò étymon,* welches „das Wahre" heißt; also ist die Etymologie – etymologisch – die Lehre vom Wahren, was sie offensichtlich *nicht* ist. Wohlverstanden: vom Wahren schlechthin, nicht von der wahren *Wortbedeutung* (was sie, wie zu zeigen sein wird, auch nicht ist). *Etymologie* also etymologisch: die Lehre oder Rede vom Wahren. Aber absurd sind die beiden Etyma – *étymon* und *lógos* – keineswegs: weder im

Blick auf die Geschichte der Etymologie (ihre bemerkenswerte Rolle in der Sprachreflexion) noch im Blick auf den gegenwärtigen Umgang mit ihr, im Blick somit auf dasjenige, was wir im Auge haben: das etymologisierende Denken heute. So deutet auf komplizierte Weise die Etymologie von *Etymologie* doch in die richtige Richtung: auf den falschen – nämlich auf Erkenntnisgewinnung oder Erkenntnisbestätigung zielenden – *Gebrauch* dieser sprachwissenschaftlichen Bemühung; Etymologie als „Wahrspruch" (so könnte man das Wort – etymologisch – auch übersetzen).

Dies freilich bedarf keiner Hervorhebung: die linguistische Etymologie, die wissenschaftliche Bemühung also, um die Etyma der Wörter, dann um ihre materielle und inhaltliche Geschichte überhaupt, ist unproblematisch: da gibt es nur zahllose Probleme im einzelnen, nicht jedoch im Prinzipiellen. Allerdings darf gesagt werden, daß das Interesse, das diese Etymologie verdient, nicht so groß ist wie unter Etymologen vielfach angenommen. Vieles ist da wirklich nur „interessant" in einem gewissen reduzierten und anekdotischen Sinn. Auch sind ja die allermeisten Wörter „unserer" Sprachen etymologisch längst geklärt, so daß es nur noch um Restbestände geht, und die bisher ungeklärten Fälle sind weithin wohl überhaupt nicht definitiv – das heißt: unter Zustimmung aller beteiligten Gelehrten – zu klären. Da fehlt es oft auch am eigentlich unvermeidlichen „holden Bescheiden", das zum Wissenschaftlichen ebenfalls gehört. Hat das deutsche Wort *Seele,* um nicht irgendein Wort zu nehmen, etymologisch mit *See* zu schaffen? Ist *See,* genauer: das Etymon von *See,* das Etymon von *Seele,* oder ist es dies nicht? Der neue „Kluge" (1989) sagt zu *Seele:* „aus germanisch *saiwalō feminin, ‚Seele'... Herkunft unklar", während der alte „Kluge-Mitzka" (1963) noch wußte: „Urgermanisch *saiwalō ‚die vom See stammende, zum See gehörige' ist l-Ableitung von *saiwa-z (siehe *See). Bestimmte Seen galten den Germanen als Aufenthaltsort der Seelen vor der Geburt und nach dem Tode." Auch ein Wandel von solch sicherer Aussage zu „Herkunft unklar" ist Fortschritt der Wissenschaft ... Was hängt aber – darauf wollen wir hinaus – von der Beantwortung dieser Frage, auf die wir uns nicht einlassen können, ab? Gewiß: es ist interessant, wenn man sich nun einmal dafür interessiert. Aber: erfahren wir da etwas über die Seele? Man kann niemandem vorschreiben, was er interessant zu finden hat. Und doch gibt es eine objektive Rangordnung der *theoretischen* und – leichter begründbar – der *praktischen* Interessen. Man ist in der Tat gelegentlich versucht, den Kopf zu schütteln, wenn Wissenschaftler erklären: „Jetzt wird's aber spannend."

Natürlich bleiben wir, wenn wir vom etymologischen Holzweg reden, der ein Denkweg *außerhalb* der Sprachwissenschaft ist, im Bereich des Theoretischen, des theoretischen Interesses. Was steht auf dem Spiel? Es geht da einerseits um das „Wesen" des Worts, um seine „Natur überhaupt" (dies ist bereits nicht wenig), andererseits um die Erkenntnis außersprachlicher „Dinge" mit Hilfe von Sprache, hier speziell: von Etymologischem. Taugt – oder auch: *inwiefern* taugt – das Etymologische als Erkenntnismittel?

Der etymologische Holzweg ist auch deshalb bemerkenswert, weil er gerade von solchen begangen wird, die sprachempfindlich sind und aus der Sprache lernen wollen. Eigentlich sollte den Sprachwissenschaftler dieses Interesse an der Sprache freuen, das sich unter feinsinnigen Praktikern der Lebenswelt ebenso findet wie unter Vertretern nicht weniger wissenschaftlicher Disziplinen (durchaus nicht nur – hier allerdings ist es besonders ausgeprägt – unter Philosophen). Der Holzweg, der Etymologie-Fehler, ist ein Denk- und Beobachtungsfehler, und er ist komplex. Er besteht aus zwei verschiedenen, aber zusammenhängenden Fehlern, dergestalt, daß der eine auf den anderen folgt, wobei jedoch, wer den ersten macht, nicht notwendig auch den zweiten zu machen braucht.

Der erste Fehler besteht in einer Verkennung dessen, was ein Wort überhaupt ist. Man hält die ursprüngliche Bedeutung eines Worts, diejenige also seines Etymons, für die eigentliche. Eine Identifizierung also von *ursprünglich* und *eigentlich*. Natürlich (hieran wird man sogleich denken) steht solche Identifizierung unter dem Druck einer mächtigen Tradition, beinahe eines Denkzwangs, zumindest seit dem Ende des 18. Jahrhunderts. Da ist ohne Zweifel ein Rousseau-Element, oder umgekehrt: Rousseau verkörpert eine Denkfigur, die seiner Zeit zugehörte, in ihr zum Durchbruch kam und der wir noch immer, als wäre sie selbstverständlich, anhängen: das Frühe, das Ursprüngliche ist das Eigentliche, das noch Reine und Unverdorbene, das jedenfalls positiver Einzuschätzende (frühes Christen-, frühes Griechen- und Römertum und so fort). Übrigens war diese Denkfigur schon vor Rousseau, wenngleich in anderer Weise, präsent (der *mos maiorum* der klassischen römischen Welt geht ja, nicht anders als die hergebrachte, ubiquitäre *laudatio temporis acti,* in diese Richtung); vielleicht war sie nur eben in der frühen Neuzeit, dem 17. und 18. Jahrhundert, in den Hintergrund getreten und trat nun, Ende des 18. Jahrhunderts, wieder hervor:

> „Nord und West und Süd zersplittern,
> Throne bersten, Reiche zittern,
> Flüchte du, im reinen Osten
> Patriarchenluft zu kosten ...
>
> Dort im Reinen und im Rechten
> Will ich menschlichen Geschlechtern
> In des Ursprungs Tiefe dringen ..."

So in dem großen Aufbruchsgedicht, dem ersten, „Hegire" überschrieben (also Hedschra), in Goethes *West-östlichem Diwan:* „des Ursprungs Tiefe" ...

Doch wie immer es damit stehen mag, wenn wir zum Wort zurückkehren, ist doch jedenfalls *schlicht* zu sagen: es gibt keinen sprachwissenschaftlich festzumachenden oder auch nur rationalen Grund, die *ursprüngliche* Bedeutung eines Worts als seine *eigentliche,* also *wahre* anzusetzen. Die eigentliche Bedeutung eines Worts ist keineswegs die ursprüngliche, also die, die es *zuerst* hatte. Ganz abgesehen von der gedanklichen Schwierigkeit, die in dieser Formulierung liegt: das Wort hatte, sagt man, zuerst diese oder jene Bedeutung; wir kommen sogleich auf diese im Grunde unzulässige Redeweise zurück. Warum sollte die eigentliche Bedeutung eines Worts seine ursprüngliche sein? Dabei haben wir ja hier vielfach noch eine *praktische* Schwierigkeit: wir sind in den Fällen, in denen das Etymon nicht der Ausgang, sondern nur die Grundlage, also gleichsam nur eine Zwischenstation ist, dazu gezwungen, diejenige Bedeutung für die ursprüngliche zu nehmen, die wir mit der prekären Hilfe verstreuter oder gar singulärer und gewiß kontingenter schriftlicher Zeugnisse gerade noch erreichen können. Und oft müssen wir diese Bedeutung, wo wir nur rekonstruierte Signifikanten haben, schlicht unterstellen. Die „ursprüngliche" Bedeutung ist dies also oft nur vermöge praktischer Kontingenz: also eine gewiß „schlechte" Ursprünglichkeit.

Der Begriff „ursprünglich" ist ohne Zweifel ein historischer Begriff: eine schlichte Kennzeichnung. Dagegen liegt im Begriff „eigentlich" eine *bewertende* Stellungnahme, und es ist eine Stellungnahme unhistorischer oder überhistorischer Art. Wenn ich, zum Beispiel, das ursprüngliche Christentum als das eigentliche betrachte, bewerte ich ohne Zweifel, und zwar von einem überhistorischen Standpunkt aus, von dem aus ich zu wissen meine, was Christentum „eigentlich" sei. Hinsichtlich des Wortinhalts hingegen hat die Kennzeichnung „eigentliche Bedeutung" nur als synchronische Sinn: ein Wort hat zwei oder mehrere oder viele Bedeutungen, und *eine* davon ist die eigentliche, insofern nämlich, als die anderen von ihr abgeleitet sind, genauer: als von ihr abgeleitete erfahren werden, als solche *lebendig* sind. Lebendig wo? Im Sprachbewußtsein: in ihm hat die Kennzeichnung „eigentlich", die in diesem Fall auch keine Bewertung impliziert, sondern schlicht beschreibt, ihr Substrat, im Sprachbesitz derjenigen, die zu einem bestimmten Zeitpunkt im Sinne einer Sprachgemeinschaft, die ja zumeist auch eine des Raumes ist, koexistieren. Dann das *Bewußtsein,* das sich auf ihn richtet und das ihm, dem Sprachbesitz, selbst zugehört, denn Reflexivität, wir sagten es, gehört zum Wesen der Sprache (S. 29). Unser Vorschlag ist also, die Kennzeichnung „eigentlich" in bezug auf eine Wortbedeutung strikt synchronisch, in strikt synchronischer Perspektive zu verwenden, weil wir nur hier einen festen Bezugspunkt haben, der einen nicht bewertenden, sondern rein beschreibenden Gebrauch ermöglicht. Im Blick auf Historisches, auf die historische Filiation von Bedeutungen eines Wortsignifikanten, haben wir ja keinerlei Möglichkeit, über „Eigentlichkeit" zu entscheiden. Wir können da nur feststellen: diese Bedeutung war früher da als jene, die sich erst später ergab, oder diese ist die ursprüngliche (wenn das Etymon der Ausgang ist), oder sie ist die älteste, die wir auffinden können (wenn das Etymon nur eben die Grundlage ist). Sobald wir im Blick auf historische Filiation von *eigentlicher* Bedeutung reden, treten wir aus dem Beschreiben und auch aus dem Historischen heraus und bewerten nach überhistorischen Kriterien, die sprachwissenschaftlich oder auch nur rational nicht zu legitimieren sind. Trennen wir also strikt (jedenfalls in den Begriffen, denn über Worte kann man sich verständigen) „ursprünglich" und „eigentlich" und lassen beides nicht ineinanderfließen.

Der große Hermann Paul, Haupttheoretiker der sogenannten „Junggrammatiker" (und sie in seiner Theorie sogleich übersteigend), erklärt zum Beispiel und gleichsam en passant zu dem deutschen Wort *fertig:* „Es bedeutet eigentlich, wie die Etymologie zeigt, ‚in einem zu einer Fahrt (d. h. auch einem Ritt, einem Gange) geeigneten Zustande', ‚zu einer Fahrt gerüstet, bereit'." Die Etymologie also zeigt die eigentliche Bedeutung. Gewiß hätte man sich mit Hermann Paul darüber verständigen können. Er sagt „eigentlich" und meint „ursprünglich": *fertig* „bedeutet eigentlich...". Wir zitieren dies nur als einen Beleg für die Verwirrung und nun wirklich an grünem Holze ... Nein, *fertig* bedeutet das Herausgestellte nicht eigentlich, sondern ursprünglich. Ein anderes Beispiel. Der Romanist Gerhard Rohlfs, ebenfalls ein (später) „Junggrammatiker": „Lateinisch *gentilis* bedeutet eigentlich ‚zu einer bestimmten *gens,* Familie, gehörig', dann ‚von guter oder vornehmer Abstammung'. Die mittelalterliche Bedeutung schimmert noch durch in englisch *gentleman.* Im übrigen hat das französische Wort *(gentil)* eine Wertminderung erfahren, indem es heute nur noch bedeutet ‚nett', ‚liebenswürdig'" (G. Rohlfs, *Vom Vulgärlateinischen zum Altfranzösischen,* Tübingen 1967, S. 58). Hier ist auch wieder alles beieinander, die „eigentliche" Bedeutung und die „Wertminderung" des einen, identischen Worts.

Es ist wichtig, hier zu insistieren, weil diese Verwirrung im Begrifflichen (die sich terminologisch spiegelt) eine Verkennung dessen impliziert, was ein Wort *ist*. Ein Wort ist ein Kontrakt auf Zeit, den eine Sprachgemeinschaft mit einem Lautzeichen, einem Signifikanten, in bezug auf einen bestimmten Inhalt geschlossen hat. Ein im Prinzip jederzeit kündbarer Kontrakt, wenngleich er auch viele Jahrhunderte ungekündigt, ja, unmodifiziert bestehen bleiben kann. In anderen Worten und konkret: als der Signifikant, das Lautzeichen *fertig* bedeutete „in einem zu einer Fahrt geeigneten Zustande", da war dieses Wort ein anderes Wort; dasselbe gilt für *gentil*. Wir reden der Bequemlichkeit halber von demselben Wort. In Wirklichkeit ist da aber nur die Identität von Signifikanten, weshalb man im strengen Sinn nicht von „demselben Wort" reden sollte. Diese Redeweise ist nur als Abkürzung legitim. Was hier vorliegt – und hierin liegt der charakteristische Fehler –, ist eine ahistorische Substantialisierung, eine *Verdinglichung* des Worts, als wäre ein Wort, bei identischem Signifikanten, ein für alle Mal dasselbe, als wäre es eine Quasi-Person. Also: nicht dasselbe *Wort*, sondern derselbe *Signifikant*. Treffend hat dies Paul Valéry, der Sprachkritiker, ausgedrückt: „Sprache unterliegt dem allgemeinen Wahlrecht – ein Wort ist ein gewählter Kandidat der Nation; bisweilen wird er nicht wiedergewählt …" Auf diesem „Nominalismus" muß die Sprachwissenschaft bestehen: keine Substantialisierung des Worts, das seiner Natur nach geschichtlich ist (wie die Sprache insgesamt) und Leben hat nur im Bewußtsein der Sprechenden.

Nunmehr zum zweiten Fehler, der meist dem ersten folgt. Es ist ein Fehler in bezug auf die Sache und ist durch Wortgläubigkeit bedingt. Er besteht in folgendem: man meint, das Ding, welches das Wort gegenwärtig bezeichnet, sei wesentlich, in seinem *Wesen*, das Ding, welches dieses Wort *ursprünglich* bezeichnet hat. Also, auf unser Beispiel übertragen: das Fertigsein hätte, der Sache nach, etwas mit fahren zu tun. Ist dies nicht, muß man hier doch fragen, schierer Unfug? Es ist wirklich ein

Fall von undurchschauter Wortgläubigkeit, von Hängenbleiben im Wort. Tatsächlich aber sind viele – darunter viele hochgebildete und kundige Zeitgenossen – von dieser merkwürdigen Meinung durchdrungen: eine Sache ist in ihrem Wesen, was das Wort, das diese Sache benennt, *ursprünglich* bedeutet hat, oder (es läuft auf dasselbe hinaus): eine Sache ist das Etymon des Worts, das sie bezeichnet; das Etymon bezeichnet ihr Wesen. Fertig sein ist eigentlich „bereit sein zur Abfahrt", *gentil* oder *gentle* ist eigentlich „aus einer bestimmten (guten) Familie kommend" … Verkennung, also, durch Verdinglichung, dessen, was ein Wort ist (erster Fehler); dann, zweiter Fehler, Wortgläubigkeit, unerlaubter Schluß vom Wort auf die Sache, transitus ab voce ad rem …

Im Herbst 1886 hielt Freud, aus Paris von seinem Forschungsaufenthalt zurückgekehrt, vor dem Verein der Wiener Ärzte einen Vortrag über männliche Hysterie. Ein alter Chirurg, berichtet Freud selbst, erhob erregt Einwände gegen seine These, daß auch Männer hysterisch sein können: „Aber Herr Kollege", rief er, „wie können Sie solchen Unsinn reden! Hysteron (sic!) heißt doch der Uterus. Wie kann dann ein Mann hysterisch sein?" Das ist nun genau diese Art von Gedankengang, diese Denkfigur, dieser Schein-Beweis: Hysterie ist, ihrem Wesen nach, etwas Weibliches, ausschließlich zur Frau Gehörendes, weil der Name dieser Krankheit *etymologisch* mit dem des Uterus zusammenhängt. Weil das Etymon für *Hysterie* die Bezeichnung für die Gebärmutter ist, ist Hysterie (nicht das Wort, sondern nun die Sache!) etwas ausschließlich bei Frauen Vorkommendes. Freud versagt sich übrigens nicht, wie man sieht, dem „hysteron" ein „sic!" hinzuzusetzen, weil das griechische Wort für Uterus nicht „hysteron", sondern „hystéra" lautet.

Ein wenig wort- und sprachgläubig war Freud, der durchaus ja etwas hatte vom feinsinnigen Arzt, übrigens selber. Auch er sieht im Sprachgebrauch, wie er sagt, „nichts Zufälliges, sondern den Niederschlag alter Erkenntnis, der freilich", setzt er hinzu (und der Zusatz ist wichtig, weil er berechtigte Skrupel zeigt), „nicht ohne Vorsicht verwertet werden darf" *(Gesam-*

melte Werke, XI, S. 95; hierzu H.-M. Gauger, „Sprache und Sprechen im Werk Freuds", in: H.-M. Gauger, *Der Autor und sein Stil,* Stuttgart 1988, S. 135–137).

Nietzsche erklärt: „Vielleicht drückt noch unser Wort ,Mensch' (manas) gerade etwas von *diesem* Selbstgefühl aus: der Mensch bezeichnete sich als das Wesen, welches Werthe misst, werthet und misst, als das ,abschätzende Tier an sich'" *(Kritische Studienausgabe* 5, S. 306). Wieder geht es uns hier nicht um die etymologische Richtigkeit, sondern um die Denkfigur. In einer Anmerkung zur „ersten Abhandlung" der „Streitschrift" *Zur Genealogie der Moral* (1887), aus der diese Stelle stammt, bringt Nietzsche gar ein „akademisches Preisausschreiben" in Vorschlag zur „Förderung moralhistorischer Studien"; die Preisfrage soll lauten: „Welche Fingerzeige giebt die Sprachwissenschaft, insbesondere die etymologische Forschung, für die Entwicklungsgeschichte der moralischen Begriffe ab?" Hier ist nun der entscheidende Begriff enthalten: „Fingerzeige", denn genau dies – Hinweise auf die Sache – kann man der Sprache, dem Sprachgebrauch (synchronisch gesehen) und der Etymologie (diachronisch) wirklich entnehmen; man kann sich von ihr heuristisch auf *Spuren* bringen lassen, gerade auch was die Dinge angeht, denn natürlich gibt es in ihr „den Niederschlag alter Erkenntnis", die allerdings auch irreführend sein kann. Aber eigentliche Beweisstücke, „Evidenz" (im englischen Sinn) kann man aus der Sprache nicht holen. Und triftiger, aussagekräftiger als der Etymologie-Rekurs ist die synchronische Analyse des Sprachgebrauchs (wir suchten, dies in dem Beitrag zur Sprachkritik zu zeigen, S. 48).

Was bedingt diese spezifische Berufung auf die Sprache? Was motiviert das etymologisierende Denken? Es ist gewiß die „Objektivität" der Sprache. Die Sprache geht ja, in der Tat, zumindest jedem *individuellen* Denken voraus: sie ist ihm vorgegeben, in ihr bewegt es sich von Anfang an, ja, eigentlich schon *vor* seinem Anfang (hierüber das Kapitel „Sprache ist Tradition", S. 7, 16). Diese unbestreitbare „Objektivität" der Sprache, einer *jeden* Sprache, wird nun aber gedanklich zu Unrecht und gerade sprachwissenschaftlich keineswegs begründbar im

Sinne eines *Beweises* in Anspruch genommen. Man läßt die Sprache für sich sprechen, schiebt ihr das „onus probandi", die Last des Beweisens zu. „Schon die Sprache sagt uns ..." Wer ginge da nicht in die Knie? Was soll man sagen gegen das „objektive" Sagen der Sprache? Es ist aber, muß man sich klarmachen, in solcher Berufung usurpierte Inanspruchnahme. Man beweist so nichts. Dies gilt in besonderem Maß für den Etymologie-Rekurs, weil dieser sich prinzipiell heraussetzt aus dem Sprachgebrauch, der immer nur *synchronisch* greifbar ist, denn „Gebrauch" ist ja überhaupt und ausschließlich im Sinne des Synchronischen konzipiert: Sprachgebrauch gibt es nur synchronisch. Hier aber, im Etymologischen, wir sagten es, gibt es kein „eigentlich"; da gibt es nur (und durchaus nicht immer) ein „ursprünglich" oder dann ein „früher" oder „später". Hier erfahren wir lediglich etwas über die Geschichte eines *Worts*. Hinsichtlich der bezeichneten Dinge erhalten wir allenfalls „Fingerzeige", und nicht selten gehen diese in eine falsche Richtung oder eben holzwegartig ins Nirgendwo.

Eine Tragödie ist fürwahr kein „Bocksgesang" *(tragos + oidé),* weder „anschwellend" noch abschwellend, und es wäre ja noch zu klären, *wer* hier singt (vorsichtig belehrt uns der neue „Kluge", 1989: „Zunächst wohl ein Lied beim Opfer eines Bockes am Dionysosfest; dann übertragen auf größere Werke mit Chor usw."). Und die Utopie ist kein Unort oder Nichtort oder Nirgendwo. Und was hat man vom Stil (von der *Sache* Stil, nicht vom Wort) begriffen, wenn man erfährt, daß dieser Wortsignifikant einmal den Griffel bezeichnete? Immerhin: hier ist ein guter Fingerzeig (hierüber das Kapitel „Stil. Kleine Geschichte eines großen Worts", S. 187). Und ein Boulevard ist alles andere als ein Bollwerk, und was *fromm* meint, hat mit „nützlich" eigentlich gar nichts zu tun (eher im Gegenteil), und *Tugend* meint etwas ganz anderes „als Tauglichkeit" (der Philosoph Robert Spaemann sagte einmal in einem Fernsehgespräch: das Wort *Tugend* heiße ursprünglich „Tauglichkeit", also, fuhr er unbeirrt fort, sei Tugend eigentlich Tauglichkeit, somit etwas Brauchbares). *Radikal* sein – wie oft mußten wir dies hören? – heißt keineswegs „eigentlich", wie bereits Marx postulierte, den Dingen (metaphorisch) auf den Grund, also an die Wurzel einer Sache gehen (somit wieder eine Metapher). In Wirklichkeit ist dies nur *eine* der aktuellen Bedeutungen des Worts, und keineswegs die eigentliche, die der „Kluge" (1989) mit „rücksichtslos, extrem" umschreibt (die eigentliche Bedeutung ist aber doch wohl „extrem" mit dem Implikat „rücksichtslos" oder (neutraler) „konsequent". Oder: was hat man von „Emanzipation" begriffen, wenn man weiß (wer weiß es?), daß das lateinische *emancipatio* die „Entlassung eines Sohnes aus der väterlichen Gewalt" bedeutete? Von hierher könnte man argumentieren, „Emanzipation" sei im Blick auf *Frauen* allein vom Wort, allein von der Sprache her – „schon die Sprache sagt uns ..." – ein Widersinn (die emanzipierte Frau entspräche, auf der Linie solchen Denkens, dem hysterischen Mann).

Auch Heideggers Argumentation im Blick auf Wahrheit läuft schließlich, bei allem gedanklichen Niveau, auf einen so schlichten Gedankengang hinaus wie diesen: das griechische Wort für „Wahrheit" bedeutet ursprünglich – Unterstellung: es ist die eigentliche Bedeutung – „Unverborgenheit", *a-létheia;* also *ist* Wahrheit „eigentlich", ihrem Wesen nach – hierin steckt der gewaltige transitus *ad rem* – Unverborgenheit oder Entborgenheit *(verbergen / entbergen)* oder später (mit einem dem „Lokal" Todtnauberg angemesseneren Wort) „Lichtung". Wörtlich erklärt der Denker: „Wenn wir *alétheia* statt mit ‚Wahrheit' durch ‚Unverborgenheit' übersetzen (hier ist der sehr sanft, fast unmerklich angesetzte etymologische Rekurs!), dann ist diese Übersetzung nicht nur wörtlicher, sondern sie enthält die Weisung („Weisung" ist entschieden mehr als ein heuristischer Fingerzeig: es ist eine *Anordnung* dieser vorgeblich *auf die Sprache selbst* rekurrierenden Übersetzung), den gewohnten Begriff der Wahrheit im Sinne der Richtigkeit der Aussage um- und (nota bene: in den Ursprung, als die Griechen noch *rein,* also im Sinne ihrer Sprache, dachten) *zurückzudenken* in jenes noch Unbegriffene der Entborgenheit und der Entbergung des Seienden" (die statische *Entborgenheit* findet sich nun zur *Entbergung* dynamisiert). Heidegger gibt hier vor, der Sprache, ihrem weisen Wink ins Eigentliche zu folgen, aber er sagt ja selbst: „wir übersetzen", das heißt: *er selbst* redet hier, nicht das Griechische; er ist es, der sich entschließt, etymologisierend, sich auf vorgebliche Objektivität berufend, so zu übersetzen. Und eigentlich ist dies ja gar keine Übersetzung, schon deshalb, weil man ein Einzelwort nicht übersetzen kann: es ist eine Deutung. Heidegger gibt aber vor, bloß zu übersetzen und dabei nur eben dem Griechischen nachzusprechen. Schön ist übrigens, wenn Heidegger das Wort als solches als einen „Wink" ansieht (es sei dies der „Grundzug des Worts", *Unterwegs zur Sprache,* S. 117). Doch wieder sollte hier nicht substantialisiert werden: das Wort winkt uns nicht, es *ist* kein Wink, es kann uns – in uns und für uns – ein Wink werden; es ist dann *uns* ein Wink.

Ein letztes, besonders eindrucksvolles Beispiel: Hermann Kurzke in der „Frankfurter Allgemeinen" (2. März 1991): „*Keusch* (von lateinisch *conscius)* heißt ursprünglich wissend, angemessen, maßvoll. Keuschheit ist (wieder der transitus!) nicht einfach sexuelle Enthaltsamkeit, sondern der angemessene Umgang mit den Sinnen." So kommt man durch etymologisierenden Bedeutungsrekurs zu Dingerklärungen, denn der Kritiker redet hier primär und ohne weiteres über eine Sache, eine Erscheinung des Menschlichen, *nicht* über ein Wort – Dingerklärungen, die äußerst wenig zu tun haben mit dem Begriff, der *aktuell* mit dem Wort verbunden wird, ihn beinahe in sein Gegenteil verkehren. Der „Kluge" (1989) sagt einleuchtender zu dieser althochdeutschen Entlehnung aus dem Lateinischen: „Die Bedeutung geht wohl von ,beherrscht, der sittlichen Normen (oder der christlichen Lehre) bewußt' aus." Aber auch diese *etymologisch* richtigere Bestimmung führte, ginge man von ihr zur Sache über, gewiß an dieser vorbei, denn für die Keuschheit reicht, wie für andere Tugenden, „Normenbewußtsein" keineswegs aus; schon Paulus hält dies fest: „Denn nicht diejenigen sind vor Gott gerecht, die das Gesetz hören, sondern diejenigen, die nach ihm handeln", „non enim auditores legis iusti sunt apud Deum, sed factores legis iustificabuntur" (Römer 1, 13).

Auf einen besonderen Typ von Wörtern sollten wir noch ein-

gehen: die „durchsichtigen Wörter". Sie stellen gerade auch etymologisch einen Sonderfall dar. Es sind die abgeleiteten Wörter
(Typus *Gärtner,* abgeleitet von *Garten,* oder *hämmern,* abgeleitet von *Hammer,* oder *abschreiben,* abgeleitet von – oder zusammengesetzt aus, beides läßt sich analytisch rechtfertigen –
schreiben und *ab),* dann die zusammengesetzten Wörter (Typus
Gartenhaus). Diese Wörter unterscheiden sich von „undurch-
sichtigen" (Typus *Mond)* dadurch, daß sie ihre Etymologie
gleichsam „ablesbar" (und zwar auch für den normalen
„Sprachteilhaber") an sich tragen; sie ist ihnen, würde man
jetzt sagen wollen, „eingeschrieben". Da dies so ist, sind diese
Wörter gerade für den professionellen Etymologen uninteressant. Daß *Mond* mit *Monat* zusammenhängt, daß beide etymologisch *ein* Wort bilden, weiß nur der für das Deutsche zustän-
dige Linguist (es ist unsere gutwillige Unterstellung). Sagt man
dem Deutschsprechenden dies, sagt man ihm etwas, das er
nicht wußte; durch die Mitteilung aber, *Gärtner* komme von
Garten her, sagt man keinem des Deutschen Kundigen Neues.
Wir meinen also mit „durchsichtig", daß diese Wörter (es ist
ein Bild) „Durchsicht" gewähren auf die Wörter, an denen sie
„festgemacht", von denen her sie (im Bewußtsein) „lebendig"
sind. Man könnte diese Wörter auch sprechende Wörter nennen: sie sagen ja etwas aus erstens über sich selbst *(ich komme
von dem und dem Wort her),* zweitens über die gemeinte Sache
(das von mir Bezeichnete hängt mit dem und dem zusammen).

Nun sind gerade diese Wörter – *alétheia* ist ein Beispiel – für
etymologisierendes Denken ein sich bequem und dankbar an-
bietendes Objekt. Dabei wird jedoch *eine* für diese Art von
Denken geradezu tückische Eigenschaft dieser Wörter übersehen; sie haben die Tendenz, ihren abgeleiteten und zusammengesetzten Charakter zu verlieren, das Sprachbewußtsein analysiert sie nicht (oder nicht mehr), sie sind semantisch kompakt
geworden, ihre Durchsichtigkeit ist erblindet, ist gleichsam
eine nur noch *latente,* das heißt: man kann sie provozieren,
„herausrufen", aber eben: man *muß* dies erst tun, normalerwei-
se ist sie nicht da. Die Linguistik hat für diese Erscheinung den
Terminus „Lexikalisierung": ein durchsichtiges, aus seinen Be-

standstücken ursprünglich ableitbares oder zusammensetzbares Wort ist undurchsichtig geworden, so daß es eigens – dies meint der überraschende Ausdruck – ins Lexikon, als eigener „Eintrag" gehört.

Wer macht sich klar, daß etwa ein Handschuh „eigentlich" (aber eben: dies „eigentlich" ist ganz unberechtigt) dasjenige für die *Hand* ist, was ein Schuh ist für den *Fuß*? In diesem Sinne ist das Wort in unserem Bewußtsein nicht lebendig. So analysiert es am ehesten ein Fremdsprachiger, der deutsch lernt, also von außen kommt: das ist Deutsch, in der Tat, für Fremdsprachige, Deutsch als Fremdsprache. Also – darauf wollen wir hinaus – ist auch bei den durchsichtigen Wörtern der etymologische Rekurs, so nahe er sich legt, vielfach unberechtigt oder alles andere als unbedenklich. Wenn wir jemanden *hilflos* nennen, meinen wir nicht, daß er ohne Hilfe sei, und *freundlich* meint nicht die Eigenschaft, die wir vom Freund erwarten (es wäre zu wenig), weshalb man sich gerade vom Freund nicht „mit freundlichen Grüßen" verabschieden kann.

Ein schönes Beispiel: Georg Hensel berichtet in *Glück gehabt. Szenen aus meinem Leben* (Frankfurt/Leipzig 1994, S. 195) davon, daß Samuel Beckett bei einem seiner regelmäßigen Besuche in Stuttgart sagte, „die deutsche Sprache sei bildkräftiger als die englische". Als Beispiel nannte er neben „Sonnenuntergang" das Wort „doubt": es „sei einsilbig und sage nichts. Dagegen das Wort ‚Zweifel' – dazu spreize er Zeige- und Mittelfinger. Er hörte, was nur ein Ausländer hören kann: die Zahl 2 im ‚Zweifel'. Es war wie die Inszenierung eines winzigen Beckett-Dramas: Wo zwei sind, da ist schon der Zweifel." „Bildkräftig" ist nicht ganz der richtige Ausdruck: „anschaulich", „konkret" oder eben „sprechend" wären besser. Dann ist aber bei Hensel treffend die typische Ausländeranalyse gekennzeichnet, denn auch aus „Zweifel" hört oder liest kaum ein Deutschsprechender „zwei" heraus (das Wort ist durchsichtig nur für den sprachbewußten Fremdsprachigen), und wieder kommt man mit „zwei" an das, was „Zweifel" meint, kaum heran: wieder allenfalls ein „Fingerzeig". Ebensowenig meint „Neugier" die Gier nach Neuem, die es auch gibt, aber etwas anderes ist, oder „Enttäuschung" die bloße Aufhebung einer Täuschung, was ja etwas rein Positives wäre, womit nicht bestritten werden soll, daß dies immerhin *ein* Aspekt ist. Auch ist die Ehrfurcht nicht gut definiert als eine spezifische Furcht (Marie von Ebner-Eschenbach: „Die wahre Ehrfurcht geht niemals aus der Furcht hervor").

Ein überzeugendes Beispiel für Lexikalisierung von Durchsichtigkeit sind deutsch *selbstbewußt* und englisch *selfconscious*. Das deutsche Adjektiv meint „selbstsicher", einer weiß, was er wert ist; das englische umgekehrt „schüchtern", „unsicher", einer beobachtet sich selbst und wird dadurch unsicher. Hierher gehört wohl schon Hamlets „Thus conscience does make cowards of us all …", „So macht Gewissen Feige aus uns allen …". Beide Durchsichtigkeiten lassen sich rechtfertigen, die englische ist aber feiner, „more sophisticated" jedenfalls. Golo Mann gebraucht das deutsche *selbstbewußt* (vermutlich bewußt) einmal im englischen Sinn: „Noch sehe ich einen Studenten von etwa 21 Jahren vor der Gruppe stehen, als spräche er zu einem Einzigen, mit der Sicherheit, dem völligen Mangel an selbstbewußter Gespanntheit, der einen jungen Amerikaner so glücklich charakterisiert" *(Vom Geist Amerikas,* Stuttgart 1964, S. 125). Genaugenommen verbindet der Autor hier die deutsche und die englische Bedeutung …

Die durchsichtigen Wörter, eine der beiden großen Teilmengen im Wortschatz neben den gar nicht ungeschickt sogenannten „lautmalenden", den Onomatopoetica, die die andere bilden, sind also bedeutsam, im Deutschen zumal, und viele von ihnen „erklären" in der Tat mehr oder weniger zutreffend das durch sie Gemeinte, viele von ihnen sind aber „lexikalisiert", so daß ihre Analyse, auf die man zum Teil überhaupt nur als Fremdsprachiger kommt, in die Irre führte. Dies hat schon Mario Wandruszka in seinem Aufsatz „Etymologie und Philosophie" (in: Etymologica, Festschrift Walther von Wartburg, Tübingen 1958, S. 857–871) herausgestellt.

Eine andere beträchtliche Schwierigkeit, die wir noch benennen und exemplifizieren wollen, ist der Rekurs auf das Etymon bei der Deutung älterer Texte, Texte sogenannter „toter" Sprachen. Hier ist es nämlich oft schwer bis unmöglich zu entscheiden, ob jener Rekurs berechtigt ist oder nicht. Dies heißt jedoch: er *kann* hier durchaus berechtigt sein; wenn es um Texte geht, ist er nicht immer ein Fehler und ein Holzweg schon gar nicht.

Nehmen wir als Beispiel zunächst eine Stelle aus der biblischen Genesis: „Seid fruchtbar, und vermehrt euch, bevölkert die Erde, unterwerft sie euch, und herrscht über die Fische des Meeres, über die Vögel des Himmels" (1. Mose 1, 28). Zu dieser (unter modern „ökologischem" Aspekt wichtig gewordenen und kritisierten) Stelle merkt der „Alttestamentler" Herbert Haag an, daß das hebräische Original für „unterwerft sie euch" oder (bei Luther) „macht sie euch untertan" ein Wort gebrauche, das „eigentlich" meine „tretet sie mit Füßen", also weit härter sei. In der Tat würde dies ja etwas wie unbekümmerte Rücksichtslosigkeit implizieren. Die Frage ist aber: wie sollen wir herausbringen, ob das hebräische Verb an dieser Stelle für den (oder die) Verfasser noch *diese* Bedeutung hatte, ob also diese ursprünglich harte Bedeutung nicht schon in anderem Sinne „lexikalisiert" war, so daß „sich unterwerfen" oder „sich untertan machen" doch ganz richtige und keine abschwächenden Übersetzungen wären, wie der kundige Spezialist unterstellt? Auch Buber und Rosenzweig übersetzen hier: „füllt die Erde und macht sie untertan ..."

Als zweites Beispiel eine Stelle aus einer Abhandlung von Aristoteles, die die Interpretation im Titel führt, aber eigentlich zu Unrecht, denn in dieser Abhandlung, lateinisch „De interpretatione", geht es nicht um Interpretation, sondern um das Aussagen. Der Titel wird deutsch zutreffender auch wiedergegeben durch „Lehre vom Satz" (griechisch „Perì hermenéias"). Der zweite Satz dieser Schrift lautet: „Es sind also die Laute, zu denen die Stimme gebildet wird, Zeichen der in der Seele hervorgerufenen Vorstellungen, und die Schrift ist wieder ein Zeichen der Laute. Und wie nicht alle dieselbe Schrift haben, so sind auch die Laute nicht bei allen dieselben. Was aber durch beide an erster Stelle angezeigt wird, die einfachen seelischen Vorstellungen, sind bei allen Menschen dieselben, und ebenso sind es die Dinge, deren Abbilder die Vorstellungen sind." Dies ist die Übersetzung von Eugen Rolfes in der Ausgabe der Schrift bei Felix Meiner (S. 95). In der Übersetzung Heideggers dieser Stelle (in dem späten Band *Unterwegs zur Sprache*, S. 244) lesen wir (und dies zeigt die Verschiedenheit möglicher Übersetzungen): „Es ist nun das, was in der stimmlichen Verlautbarung (sich begibt), ein Zeigen von dem, was es in der Seele an Erleidnissen gibt, und das Geschriebene ist ein Zeigen der stimmlichen Laute. Und so wie die Schrift nicht bei allen (Menschen) die nämliche ist, so sind auch die stimmlichen Laute nicht die nämlichen. Wovon indes diese (Laute und Schrift) erstlich ein Zeigen sind, das sind bei allen (Menschen) die nämlichen Erleidnisse der Seele, und die Sachen, wovon diese (die Erleidnisse) angleichende Darstellungen bilden, sind gleichfalls die nämlichen." Es geht uns nun ausschließlich, in dieser für die Sprachtheorie grundlegenden Stelle, um ein einziges, zentrales Wort, das griechische „pathémata", das Heidegger mit „Erleidnisse" übersetzt und Eugen Rolfes mit „Vorstellungen". Heideggers Übersetzung ist etymologisierend. Es ist nun zweifellos richtig, daß „pathémata" zu irgendeiner Zeit so etwas wie „Erleidnisse" bedeutet hat. Die Frage ist nur, für die Auslegung der Stelle, ob dieses Wort für Aristoteles (und zwar an dieser Stelle) wirklich noch „Erleidnisse" hieß oder ob hier in der Tat nicht „Vorstellungen" besser trifft. Umgekehrt könnte es sein, daß die Übersetzung mit „Vorstellungen" (Rolfes) zu modern ist, zu weit abliegt vom Etymon. Es ist kaum möglich, mit völliger Sicherheit festzustellen, welchen Inhalt *Aristoteles* mit seinem Wort verbunden hat. „Vorstellungen" läßt sich rechtfertigen vom Zusammenhang her, „Erleidnisse" läßt sich zumindest etymologisch rechtfertigen. Aber die Frage ist eben, ob hier etymologisch gedacht werden kann oder muß für die Übersetzung, die ja unvermeidlich eine Interpretation ist.

Wir stehen hier wieder vor der Frage nach der eigentlichen Bedeutung, und zwar in synchronischer Perspektive auf das Griechische der Zeit des Aristoteles bezogen. Und entscheidend ist hier wieder, daß, wenn überhaupt, nur durch synchronische Analyse zu ermitteln ist, ob die Bedeutung des Etymons (noch) angesetzt werden kann. Die eigentliche Bedeutung eines Wortes in einer bestimmten Stelle kann nur ermittelt werden durch den Kontext, das heißt: durch eben diese Stelle. Unter Umständen auch durch den Gebrauch des Wortes an anderen Stellen desselben Autors oder eines anderen Autors zu derselben Zeit. Diese Analyse kann dann zu dem Ergebnis führen, daß tatsächlich die Bedeutung des Etymons noch vorliegt oder auch bloß noch mitschwingt. Die Frage ist also konkret, in bezug auf unser Wort: stellt sich Aristoteles, was wir „Vorstellungen" nennen, als Ergebnisse eines Erleidens (von außen her) der Seele vor? Wir trauen uns nicht, diese Frage zu entscheiden, obgleich wir sie eher verneinen möchten.

Zur Interpretation dieser Stelle – um nicht auszuweichen, denn die Stelle ist für die Sprachreflexion zentral – nur das Folgende: Aristoteles meint, das Geschriebene, dasjenige also, was in der Schrift ist, zeigt auf das, was in der Stimme ist, also auf die Laute. Und die Laute wiederum zeigen auf das, was in der Seele an Vorstellungen ist. Diese Vorstellungen wiederum sind Abbildungen („homoiómata") der Dinge. Es verhält sich nun so, daß die Schrift und die Laute verschieden sind unter den Menschen (das heißt: es gibt verschiedene Schriften und verschiedene Sprachen), die Vorstellungen aber in der Seele sind bei allen Menschen dieselben, so wie die Dinge, welche diese Vorstellungen abbilden, überall dieselben sind. Dies ist es, meinen wir, was Aristoteles *meint*.

Die Stelle ist bedeutsam, weil Aristoteles, für uns als erster, klar den Unterschied setzt zwischen den Dingen („prágmata") und den Vorstellungen von ihnen („pathémata") im Bewußtsein („en tê psychê"), daß also die materiellen Zeichen („tà en tê phonê") nicht *direkt* auf die Dinge zeigen, sie also benennen, sondern nur vermöge der Vorstellungen, die im Bewußtsein an ihnen haften, und daß diese Vorstellungen etwas wie Abbilder („homoiómata") der Dinge sind. Saussure wird von „Signifikant" („signifiant") und „Lautbild" („image acoustique") reden (bei Aristoteles: „tà en tê phonê") und von „Signifikat" („signifié") und von „Begriff" („concept", bei Aristoteles also:

„páthema" oder „homoiómenon"). Die Voraussetzung des Aristoteles, die Dinge und Vorstellungen von ihnen im Bewußtsein seien „bei allen Menschen dieselben", macht die heutige Sprachuntersuchung freilich nicht; sie hält sie für falsch: wir wissen, daß die Vorstellungen von den Dingen (und damit auch, in gewissem Sinn, die Dinge selbst) prinzipiell durch die Einzelsprache bedingt sind; es gehört zur Sprachvorgabe. Diese Vorstellungen *müssen* keineswegs von Sprache zu Sprache verschieden sein, aber es muß mit solcher Verschiedenheit prinzipiell gerechnet werden. Die Position des Aristoteles (wenn wir sie zutreffend deuten) wäre also die des naiven, vorwissenschaftlichen Sprachverständnisses, das ja weithin auch zutrifft und kommunikativ „funktioniert": die Sprachen unterscheiden sich, von der Grammatik abgesehen, vor allem darin, daß sie für *dieselben* – durch die Welt selbst vorgegebenen – Dinge *verschiedene* Bezeichnungen haben: Brot heißt französisch *pain*, englisch *bread*, italienisch *pane*, portugiesisch *pão*, türkisch *ekmek*, russisch *chleb*. Es ist ja nicht falsch, es ist nur nicht immer richtig, und prinzipiell müssen wir damit rechnen, daß es *nicht* so ist, anders sein *kann*, daß sich also die „Erleidnisse in der Seele" von Sprache zu Sprache und damit auch die Dinge, denen sie entsprechen, mehr oder weniger unterscheiden. Es gehört dies aber nur noch indirekt zum Thema „Etymologie".

5. Sprache in der modernen Dichtung

Was geschah Philipp Lord Chandos? Der Chandos-Brief von Hofmannsthal ist ein „locus classicus"; er wurde 1901, als die literarische Moderne eben begonnen hatte, geschrieben. Der Autor fingiert einen Brief, den 1603 ein junger englischer Lord, Philipp Chandos, an Francis Bacon, also einen der „founding fathers" der Neuzeit, richtet.[1] Übrigens ist schon diese Perspektive bemerkenswert: ein Brief, der sich auf die literarische Moderne, nämlich ihr Sprachproblem, bezieht und zurückdatiert ist, auch sprachlich stilistisch, auf den Beginn der Neuzeit, zu der die Moderne gehört. Fiktiver Anlaß des Briefs von Chandos war ein Brief Bacons. Bacon hatte sich bei dem jungen Freund besorgt erkundigt nach dem Grund seines sich schon zwei Jahre hinziehenden literarischen Schweigens. Chandos ist, in dem Brief, sechsundzwanzig... Als Neunzehnjähriger hatte er eine Reihe pastoraler Dichtungen verfaßt: „diese unter dem Prunk ihrer Worte hintaumelnden Schäferspiele"; so kennzeichnet er sie nun selbst. Der Dreiundzwanzigjährige schrieb sodann, in Venedig, einen lateinischen Traktat, dessen Gegenstand im Brief undeutlich bleibt. Die Rede ist danach (Bacon hatte Chandos daran erinnert) von drei literarischen Plänen: einem Bericht über die ersten Regierungsjahre Heinrichs VIII., dann dem Versuch, die „geheime, unerschöpfliche Weisheit" zusammenzustellen, die die antiken Fabeln und Mythen enthalten, schließlich von einer Sammlung von „merkwürdigen Aussprüchen", „Apophthegmata", von „gelehrten Männern und geistreichen Frauen unserer Zeit" (man beachte die feine Genus-Differenzierung: „gelehrt" und „geistreich"). Sentenzen der Alten und der Italiener und anderes sollte sich dem enzyklopädisch angelegten Opus hinzugesellen, und es sollte den delphischen Titel – durchaus in dessen Zweideutigkeit – „Erkenne dich selbst" tragen.

Der hohe Reiz des Briefs liegt in der hergestellten historischen Patina, der ebenfalls hergestellten urbanen, kulturgesättigten Leichtigkeit, seiner Eindringlichkeit, auch seiner Wärme, schließlich in seinem sich selbst eindrucksvoll widerlegenden Charakter, denn von der geschilderten sprachlichen Ohnmacht des Schreibens ist hier mit verbaler Präzision und gezielter Üppigkeit die Rede.

Was also geschah dem jungen Lord? Früher, sagt er, sei ihm „in einer Art von andauernder Trunkenheit das ganze Dasein als eine große Einheit erschienen". Alles, vom Tierischen bis zum Geistigsten, schien ihm zusammenzugehören. Und überall hatte er sich selbst gefühlt. Dies umfassende Bild von Einheit und Zusammenhang ist ihm zerbrochen. Aus der „rauschhaften Anmaßung" eines umfassenden Zugehörigkeitsgefühls wurde „Kleinmut". Die hier mögliche religiöse Deutung wird sogleich zurückgewiesen. Es ist nicht so, daß er jetzt zu einer theologisch realistischen Einschätzung seiner selbst gekommen wäre im Sinne eines Erkennens und Erlebens seiner Erlösungsbedürftigkeit. Er ist nicht fromm geworden. Also nicht Pascals „misère de l'homme sans Dieu". Die Glaubenslehre nämlich ist ihm ferngerückt, sie wurde ihm zu einer unwirklichen „Allegorie". Auch die Alten, Seneca und Cicero, auf die er gebaut hatte, helfen ihm nicht auf. In der Ordnung, dem schönen Reigen ihrer Begriffe, findet er nichts, was ihn bewegt; er fühlt sich von ihnen ausgeschlossen. „Mein Fall", sagt er, „ist, in Kürze, dieser: Es ist mir völlig die Fähigkeit abhanden gekommen, über irgendetwas zusammenhängend zu denken oder zu sprechen." Zuerst sind es nur die abstrakten Wörter, wie „Geist", „Seele" oder „Körper", die sich ihm entziehen. Sie bereiten ihm Unbehagen. Reizvoll, nebenbei, an diesen Aussagen ist, daß, was Chandos hier scheinbar als Krankheit, als klinischen Fall präsentiert, in Wirklichkeit und auch in seiner *eigenen Meinung*, ein Durchstoßen zur Wahrheit, zu einer (ihn lähmenden) *Erkenntnis* ist. Die berühmte Stelle lautet: „die abstrakten Worte, deren sich doch die Zunge naturgemäß bedienen muß, um irgendwelches Urteil an den Tag zu geben, zerfielen mir im Munde wie modrige Pilze". Schließlich ergreift die sprachliche

Ohnmacht auch das familiäre Gespräch. Die Wörter werden ihm zu „Wirbeln", die ihn schwindelnd ins Leere führen: „Es gelang mir nicht mehr, sie (die Dinge) mit dem vereinfachenden Blick der Gewohnheit zu erfassen. Es zerfiel mir alles in Teile, die Teile wieder in Teile, und nichts mehr ließ sich mit einem Begriff umspannen. Die einzelnen Worte schwammen um mich; sie gerannen zu Augen, die mich anstarrten und in die ich wieder hineinstarren muß: Wirbel sind sie, in die hinabzusehen mich schwindelt, die sich unaufhaltsam drehen und durch die hindurch man ins Leere kommt."

Nun aber das Positive der eigentümlichen Veränderung. Sie führt nämlich auch zu neuen und glückhaften Erlebnissen. Es sind die einfachen Dinge, die ihn nun anziehen und ihm Erlebnisse von andrängender Wirklichkeit, Gegenwart, ja, Seinsfülle vermitteln: „Eine Gießkanne, eine auf dem Felde verlassene Egge, ein Hund in der Sonne, ein ärmlicher Kirchhof, ein Krüppel, ein kleines Bauernhaus, alles dies kann das Gefäß meiner Offenbarung werden." Bemerkenswert, daß an dieser Stelle der religiöse Terminus „Offenbarung" nicht vermieden wird.

Man kann nicht sagen, denke ich, daß es Chandos völlig gelingt, dies neue Glück zu verdeutlichen. Eindrucksvoll jedoch ist die Schilderung, besonders die der an dem ausgelegten Gift sterbenden eingeschlossenen Ratten. Hier gerät der junge Elisabethaner in die Nähe Kafkas: „Da war eine Mutter, die ihre sterbenden Jungen um sich zucken hatte und nicht auf die Verendenden, nicht auf die unerbittlichen steinernen Mauern, sondern in die leere Luft, oder durch die Luft ins Unendliche hin Blicke schickte und diese Blicke mit einem Knirschen begleitete! – Wenn ein dienender Sklave voll ohnmächtigen Schauders in der Nähe der erstarrenden Niobe stand, der muß das durchgemacht haben, was ich durchmachte, als in mir die Seele dieses Tieres gegen das ungeheure Verhängnis die Zähne bleckte."

All diese Erlebnisse jedenfalls, Erlebnisse eines „ungeheuren Anteilnehmens", sind jenseits der Worte, jenseits der Sprache. Da ist ein „rätselhaftes, wortloses Entzücken". Die Wirbel, die von solchen Erlebnissen ausgehen, „führen nicht wie die Wir-

bel der Sprache ins Bodenlose …, sondern irgendwie in mich
selber und in den tiefsten Schoß des Friedens". Hier, unüber-
hörbar, die religiöse Inanspruchnahme. Schließlich ist da die
Ahnung von einer *neuen* Sprache, einer Sprache mit unbekannten Wörtern, einer Sprache *über* den vorhandenen: es ist, lesen
wir, die Sprache, „in welcher die stummen Dinge zu mir sprechen". Und nun ein Zusatz, den man als unguten, „rhetorischen" Einbruch betrachten muß, der aber wieder – und diesmal offen – religiöse Bezugnahme zeigt: „und in welcher ich
vielleicht einst im Grabe vor einem unbekannten Richter mich
verantworten werde". Die gewöhnliche Sprache also wird
Chandos unbrauchbar, genauer: die Veränderung in ihm, von
der er berichtet, ist dergestalt, daß die Sprache ihm zerfällt; ihre
Elemente fügen sich ihm nicht mehr, wie zuvor, zu einem auf
einen bestimmten Gegenstand orientierten *Text*, also zu einem
konsistenten *Gewebe* (in diesem Fall trifft die Etymologie) zusammen.

Der Chandos-Brief enthält eine Reihe von Motiven, die für
Sprachverhältnis und Sprachverwendung der Moderne bedeutsam sind. Er ist in dieser Hinsicht wirklich eine – knappe –
Summa. *Erstens:* Die Krise, die der Brief beschreibt, ist nicht
primär eine solche der Sprache. Es ist eine Krise des Denkens,
der Welthaltung insgesamt; die Welt wird nicht mehr als Einheit erlebt. Es ist nur so, daß sich (für einen literarischen
Künstler ist dies natürlich) die Krise vornehmlich sprachlich
äußert. Der Dichter erlebt dies intellektuelle und emotionale
Auseinanderbrechen als *sprachliche* Krise, als Sprachentzug.
Die Krise, also, äußert sich in der literarischen Sprache, genauer: im literarischen Diskurs, sie ist aber die umfassendere Krise
eines Weltverstehens und Verhaltens. *Zweitens* haben wir hier
den Schwund oder (dies ist nahezu dasselbe) die Ästhetisierung
des Religiösen. Das Religiöse wird zwar noch wahrgenommen,
auch wohl als Bestandteil des Erbes mit Respekt und Rührung,
aber es erscheint existentiell vergleichgültigt. Es wird, so heißt
es im Brief, zum „leuchtenden Regenbogen, in einer stetigen
Ferne, immer bereit zurückzuweichen, wenn ich mir einfallen
ließe hinzueilen …". Aber Chandos läßt sich dies nicht einfal-

len, er eilt nicht mehr hin. Natürlich ist dies nicht spezifisch modern. Es verstärkt und verbreitet sich in der Moderne nur. *Drittens* finden wir in dem Brief den Schwund der Tradition als Vorbild. Die literarische Tradition, oder auch nur (so war es in der Vergangenheit) einzelne Abschnitte von ihr, dienen nicht mehr als Vorbild für den eigenen literarischen Versuch. Man muß ganz neu und frei den Dingen selbst, und hier gerade den ganz einfachen, begegnen. Für Mallarmé begann, wie er einmal sagte, „die große Abirrung" der Poesie bereits mit Homer. Und auf die Frage, was denn *vor* Homer gewesen sei, berief er sich auf die mythische Figur des Orpheus, an die sich, gewiß nicht zufällig, auch Rilke wandte.[2] Der Schwund bestimmter Traditionen als Vorbild schließt das Hantieren mit einzelnen Elementen der Tradition (und nun ganz verschiedener Traditionen), wie wir dies etwa bei T. S. Eliot *(The Waste Land)* oder gar Joyce und bei vielen anderen finden, natürlich nicht aus.[3] *Viertens* dann der Rückzug aus der Wirklichkeit: Im Chandos-Brief ist es nur ein partieller Rückzug, oder Rückzug auf einfache, zum Teil schöne, zum Teil aber – dies ist bedeutsam – wenig schöne Dinge. Das ist ein zurückhaltender Hinweis auf die Ästhetik des Häßlichen. *Fünftens*, das ist bei Chandos kaum konkretisiert, haben wir hier die Suche nach einer neuen Sprache, einer Sprache jenseits (oder diesseits) der traditionell als dichterisch geltenden Sprache. *Sechstens*, schließlich, recht deutlich – und im Zusammenhang mit der Vergleichgültigung des Religiösen zu sehen – die Erhebung des dichterischen Erlebens und Schreibens zu quasi religiöser Weihe, die Sakralisierung des Künstlerischen. *Siebtens*: Chandos erlebt seine Krise, die, wie gesagt, nicht primär eine solche der Sprache ist, als Sprachentzug. Dies ist insofern stimmig, als moderne Dichter sich gerade der Sprache als dem einzig ihnen Verbleibenden gegenübersehen. Wenn also die Sprache sich ihnen entzieht, verlieren sie alles. Es ist in der modernen Literatur ein großes Vertrauen in die Sprache, ein Vertrauen jedoch, das, gerade wegen seiner Exklusivität (es ist sonst nichts da), ständig in Mißtrauen, ja, in die Angst des Verlusts umschlagen kann. Die Sprache wird – im Zusammenhang mit dem Rückzug aus der

Wirklichkeit – rein als solche für die moderne Dichtung in einer Weise bedeutsam, wie dies für frühere Dichtung undenkbar war. „Sprachmagie" ist zu Recht eines der Leitworte von Hugo Friedrichs *Struktur der modernen Lyrik* (1956).

Insofern also die lauernde Angst vor dem Verlust der Sprache. Botho Strauß bringt – dies zeigt die Kontinuität – achtzig Jahre später als Hofmannsthal, diese Angst zum Ausdruck, und zwar in *Paare, Passanten* (1981) in dem Abschnitt „Schrieb". Es ist da gleich eingangs die Rede von einem, der auf freiem Feld in der Dämmerung ein ihm wichtiges Buch liest und dem sich nun, mit hereinbrechendem Dunkel, die Buchstaben entziehen. Da heißt es: „Er war im ganzen erfaßt durch den unausweichlichen Entzug: die Erblindung – die Trennung – die Kastration". Dem schließt sich der weitere Gedanke an, auf den es ankommt: „Nur die Sprache, sagte er sich, hat dich bisher diese wie immer auch elende Einsamkeit überhaupt ertragen lassen. Du hast ja keine Ahnung, was geschieht, wenn diese Sprache einmal alles von dir fordert und bis auf den scheinbarsten Huscher fast gänzlich wegfällt. Du weißt ja nicht, was wirkliche Einsamkeit ist, bevor du nicht dies äußerst geringfügige Rascheln nur noch, irgendwo am Rande deines Geistes, vernommen haben wirst. Du hast ja keine Ahnung, wie du dann wohl sitzen und kauern mußt, wenn erst die Worte unter sich, du aber ausgeschlossen und erkenntnislos." Die Sprache also, dies ist die eigentümliche und, wie mir scheint, spezifisch moderne Furcht, setzt sich vom Schreibenden ab, er wird von den Wörtern, die hier wie belebte Wesen erscheinen, „ausgeschlossen": sie lösen sich von ihm, bleiben „unter sich", für sich allein. Nur „irgendwo am Rande" ein leichtes „Rascheln" noch. Interessant, mit welchen Einbrüchen ins Umgangssprachliche, banal Redensartliche, sich diese Furcht hier artikuliert: das zweimalige „Du hast ja keine Ahnung", dann das „wegfallen" (die Sprache fällt weg) oder der eigentümliche „scheinbarste Huscher". Unvermeidbar offensichtlich der Terminus „Kastration". Der sich anschließende Satz bringt die Ambivalenz, das Unsichere, Prekäre dieses Sprachvertrauens gut zum Ausdruck: „Es schafft ein tiefes Zuhaus und ein tiefes Exil, da in der Sprache zu sein".[4] Somit: „tiefes Zuhaus", aber auch „tiefes Exil" und „in der Sprache da sein".

Anhand dieser beiden Texte haben wir schon nahezu alle Elemente genannt, die zum Sprachverhalten und zur Sprachverwendung der Moderne gehören. Die Fragestellung muß nun aber präzisiert werden: es geht ja nicht schlechthin um die Sprache, die die Moderne *hat*, die ihr also – ein schiefer, schwer vermeidbarer Ausdruck – zur Verfügung steht. Wie jede Zeit hat die Moderne die Sprache *ihrer* Zeit: das moderne Deutsch, das moderne Französisch, das moderne Englisch und so fort. Das ist nichts Besonderes und bis zu diesem Punkt gibt es kein Problem. Aber wir meinen mit „Sprache" – „Sprache der modernen Dichtung" – gar nicht dies, sondern Sprechweise, also spezifische Sprachverwendung, „Diskurs". Übrigens entspricht dieser Gebrauch des Worts „Sprache" dem Sprachgebrauch selbst, denn wir verwenden das Wort „Sprache" (nicht nur im Deutschen) vielfach in diesem schwankenden Doppelsinn: einerseits meinen wir damit den Sprachbesitz, über den eine sprachliche Gemeinschaft und damit also jedes einzelne ihrer Mitglieder in wechselndem Ausmaß verfügen, andererseits eine besondere Sprachverwendung. Im Französischen würde man im letzteren Fall eher von „langage" reden als von „langue", entsprechend im Spanischen und Italienischen von „lenguaje" und „linguaggio" statt von „lengua" oder „lingua". Also: Sprechweise, Verwendung der Sprache, des Sprachbesitzes.[5] Das andere noch problematischere Wort ist das Adjektiv „modern". Es geht um ein möglicherweise spezifisches Verhalten zur Sprache, das sich in „moderner" Dichtung manifestiert.

Hier muß aber wieder eine Einschränkung vorgenommen werden. Gegenstand soll nicht das Verhältnis zur Sprache und ihre Verwendung in der Dichtung der Moderne insgesamt sein. Dies wäre ein anderes Thema. Es soll vielmehr – im Bereich des Sprachlichen – um das spezifisch Moderne der modernen Literatur gehen. Denn es wäre falsch, als modern im Sprachverhalten gleichsam den gemeinsamen Nenner all dessen zu erblicken, was in den letzten hundert Jahren sprachlich in der Literatur hervorgetreten ist.

Etwas bieder einteilend darf man sagen, daß es in dieser Hinsicht *drei* Arten von Dichtungen in der Moderne gibt. Erstens ist vieles, was in ihr literarisch hervortritt, gar nicht oder nur wenig modern. Zweitens gibt es Dichtungen, die zwar modern sind, aber gerade nicht im Sprachlichen. Die Sprache etwa eines so evident modernen Autors wie Kafka ist nicht spezifisch modern: eine klassisch genaue, reinliche Sprache, die sich auszeichnet, neben anderem, durch die literarische Anverwandlung des Verwaltungsdeutsch. Und gewiß liegt die Faszination Kafkas nicht zuletzt in der Spannung zwischen *dieser* Sprache und den Inhalten, die sie – wiederum bieder formuliert – zum Ausdruck bringt. Auch Marcel Proust oder Thomas Mann oder André Gide, ganz gewiß Italo Svevo, auch wohl Robert Musil, sind in *dieser* Hinsicht nicht modern: da ist allenfalls Verfeinerung, Weiterführung in dieser oder jener Richtung der Sprache des 19. Jahrhunderts, in welchem ja ohnehin die Wurzeln der Moderne sind. Dasselbe gilt für den bedeutendsten, noch immer in Deutschland fast unbekannten spanischen Lyriker dieses Jahrhunderts, Antonio Machado (ein bemerkenswerter Sonderfall, nebenbei, weil Machado als einziger moderner Lyriker wirklich, soweit dies überhaupt angeht, populär wurde in seinem Land; alle übrigen modernen Dichter wurden dies nicht; überhaupt unterscheidet sich die – sehr bedeutende – moderne Lyrik Spaniens darin, daß das Sprachthema marginal ist in ihr). Drittens schließlich – und diese interessieren uns hier – gibt es die auch und gerade im Sprachlichen, in ihrer Sprachverwendung modernen Autoren: Rimbaud, Mallarmé, Joyce, Eliot, Lorca, Benn, Rilke, Céline und so fort. Also noch einmal: unmoderne und moderne Autoren und unter den letzteren solche, die dies, rein sprachlich, nicht oder nur wenig sind, und solche, die modern sind – *spezifisch* modern – auch und besonders in ihrer Sprache. In anderen Worten: das Thema meint dasjenige, was *neu* ist in Sprachverhalten und Sprachverwendung der modernen Literatur; es geht um das (und dies ist nicht wenig), was es – in dieser Hinsicht – vorher, in vorhergehender Literatur, nie gegeben hat.

Mit „Moderne" oder „modern" ist das Übliche gemeint: die

Zeit also vom Ende des 19. Jahrhunderts an, somit ungefähr die letzten hundert Jahre. Diese Zeit setzen wir – das ist wichtig – von der „Neuzeit" ab, in die sie, vielleicht als deren Ende, hineingehört. Natürlich bleibt die Frage nach den Wurzeln der Moderne. Woher kommt sie? Was sind ihre Grundlagen? Worin unterscheidet sie sich vom Vorhergehenden? Da jene Wurzeln oft in der Aufklärung gefunden werden, soll, andeutend zumindest, auf einen Einschnitt, einen tiefen Graben, hingewiesen werden, der zwischen der Moderne und der Aufklärung liegt.

Die Aufklärung liegt *vor* jener – vielleicht überhaupt bedeutsamsten – Veränderung des Denkens und Weltempfindens, auf die abkürzend der Begriff „geschichtliches Bewußtsein" zielt: der Durchbruch, die „Befreiung des geschichtlichen Bewußtseins", wie Theodor Litt seinerzeit charakteristisch formulierte.[6] Im Vordergrund steht in der Aufklärung, etwa bei Voltaire und – entschieden komplexer – bei Kant, der Fortschrittsgedanke, die Erziehung zur Humanität, das heißt: es dominiert das Prospektive, die Negation des Vergangenen und des Bestehenden, die Zukunft. Der für diese Denker leitende Begriff der Vernünftigkeit wird von ihnen aber gerade nicht als geschichtlicher thematisiert; er rekurriert auf das wahre – ungeschichtlich gedachte – Wesen des Menschen, auf seine „Natur". Bis in die Aufklärung hinein war ja auch, philosophisch gesehen, Geschichte ein Randthema. Im Unterschied dazu, mit Herder einsetzend, mit Hegel ins Zentrum rückend, steht der Gedanke, daß alles Gegebene „ein Gewordenes ist und demzufolge von seiner Vergangenheit her gedeutet werden muß".[7] Daraus dann, wenig später, die historische Relativierung alles in der Geschichte Anzutreffenden, auch die der jeweils eigenen Position: Unmöglichkeit, somit absoluter, also eben ungeschichtlicher Kriterien; Relativierung: alles hat seinen relativen Ort, seine relative Berechtigung in seiner jeweiligen Zeit. Der ganz neu erworbenen Fähigkeit, „verstehend" einzudringen in die Vergangenheit, in jeden einzelnen Abschnitt von ihr (Hofmannsthals Brief ist dafür ein schönes Beispiel), korrespondiert ein Gefühl von Ohnmacht gegenüber dem Eigenen, das als geschichtlich auferlegt erfahren wird; das muß jetzt sein, das kann jetzt nicht anders sein als so, das gehört nun einmal „jusqu'à nouvel ordre" zu *dieser* Zeit. Gleichzeitig, damit zusammenhängend, ein Gefühl von Beliebigkeit, latent durchaus nihilistisch getönt, denn dies Auferlegte erscheint ja nicht als von einem greifbaren Sinn geleitet, vielmehr erscheint es als durch Kontingenz, wie sie zum Historischen prinzipiell gehört, bestimmt. Ein moderner Dichter, Gottfried Benn, beginnt ein spätes, Ende 1952 entstandenes Gedicht mit diesen Zeilen: „Eingeengt in Fühlen und Gedanken / Deiner Stunde, der Du anbestimmt…" Eine Äußerung dieser Art hätten Voltaire oder Kant – unabhängig von ihrer Form – nicht nur nicht getan: sie hätten sie nicht verstanden. Da waren sie – für unsere Begriffe – blind (so wie sie blind waren – „historisch" – etwa gegenüber dem Mittelalter). Nehmen wir nur einmal die vielzitierte „selbstverschuldete Unmündigkeit", in deren Überwindung, nach Kant, Aufklärung bestehen soll. Sie ist für *uns* komplizierter geworden: erstens wissen wir nicht mehr genau, was Mündigkeit sei, zweitens aber (und vor allem) können wir „Unmündigkeit", was immer sie sei, nicht schlechthin als „selbstverschuldet" betrachten. Sie ist möglicherweise vom Individuum gerade nicht verschuldet, sondern eben durch dessen es „einengende Stunde", wozu auch die Institutionen gehören, in die es hineingeriet, zuallermeist ohne dies zu wollen. *Dies* ist der oft übersehene tiefe Graben, der uns von der Aufklärung trennt…

Die Moderne ist insgesamt, bewußt und unbewußt, durch den historischen Relativismus bestimmt. Und vielleicht ist gerade die *Dichtung* der Moderne eine Reaktion auf diesen Relativismus, der eigentlich eine Form des Nihilismus ist. Vielleicht sucht diese Dichtung einen Halt – prekär wie auch immer – gerade in dem *einzig* ihr Verbleibenden: in der Sprache. Und da dieser Dichtung – noch einmal – gerade nur noch die Sprache verbleibt, findet sich in ihr immer wieder, oft latent, die rational schwerlich begründbare Angst des Sprachentzugs, wie Botho Strauß, wirklich bereits ein wenig stammelnd, sie in der zitierten Stelle bemerkenswert auszudrücken sucht.[8] Man kann ja, von klinischen Fällen abgesehen, die Sprache nicht verlieren, sie kann sich einem nicht, wie ein Wesen, entziehen, und die Wörter vermögen es nicht, den Sprechenden (oder den Dichtenden) von sich auszuschließen, ihn gleichsam aus ihrer Mitte zu verweisen. Was eintreten *kann*, ist dies: es kann zum Verlust der Möglichkeit literarischen Umgangs mit der Sprache kommen. Es entzieht sich dann eine auf die Sprache bezogene, mit ihr aufs engste verbundene *Fähigkeit*, nicht jedoch, wie hier behauptet, die Sprache. Wir haben in dieser Angst, die als solche, als *Symptom*, freilich von größtem Interesse ist, wieder einmal die – gerade in der Gegenwart mehrfach hervortretende – äußerst bedenkliche Hypostasierung der Sprache zu einem Wesen, einer Art Person.[9]

Zurück zum historischen Bewußtsein. Es erbringt nur scheinbare Macht. Es ist, als Möglichkeit umfassender Aneignung, *trügerische* Allmacht. Letztlich und eigentlich ist es Schwächung, Verunsicherung, Haltlosigkeit. Nietzsche hat dies (gerade als historisierender Philologe) früh desillusionierend nicht nur erkannt, sondern erlitten. Die große zweite *Unzeitgemäße*, die dies Erleiden artikuliert, gehört, wenngleich nicht sprachlich, so doch gedanklich und emotional, schon zur Moderne. Der Druck jenes Erlebens ist um so stärker, als gleichzeitig erfahren wird, daß das historische Bewußtsein, der „historische Sinn", wie Nietzsche sagt, unaufhebbar ist: das als Schwächung Durchschaute wird gleichzeitig als das Unaufhebbare, Irreversible erkannt. In der Tat ist die Befreiung, welche die gefeierte „Befreiung des historischen Bewußtseins" erbringt, ambivalent: wären wir ohne sie nicht eigentlich freier?

Hinzu kommen nun die anderen, das Individuum, das sich zu Beginn des 19. Jahrhunderts, noch in der Romantik, so frei gefühlt hatte, entmachtenden, seine Bedingtheit aufzeigenden Tendenzen, die unbestimmt das Welterleben bestimmen oder ihrerseits durch dies Erleben ermöglicht sind: es deutet sich mit Darwin der Gedanke einer Genealogisierung des Menschen an, der Mensch hört auf, wie Nietzsche sagen wird, eine „ewige Tatsache" zu sein, wofür ihn die Philosophen, *alle* Philosophen, wie er betont, gehalten haben; bei Marx die Abhängigkeit von der ökonomischen Struktur, bei Freud die von der Trieb-schicht und vom Über-Ich: der Mensch zeigt sich, um die be-rühmte Formulierung aufzugreifen, als „nicht einmal Herr im eigenen Hause".[10]

Was nun aber das Literarische angeht, das ja nie *nur* das Li-terarische ist, so koinzidiert der relativierende Einbruch des historischen Bewußtseins zeitlich ziemlich genau – und gewiß damit zusammenhängend – mit dem Ende der normativen Poetik, also letztlich der Rhetorik, einer Tradition – dies muß man sich vergegenwärtigen – von über zweitausend Jahren! Dies Ende – denn es ist ein Ende (trotz Walter Jens und den Seinen) –, von der frühen Romantik herbeigeführt, gehört zu den literarischen Voraussetzungen der Moderne, die sie schon vorfindet.[11] Ihrerseits sucht sie sich nunmehr abzusetzen, ohne sie in diesem Punkt zu negieren, von der Romantik. Treffend kennzeichnet Hugo Friedrich Baudelaires Werk, das die Mo-derne vorbereitet, als „entromantisierte Romantik".[12] Zu den Voraussetzungen der literarischen Moderne gehört aber auch das – im ambivalenten Sinn – faszinierte Erleben der sich rapid ausweitenden Maschinenwelt. In diesem Zusammenhang muß ja *dies* gesehen werden: die genannte Vergeschichtlichung, die schließlich den Begriff der Bildung insgesamt ergreift und zu dessen – dem 18. Jahrhundert sehr fremden – Orientierung am *Vergangenen* führt, ist auch als Gegenbewegung zu den sich verselbständigenden Naturwissenschaften und zur Technisie-rung der Lebenswelt zu begreifen; der vergeschichtlichte Bil-dungsbegriff hatte von Anfang an (und hat ihn bis heute) einen defensiven Charakter. Der Bildungshumanismus ist defensiv.[13]

Die immer weniger vermittelbare Koexistenz der später so-genannten „zwei Kulturen", konkret dann des „humanisti-schen Gymnasiums" und des „Realgymnasiums" (eine entlar-vende Bezeichnung: da geht es um Reales!) – ist diese Koexi-stenz nicht eigentlich die Negation der Kultur? Sind zwei Kulturen nicht weniger als eine?[14] Das Nebeneinander beider „Kulturen" jedenfalls ist für die literarische Moderne konstitu-tiv. Dies zeigt gerade auch ihr spezifisches Verhältnis zur Spra-che. In der Tat rebelliert oder reagiert die moderne Dichtung vielfach gegen die bewahrende, humanistische, pflegerisch am Vergangenen orientierte Sprachhaltung der vergeschichtlichten Bildung. Von ihr gerade sucht sie sich abzusetzen.

In Thomas Manns *Zauberberg* finden sich beide Positionen in den Figuren Lodovico Settembrini und Leo Naphta als Personen zusammengezogen. Für den in heiterer, plastischer Klarheit sich artikulierenden Italiener ist das Wort (wer könnte es schöner sagen als er?) „das Werkzeug, die glänzende Pflugschar des Fortschritts". Später heißt es mit der Thomas Mann eigentümlichen exakten, hier ironisch gebrochenen Pathetik: „Und er sprach vom ‚Worte', der Eloquenz, die er den Triumph der Menschlichkeit nannte. Denn das Wort sei die Ehre des Menschen, und nur dieses mache das Leben menschenwürdig. Nicht nur der Humanismus – Humanität überhaupt, alle Menschenwürde, Menschenachtung und menschliche Selbstachtung sei untrennbar mit dem Worte, mit Literatur verbunden... und so sei auch die Politik mit ihr verbunden, oder vielmehr: sie gehe hervor aus dem Bündnis, der Einheit von Humanität und Literatur." *Ein* Wort gebe es, schließt Settembrini mit Betonung, das all dies zusammenfasse, das Wort *Zivilisation* – „Und indem Settembrini dies Wort von den Lippen ließ, warf er seine kleine Rechte empor, wie jemand, der einen Toast ausbringt." Demgegenüber höhnt nun Leo Naphta, der im Dorf bei dem Schneider Lukaçek wohnt, in böhmischen Akzenten, mit seiner „vom Schnupfen sordinierten Stimme, die ... an den Klang eines gesprungenen Tellers erinnerte, an den man mit dem Knöchel klopft", demgegenüber höhnt Naphta gegen den „rhetorisch-literarischen Geist des europäischen Schul- und Erziehungswesens und seinen grammatisch formalen Spleen, der nichts als ein Interessenzubehör der bürgerlichen Klassenherrschaft... sei".[15]

Die Moderne sucht, auch sprachlich, in deutlicher Abkehr von humanistischer Vergangenheitsorientierung, das ambivalente Neue der technischen Welt zu integrieren oder jedenfalls: sich ihm zu stellen, sich auf es einzulassen. Auch sie glaubt, wie Settembrini, an „die erlösende Macht der Sprache", aber in ganz anderer Weise als er. Übrigens stieß, umgekehrt und durchaus konsequent, die moderne Literatur auf die Ablehnung der humanistisch Gebildeten. Sogar Hugo Friedrich, um nicht irgendeinen zu nennen, erklärt – und darüber darf man staunen – in einem späten knappen Lebensbericht, er habe „erst nachträglich bemerkt", daß sein Buch *Die Struktur der modernen Lyrik* von 1956 „einen Akt der Abstoßung durch Erkenntnis vollzog"; so dreizehn Jahre später, 1969.[16]

Dies also die Prämissen der literarischen Moderne und ihres Sprachverhaltens: latentes Gefühl der Entmachtung durch die historische Relativierung und die übrigen das Individuum entmachtenden Tendenzen, zu denen auch die zweideutige, Angst und Begeisterung mischende Faszination durch die Maschinenwelt gerechnet werden darf; Unbrauchbarkeit dann – spezifisch literarisch – der im bloßen Schulbereich, reduziert überwinternden Rhetorik („feeding / A little life with dried tubers", wie es heißt in „Waste Land"); Rhetorik ist historisch abgetan; Unbrauchbarkeit aber auch der Gegenentwürfe von Romantik und Realismus, wobei aber Romantik insgeheim bestimmend bleibt; Vorbildlosigkeit überhaupt, auch gerade sprachlich; Abkehr von der als ausgelaugt, der Zeit nicht mehr gemäß, vielmehr radikal ungemäß erscheinenden Bildungssprache; Zurückgeworfenheit auf das pure Material der Dichtung, die Sprache also selbst, den Sprachbesitz in seiner geschichteten Vielfalt; Suche nach einer neuen, nun nicht mehr historisch, durch Diskurstradition vermittelten, sondern gleichsam überhistorisch, ja, mythisch konzipierten Sprache, wie uns dies eingangs bei Hofmannsthal entgegentrat.

Für die Suche der Moderne (es gab übrigens romantische Vorläufer) nach einer *neuen* Sprache, also Sprechweise, nur ein Beispiel (viele ließen sich nennen). Schon fünfundzwanzig Jahre vor dem Chandos-Brief schreibt der erste nun wirklich ganz moderne Dichter, der neunzehnjährige Arthur Rimbaud, in der aus sieben Prosastücken bestehenden Dichtung *Une saison en enfer* (1873): „Ich habe versucht, neue Blumen zu finden, neue Gestirne, neue Leiblichkeiten, neue Sprachen", „J'ai essayé d'inventer de nouvelles fleurs, de nouveaux astres, de nouvelles chairs, de nouvelles langues."[17] Die Sprachen – also übrigens im

Plural – stehen am gewichtigen Ende des neu Erfundenen. Aber diese berühmten Sätze leiten nur das ihnen folgende Eingeständnis des Scheiterns ein. Entscheidend ist die Artikulation des Unbefriedigtseins an der überkommenen Dichtungssprache, am, wie Rimbaud auch sagte, „poetischen Trödelkram", „la vieillerie poétique". In der Tat werden nun, in der Moderne, gerade all die lexikalischen Elemente, die das Wörterbuch mit dem Index „poetisch" versieht, Typus *Lenz* statt *Frühling*, *Au* statt *Wiese*, von der Dichtung ausgeschlossen: dies nun gerade nicht, sondern das direkte, das übliche Wort! Nun also nicht mehr wie etwa bei Wordsworth, schon leicht parodierend, der schöne Vers „Und indem wir im Grase saßen, nahmen wir zu uns das wohlriechende Getränk, das aus Chinas Blättern gezogen wird", nur um nicht zu sagen „Tee" („And sitting on the grass partook the fragrant beverage drawn from China's herb").[18]

Was ist von der Sprachwissenschaft her zu dieser neuen Sprache, zur Suche nach ihr, zu sagen? Zunächst ist festzustellen, daß es hier gar nicht um Sprache geht in dem diffusen Sinn, in dem man hier das Wort zu gebrauchen pflegt. Die Sprachwissenschaft hat in dieser Hinsicht nützliche, das Verständnis erst ermöglichende Unterscheidungen getroffen. Es geht um das, was man „Diskurstradition" nennen sollte. Sodann und vor allem: *die* Sprache – dies hat auch die Sprachwissenschaft nicht immer im Auge, obwohl sie es natürlich weiß – gibt es gar nicht. Sprache heißt Historizität, und Historizität impliziert Wandel, aber auch – synchronisch betrachtet – interne Varianz: im Raum, in der Zeit, in der sozialen Schicht, in den Anlässen des Sprechens, den Sprachstilen. Und es gibt eine bestimmte Varianz, die in diesem Zusammenhang besonders wichtig ist: die zwischen „gesprochen" und „geschrieben", die zu nehmen ist als die zwischen zwei verschiedenen Typen sprachlicher Äußerung, nicht in jeder Hinsicht, aber doch ziemlich unabhängig von der Realisierung entweder im Akustisch-Gesprochenen oder im Optisch-Geschriebenen, denn *dies* muß gesehen werden: mit dem Prädikat „geschrieben" oder „gesprochen" beziehen wir uns nicht ausschließlich auf das eine oder das andere

Medium der Realisierung, sondern auch auf die Anlage des Geäußerten in gewissem Sinn *unabhängig* vom Medium (typisch Geschriebenes kann gesprochen, typisch Gesprochenes aufgeschrieben werden). Trotzdem bleibt der Zusammenhang zum Medialen, weshalb man entschlossen von „diamedialer Varianz" sprechen sollte.[19] Mario Wandruszka sagt in einem Buch von 1979: „Eine Sprache ist viele Sprachen."[20] Dies erscheint paradox, geht vielleicht auch zu weit, weil es den Unterschied zwischen externer und interner Varianz unberücksichtigt läßt, jedenfalls aber ist bereits ein Begriff wie „das gegenwärtige Deutsche" ohne Zweifel eine erhebliche Abstraktion.

Wir haben somit die vielfach durch Varianz gekennzeichnete Einzelsprache, und wir haben, innerhalb dieser Einzelsprachen in dem Bereich, der uns interessiert, dem Literarischen, Diskurstraditionen, also erneut Geschichtliches. „Man schreibt", sagt Botho Strauß an der angeführten Stelle, „einzig im Auftrag der Literatur. Man schreibt unter Aufsicht alles bisher Geschriebenen."[21] Der Autor braucht dies nicht immer so zu empfinden, er braucht es sich nicht so explizit (und so pathetisch anspruchsvoll) zu Bewußtsein zu bringen. Er steht aber immer, auch gerade wenn er sich ihrer zu entwinden sucht, in einer oder mehreren Diskurstraditionen. Diese Traditionen können übrigens – dies ist bemerkenswert – auch übereinzelsprachlich sein, also mehrere Einzelsprachen umgreifen. Gerade hierum geht es bei der „Sprache" der modernen Literatur in besonderem Maß. Es handelt sich also bei der Suche nach der „neuen Sprache" der Moderne nicht um Einzelsprachen; es geht um Sprechweise innerhalb von Einzelsprachen, und es geht darum, sich von Diskurstraditionen zu lösen und eine neue – vielleicht rein individuelle – zu schaffen.

Was ist neu am Sprachverhältnis der Moderne? Was an diesem Verhältnis gab es vorher nie? Zunächst dies: die Sprache wird der Literatur, der Dichtung, zum ersten Mal als solche, als Sprache an und für sich, zum Problem. Also schon hier der Versuch des sich der Geschichte Entwindens. Bisher galt das Sprachinteresse der Dichter nur *einzelnen* Sprachen und innerhalb *dieser* vorwiegend Fragen der Norm. Dies Interesse war immer von der Art, wie es sich, höchst bemerkenswert, etwa bei Dante zeigt in dem (unvollendeten) Traktat über „Dichtung in der Volkssprache", *De vulgari eloquentia*, in dem die Frage behandelt wird, welcher der vierzehn (von Dante ganz zutreffend ausfindig gemachten) italienischen Dialekte als Hochsprache geeignet sei, in welchem also in Italien volkssprachlich (also nicht lateinisch) *gedichtet* werden soll.[22] Nun jedoch – sehr neu – theoretisch und praktisch das Interesse an der Sprache an sich. Hierher gehört gewiß, daß nunmehr zum ersten Mal massiv die Dichtung die Einzelsprache durchbricht. Die Dichtung gewinnt einen universalistischen Zug. Es finden sich Einsprengsel aus anderen Sprachen, etwa der deutsche Satz gleich zu Beginn von T. S. Eliots *The Waste Land*: „And went on in sunshine, into the Hofgarten, / And drank coffee, and talked for an hour. / Bin gar keine Russin, stamm' aus Litauen, echt deutsch. / And when we were children, staying at the archduke's..."[23] Besonders James Joyce ist hier zu nennen. Aber selbst ein zumindest sprachlich so unmoderner Autor wie Thomas Mann hat, sehr spät, im *Erwählten* dergleichen versucht, wo der Herbst amerikanisch „Fallzeit" heißt und das Wort „andererseits" als „an der anderen Hand" erscheint; auch vor einem „soßigen Kerl", „a saucy chap", schreckt Mönch Clemens, hinter dessen Maske sich der Autor in diesem Roman begibt, nicht zurück, und Clemens erklärt schon zu Beginn, mittelalterlich zugleich und modern: „Gott ist Geist, und über den Sprachen ist *die* Sprache."[24]

Es ist nun überaus bemerkenswert und wurde, soweit ich sehe, nicht beachtet, daß um 1900 herum (und gewiß ganz unabhängig von Rimbaud oder Nietzsche) auch in der Sprachwissenschaft die Sprache als solche, ihre „Natur überhaupt" (Humboldt), zum Thema wird. Eine Rückkehr – so deutete sich Saussure selbst – zum 18. Jahrhundert. Wir haben da in der Tat bei Saussure, dem Begründer des europäischen Strukturalismus, eine völlige Schwenkung des Interesses gegenüber der vorausgehenden Sprachwissenschaft, der junggrammatischen Schule, der Saussure zunächst selbst angehörte, und eine Art Rückkehr zum 18. Jahrhundert. Die junggrammatische Schule (ab 1880) interessierte sich eigentlich nur für sprachliche Einzelheiten, für historische Einzelfakten und deren kausale Zusammenhänge. Nun aber gerät, wiederum begleitet von dem Versuch, der Historizität zu entrinnen, die Sprache als solche und als ganze, und dies hieß (für den Strukturalismus) als *System*, in den Blick: eine geheime zeitbedingte Verbindung also – mehr soll nicht gesagt sein – zwischen Rimbaud und Saussure.[25]

Zur Moderne gehört insgesamt ein spezifisches und ganz neues, bisher nicht zu verzeichnendes Verhältnis zur Sprache: ein wichtiges und ohne Zweifel zu wenig beachtetes Element einer „Diagnose" der Moderne. Wir haben, in dem Beitrag über Recht und Möglichkeiten der Sprachkritik, herausgestellt, daß in der Philosophie das Thema Sprache erst in diesem Jahrhundert ins Zentrum rückt. Zentral war diese Reflexion zuvor allenfalls bei Humboldt, der jedoch – auch dies ist charakteristisch – erst gegenwärtig (und wohl noch immer unzureichend) auf das ihm gebührende Interesse trifft. In der Moderne ist das Sprachthema, wie gesagt, zur „prima philosophia" geworden.

Grob gesprochen sind zwei Ausprägungen philosophischen Sprachinteresses zu unterscheiden; da ist einerseits Sprachskepsis, Zweifel an der Sprache als Mittel der Erkenntnis und als Mittel der Mitteilung des Erkannten (gerade bei dem sprachmächtigen Nietzsche erscheint diese Skepsis sehr grundsätzlich); andererseits findet sich, bei Heidegger etwa, dann auch wieder großes Vertrauen in die Sprache (Sprache als das bekannte „Haus des Seins"); es gibt bei ihm den – vorsichtig gesagt – schwierigen Versuch, die *Sprache selbst*, anstelle des reflektierenden Subjekts, zum Sprechen zu bringen.

Versuchen wir nunmehr, die im Sprachlichen spezifisch *modernen* Tendenzen knapp zusammenzustellen, dasjenige, also – dies war ja unsere Absicht –, was es zuvor *nicht* gab. Diese Zusammenstellung ergibt, wie es scheint, zugleich eine ziemlich vollständige Übersicht über die Möglichkeiten, die überhaupt zur Verfügung stehen, denn dies fällt, von der Sprache her, sogleich auf, ist aber, recht besehen, wenig überraschend: die *Knappheit* der Möglichkeiten; man kann mit der Sprache (*nur* mit der Sprache, denn dies ist unser Thema) soviel Verschiedenes nicht machen.

Eine erste Möglichkeit, genutzt besonders als Reaktion auf Realismus und Naturalismus, ist die Abhebung von der Alltagssprache durch Überhöhung; Verfremdung durch Feierlichkeit, Verfestlichung des literarischen Diskurses. Übrigens ist diese Tendenz schon vorher zu verzeichnen, im französischen Parnass zum Beispiel, und ist nur in der Radikalisierung spezifisch modern. Mallarmés viel zitierte Formel lautet: „den Wörtern der Menge einen reineren Sinn geben", „donner un sens plus pur aux mots de la tribu".[26] Es ist die Linie Mallarmé, George, Rilke; auch Benn hat teil an ihr. Und in unseren Tagen haben wir ja, bei Peter Handke und Botho Strauß, die neue Feierlichkeit. Man kann schockieren, in der Tat, auch durch sich abhebende Verfestlichung. Zu Stefan George hat schon Thomas Mann in einem Rückblick angemerkt, dessen „esoterische Spracherneuerung" sei „in ihrer Art ebenso revolutionär und herausfordernd (gewesen) wie der naturalistische Bürgerschreck".[27] Dies bewährt sich, wie die Reaktion zeigt, auch im Fall von Handke und Strauß.

Eine zweite Möglichkeit, die in genau umgekehrte Richtung geht, ist: Abweichung von der literarischen Diskurstradition nicht nach oben, sondern nach unten. Es ist der Versuch, die literarische Sprache zu erneuern durch den Rekurs auf die tatsächlich gesprochene Sprache, Öffnung des dichterischen Sprechens nach *dieser* Seite hin. Verfremdung durch Alltagssprachlichkeit. Dies findet sich, bekanntlich, schon – und von dessen Ansatz her unvermeidlich – im Naturalismus, etwa bei Zola, und, gesteigert, bei Gerhart Hauptmann. Der alte Fontane bereits hat hier sogleich etwas gemerkt; er schrieb an seine Tochter über Hauptmanns frühes Drama *Vor Sonnenaufgang:* „Er gibt das Leben, wie es ist, in seinem vollen Graus; er tut nichts zu, aber er zieht auch nichts ab. Dabei (und das ist der Hauptwitz und der Hauptgrund meiner Bewunderung) spricht sich in dem, was dem Laien einfach als abgeschriebenes Leben erscheint, ein Maß von *Kunst* aus, wie es nicht größer gedacht werden kann."[28] Da ist nun, sehr treffend und eigentlich erstaunlich, das äußerst schwer erreichbare Ideal gekennzeichnet, auch im sprachlichen Teil dieser Bemühungen um Lebenswahrheit, denn um *diese* geht es dem naturalistischen Hauptmann: „das Leben, wie es ist", also auch die Sprache, wie sie ist, und dennoch kein bloßes „Abschreiben" des Lebens, der *im Leben* gesprochenen Sprache, sondern – Kunst. Dies wird in der modernen Literatur weitergeführt und, unter Abwerfen vielfach des Kunstanspruchs selbst, radikalisiert. So ist in ihr insgesamt doch etwas Neues und Spezifisches. Es wird dem „gemeinen Mann...auf das Maul gesehen", wie es sich Luther nicht hätte träumen lassen.[29] Queneau und Céline, besonders dieser, Döblin im *Alexanderplatz* und natürlich, vor allen anderen, Joyce; aber dies ist nur *ein* Element des sprachlichen Universums von Joyce (multiple Joyce). *Diese* Sprachintention heißt natürlich auch Dialekt und Hereinnahme der Sprachvarianz (diatopisch, diastratisch, diaphasisch, diachronisch, diamedial) *insgesamt*. Erneuerung, also, der als ausgelaugt und untauglich empfundenen literarischen Diskurstradition durch das tatsächlich in analoger lebenswirklicher Situation Gesprochene.

Übrigens gibt es eine traditionelle stilistische Regel, die auf die italienische Renaissance zurückgeht und in dieselbe Richtung zu gehen scheint, sie meint aber doch sehr Verschiedenes: die Anweisung „Schreibe, wie du redest!"; sie erscheint in Deutschland im 18. Jahrhundert (hierüber in dem Beitrag „Nietzsches kleine Stillehre"). Aber diese Regel hat ein kultiviertes, in gewissem Sinn „schriftliches" Sprechen im Auge, worum es in der Moderne gerade nicht geht. So ist hier doch, auch in dieser Hinsicht, ein wirklicher Bruch, etwas *Neues*. Vor allem muß gesehen werden, daß die Moderne qualitativ anderes will als der Echtheitsanspruch, das Echtheitspathos des Naturalismus: es geht geradezu um die Schaffung eines neuen *poetischen* Diskurses, nicht um genaue Wiedergabe.[30]

Eine dritte Möglichkeit, von der modernen Literatur vielfach genutzt und in der Radikalität gewiß spezifisch, ist die Hereinnahme des Fachsprachlichen. Man denke nur an Musil, bei dem dies gleich in den ersten Sätzen seines Hauptwerks erscheint, oder an die fachsprachlichen Orgien Gottfried Benns. Bei diesem Versuch werden – zumindest sprachlich und letztlich wohl *nur* sprachlich – die „beiden Kulturen" aufgebrochen; es ergibt sich eine Literarisierung des Fachvokabulars. Öffnung, jedenfalls auch hier; keine nach dieser Seite hin abgedichtete Literatursprache. Man will ja nun nicht mehr – dies gerade nicht – die Literatursprache als schöne Insel inmitten des Übrigen. Die Wendung gegen die *herkömmliche* literarische Diskurstradition zeigt sich besonders in diesem Punkt, denn jene Tradition hatte sich auch nach dem Fachlichen und Technischen humanistisch abgeschottet.

Eine vierte Möglichkeit, sich aus den drei genannten aufs natürlichste ergebend, ist die mehr oder minder raffinierte Mischung: feierlich Überhöhtes, banal Alltagssprachliches, Fachvokabular. Raymond Queneau zeigt das Verfahren paradigmatisch, wenn er das ordinäre, wenngleich überaus häufige Verbum *foutre* mit dem ausschließlich schriftsprachlichen „imparfait du subjonctif" und der gewählten Negation *ne...point* verbindet: „Obwohl er noch nicht sicher war, ob sie sich über ihn lustig machte", „Quoiqu'il ne fût pas encore sûr, qu'elle ne se foutît point de lui".[31] Auch was diese Sprachmöglichkeit, die Mischung angeht, übrigens zusätzlich in gewaltiger historischer Vertiefung, dürfte wiederum Joyce am weitesten gegangen sein.

Eine fünfte Möglichkeit (die Reihenfolge, natürlich, ist unerheblich) ist der Rückzug des literarischen Sprechens aus der Wirklichkeit: Negation der Mimesis, Entwirklichung. Dichtung will nichts mehr sagen. Jedenfalls nichts Genaues mehr. Eigentümlich, daß dies bei dem Autor explizit zuerst erscheint, der die *Madame Bovary*, das Ur- und Vorbild, also, des realistischen Romans schrieb. Sein Wunsch gehe, sagte Flaubert in einem vielzitierten Brief, nach einem „Buch über nichts", „un livre sur rien".[32] In der Tat ist der Realismus Flauberts eher formaler, „stilistischer" Natur; einerseits nur Realität, andererseits deren Aufhebung durch Kunst. Der Rückzug des literarischen Sprechens aus der Wirklichkeit, das Desinteresse an ihr, das bis zur Weigerung gehen kann, irgend Greifbares überhaupt noch zu äußern, ist ein spezifisch moderner Zug. Mallarmé erklärt in

dem berühmten Gedicht *Toute l'âme résumée*, das eine brennende Zigarre zum Anlaß nimmt (diese ist keineswegs *Gegenstand* des Gedichts), kategorisch: „Schließe das Wirkliche (aus
der Dichtung nämlich) aus, weil es gemein ist", „Exclus-en si tu
commences / Le réel parce que vil".[33] Im übrigen braucht die
gefühlte Gemeinheit, ein ästhetisch aristokratischer Widerwille,
nicht immer der Grund für den desinteressierten Rückzug aus
der Welt zu sein. Jedenfalls haben wir in der Moderne zum ersten Mal den Fall, daß die Wirklichkeit nicht mehr „durch
Nachahmung oder gar archetypische Steigerung in die Dichtung eingeht. Nur jener Rest an Realität, der zum Zwecke ästhetizistischer Bezugnahme unabdingbar ist, wird in den sprichwörtlichen elfenbeinernen Turm des Ästhetizismus eingelassen"; so Hugo Laitenberger anläßlich des Gedichts *Toute l'âme
résumée...* in einem bemerkenswerten Aufsatz.[34] In unserem
Zusammenhang wird deutlich, um was es sich bei diesem Rückzug *ebenfalls* handelt: einen Rettungsversuch durch Sprache.

Das genannte Zigarren-Gedicht Mallarmés, ein Wunderwerk, gewiß, in seiner Art (und nicht nur *seiner* Art), schließt
mit den Versen, die eine Aufforderung an den Dichter überhaupt, eine ars poetica, sind: „Deine vage Literatur möge den
zu genauen Sinn ausstreichen", „Le sens trop précis rature / Ta
vague littérature" (Subjekt ist hier also „littérature", nicht
„sens"). Demnach: Vermeidung des Genauen, oder positiv –
denn da ist eine positive Anstrengung – Verdunkelung, Verrätselung des Texts. Dies nun ist eine sechste – mit der zuvor skizzierten zusammenhängende – Möglichkeit. Natürlich gab es
schon früher schwer zu verstehende Dichtung; bereits in der ältesten mittelalterlichen Dichtung, dem provenzalischen Minnesang, gab es das sogenannte „verschlossene Dichten", „trobar
clus", oder dann, im Barock, bei den „metaphysical poets" in
England, oder dem großen Góngora in Spanien, der übrigens
daneben – dies ist bemerkenswert – auch ganz einfache Gedichte schrieb. Hier ging es um Dichtung, die, indem sie – besonders durch kunstreich versetzte Syntax – schwierig sein
wollte, bewußt und spielerisch an Kennerschaft appellierte, der
sie den bedeutenden Genuß der Selbstbestätigung verschaffte.

Diese Texte haben einen durch – begrenzte – Anstrengung durchaus freizulegenden Sinn. Dies ist nun bei Rimbaud, besonders jedoch bei Mallarmé, aber auch bei Celan, Jorge Guillén (und so vielen anderen, die hier zu nennen wären) sehr anders. Insofern ist die Berufung einer Reihe dieser Dichter auf ihre barocken ‚Vorgänger‘ unberechtigt.[35] Der Bruch liegt hier zwischen dem bereits vorbereitend modernen, noch aber durchaus verständlichen Baudelaire einerseits und Rimbaud andererseits, der insofern (zumindest insofern) der erste *ganz* moderne Dichter ist. Das literarische Sprechen verliert nun weithin, nicht nur in der Lyrik, was Hugo Friedrich die „kommunikative Wohnlichkeit" nennt.[36] Dies geht – und zwar sogleich bei Mallarmé und hier wohl noch immer am radikalsten – bis zur völligen „Unentscheidbarkeit der Texte", die Hans-Jost Frey in einem Buch von 1986 unter dem Stichwort „referentielle Illusion" erläutert, wobei er Friedrich zutreffend korrigiert. Denn es geht ja nicht einfach, wie es bei Friedrich erscheint, um „sinndunkle Sprache" (also, wieder einmal: Sprechweise), sondern um *qualifizierte* Dunkelheit, jedenfalls in den geglückten Fällen: die Referenz ist nicht schlechthin abwesend, es bleibt eine Spannung zur Mitteilung; was aber mitgeteilt wird, die Referenz, bleibt ungewiß, ist letztlich nicht entscheidbar. „Der literarische Text ist nicht der Text, der keine Referenz hat, sondern der Text, dessen Referentialität ungewiß ist." Was hier, unter den Stichworten „Verdunkelung" oder „Verrätselung", in Rede steht, ist äußerst komplex.[37] Es geht nicht um die prinzipiell gegebene Offenheit eines jeden (nicht nur des literarischen) Textes im geschichtlichen Prozeß der Rezeption. Diese Offenheit veranlaßte Platon zu seinem grundsätzlichen Mißtrauen gegen den philosophischen Text, gegen das Aufgeschriebene, das ohne seinen Vater, den Autor, wehrlos dem Mißverstehen ausgesetzt sei, andererseits auf Fragen nichts antworten könne.[38] Diese Art von Offenheit gehört grundsätzlich zum Wesen der Schriftlichkeit. Nichts läßt sich sagen – und vor allem schreiben –, das gegen Mißverstehen gesichert sei (hierüber im 6. Kapitel). Es geht auch nicht um das Phänomen des gleichsam objektiven, dem Autor selbst verborgenen Sinns seines

Texts. Es geht jetzt, von Rimbaud an, um die vom Autor selbst produzierte, wortwörtlich ins Werk gesetzte, quasi dinghafte Bedeutungsoffenheit seines Textes, an der die Frage selbst, bei Góngora etwa durchaus berechtigt, „was wollte der Dichter sagen?" scheitern oder sich auflösen soll.

Eine siebte Möglichkeit, nicht einfach identisch mit der zuvor angedeuteten, ist Inkohärenz. Dies heißt: da ist zwar, im einzelnen, durchaus greifbarer Sinn, aber der Text insgesamt besteht aus zusammenhanglosen, genauer: einen Zusammenhang nicht erkennbar werden lassenden einzelnen Sinnstücken.

Eine weitere, also achte Möglichkeit ist die Reduktion des Syntaktischen, die Tendenz zur bloßen, syntaktisch nicht mehr organisierten Aneinanderreihung von Wörtern, wobei unter diesen die Nomina dominieren und die Verben, falls sie vorkommen, zumeist auch nur in einer ihrer *nominalen* Formen, als Infinitiv oder als Partizip, erscheinen. Die Tendenz zur desorganisierenden Auflösung oder Vermeidung des Syntaktischen (auch der Flexion) findet sich im Vers *und* in der Prosa. Modern und oft hervorgehoben ist jedenfalls ihre Steigerung und Verbreitung. Natürlich erbringt diese syntaktische Auflösung eine Verstärkung, im Bewußtsein, des Lexikalischen, somit der *nennenden* Elemente der Sprache. Diese bilden in der Tat deren Kernbestand: in ihnen zeigt sich das eigentliche Worumwillen (Heidegger) der Sprache: das zeichenhafte Stehen für ein anderes, für etwas, das nicht sie selbst, die Sprache, ist.[39]

Als neunte Möglichkeit und, für die moderne Dichtung, *Wirklichkeit*, wäre der – zumindest partielle – Rückzug auf den Signifikanten zu nennen, der Rückzug also aus den Bedeutungen, den Signifikaten. Hugo Friedrich, der hierauf stark insistiert, allzu stark, spricht unter anderem von „sinnbefreiter Sprache", „sinnüberlegenen Tönen", „sinnfreien Klangfolgen", „sinnentzogenen Sprach- und Spannungskurven". Es geht hier einerseits um Laute und Lautfolgen, dann aber auch um Elemente, die die Linguistik „prosodisch" nennt oder „suprasegmentell"[40]: hierher gehört vor allem das so schwer greifbare (an sich schon – jedenfalls sprachlich gesehen – bedeutungsfreie) Sprach- und Sprechelement Rhythmus (denn es gibt Rhyth-

mus, den die Sprache selbst vorschreibt, und Rhythmus, gleichsam frei, nicht durch die jeweilige Sprache selbst diktiert, im
Sprechen). Das Stichwort ist hier „Suggestion": eine Form der
Kommunikation – nicht primär durch das in einzelne Bedeutungen artikulierte Nacheinander, sondern gleichsam an den
Bedeutungen vorbei, nur lose auf sie sich stützend. Dann, damit zusammenhängend, „Sprachmagie", die eine Art Substan-
zialisierung des Worts und besonders die seines materiellen,
materiell realisierbaren Trägers, also des Signifikantenteils, zur
Voraussetzung hat. Die Tendenz zum sinnunabhängigen Signifikanten ist auch als Musikalisierung zu begreifen: das Sprechen sucht, sich der nur tönenden, der nichts im strengen und
eigentlichen Sinn *sagenden* instrumentellen Musik gleichzuset-
zen. Zur Dominanz, gar Verselbständigung des Signifikanten
als extremer Möglichkeit des Sprechens und als Tendenz der
Moderne, nur eine Äußerung (es ließen sich viele zitieren); T. S.
Eliot sagt: „Einige Dichter werden dem Sinn gegenüber unru-
hig, weil er ihnen überflüssig erscheint, und sie sehen Möglichkeiten dichterischer Intensität, die dadurch entstehen, daß man
sich des Sinnes entledigt."[41] Es braucht kaum hinzugefügt zu
werden, daß *diese* Art von „Musikalisierung" nichts mit der
traditionellen (gerade durchaus mimetischen) „Lautmalerei" zu
schaffen hat.

Zehntens finden wir in der Moderne, in der Theorie mehr als
in der Praxis, die Tendenz, nicht zu sprechen, sondern das Sprechen der Sprache selbst anheimzustellen, sich auf ihr gleichsam
treiben zu lassen. Die Sprache wird hier als etwas Objektives,
als etwas *außerhalb* der Sprechenden erfahren, vergleichbar,
um es im Bild zu sagen, dem Wasser, in das man hineingeht, um
sich von ihm tragen und treiben zu lassen. Natürlich ist dies
auch wieder verbunden mit der Dominanz, dem Dominieren-
Lassen der Signifikanten. Und gewiß erinnert dies Sprachver-
trauen an Heideggers Urwort „Die Sprache spricht" und an die
„Wegformel", wie er sie nannte, in dem berühmten Münchner
Vortrag *Der Weg zur Sprache* von 1959: „Die Sprache als die
Sprache zur Sprache bringen."[42] Der Denker sucht, die Sprache
für sich denken, der Dichter, sie für sich dichten zu lassen.

In vermutlich bloß scheinbarem Widerspruch zu dieser, man möchte sagen sprachfrommen Haltung, findet sich aber auch – und dies ist eine weitere Möglichkeit – die Aussage oder das ihr entsprechende Gefühl, der Sprache gegenüber frei, geradezu *autonom* zu sein. Eindrucksvoll trat das Motiv bereits bei Rimbaud, in der angeführten Stelle aus *Une saison en enfer*, hervor. Auch bei Stefan George findet sich solcher Imperialismus, der sich ja bereits im Graphischen äußert. Der Dichter fühlt sich frei von der Sprache, glaubt, sie frei, das heißt unabhängig vom *allgemeinen* Gebrauch, gebrauchen zu können. Auch dann, übrigens, wenn er meint, ihr gerade auf *diese* Weise in einem tieferen Sinn zu dienen. Es gibt auch im Blick auf die Sprache geheuchelte oder gespielte Frömmigkeit.

Gegenüber diesen von der modernen Literatur vielfach begangenen Wegen, gegenüber den skizzierten sprachlichen Tendenzen wollen wir hier die These setzen, daß es sich, vom Wesen der Sprache und des Sprechens her geurteilt, zum Teil um Unerreichbarkeiten, um *Chimären*, zum Teil um Unmöglichkeiten, um *Aporien*, handelt.

Um mit der zuletzt genannten Tendenz zu beginnen: niemand ist gegenüber der Sprache autonom; auch (und gerade) nicht der Dichter. Von der Sprache, der jeweils historisch gewordenen Einzelsprache, gilt, was Bacon von der Natur sagte: „man kann sie nur beherrschen, indem man ihr gehorcht", „nisi parendo non vincitur". Man mag den Gedanken theologisch nennen oder religiös: wirklich ist es aber so, daß der Mensch gerade in dem, was seit alters als Zeichen seiner Herrschaft gilt, eigentlich, vom Individuum her geurteilt, ganz *ohnmächtig* ist; alles, was er sprachlich besitzt, hat er von anderen, den Vorfahren, die die Römer wortwörtlich (wir meinen: etymologisch) „die Größeren", „maiores", nannten. Dies ist konsequent. Es gibt keine sprachliche Autonomie; Freiheit gibt es hier nur innerhalb sehr enger – durch die Vorfahren gesetzten – Grenzen.[43] Aber frei waren auch schon die Vorfahren nicht...

Die sprachliche Überhöhung, die Verfeierlichung des Sprechens, die zuerst genannt wurde, ist eine (mögliche) Möglichkeit innerhalb dieser Grenzen, eine Möglichkeit – aber davon braucht nicht geredet zu werden – voller literarischer Gefahren, von denen ungewollte Komik die nächstliegende ist.

Der Versuch, die wirklich gesprochene Sprache hereinzuholen in den literarischen Text, ist, man muß es ohne Umschweife sagen, eine Chimäre. Er scheitert am Medium der Schriftlichkeit selbst. Die Bedingungen des Geschriebenen sind nicht diejenigen, unter denen gesprochen wird. Das wirkliche Sprechen erfolgt in Situationen der Lebenswelt, die weithin nur eine rudimentäre Versprachlichung erfordern. Vieles, außerordentlich vieles, bleibt hier der Situation und den parasprachlichen Mitteln überlassen. „Der natürliche Ort des Sprechens", sagt Goffman, „ist einer, in dem das Sprechen nicht immer anwesend ist", „the natural home of speech is one in which speech is not always present".[44] Im Geschriebenen aber ist das „Sprechen" unaufhörlich anwesend ... Möglich ist da für den literarischen Autor stets nur die mimetische, immer aber, im Ergebnis, künstliche, kunsthafte Angleichung. Diese kann – als solche – glücken; nie ist sie aber *wie* wirklich Gesprochenes; sie ist immer das Produkt von Stilisierung. Sie ist immer Stil. Für den Linguisten freilich ist es faszinierend zu beobachten, mit welchem Maß an intuitiver Sicherheit der literarische Autor oft diejenigen Elemente herausgreift, die den täuschenden Eindruck lebendigen Sprechens, den von Leben also, produzieren. Dem Autor gelingt es zu täuschen. Aber der Täuschende ist hier seinerseits ein Getäuschter.

Die Hereinnahme des Fachsprachlichen – ein weiterer Punkt – stößt offensichtlich an enge Grenzen. Sie verringert den Rezeptionsradius, oder sie macht, eben durch Literarisierung, durch die Betonung der Suggestivqualität fachlicher Wörter, aus solchen Wörtern etwas, das sie ursprünglich nicht waren und eigentlich nicht sind. Sie pervertiert diese Wörter. Zur Mischung von feierlich Überhöhtem, Alltags- und Fachsprachlichem braucht nichts gesagt zu werden: es ist dies ein gangbarer, ja, dem Wesen der Einzelsprache – interne Varianz! – entsprechender Weg.

Vieles dagegen wäre zu sagen zum Rückzug des literarischen Sprechens aus der Wirklichkeit. Insbesondere da dieser Rückzug nicht im Sinne des Verspielten oder Spielerischen erfolgt (Sprachen und Diskurstraditionen sind ein unausschöpfbarer Gegenstand des Spiels), sondern da er, in moderner Literatur, vielfach in nahezu sakralem Ernst geschieht. Es gibt viele (besonders kürzere) Dichtungen der Tradition, deren Intention nicht Mitteilung ist. Schon einer der frühesten volkssprachlichen Dichter, der provenzalische Troubadour Wilhelm IX., Graf von Poitou, Guilhem de Peitieu, beginnt ein Gedicht mit dem Satz: „Ich werde ein Lied über geradezu nichts machen; / es wird nicht um mich noch um andere gehen; / nicht um die Liebe noch um die Jugend; / noch um irgendetwas anderes, / denn es wurde im Schlaf gedichtet / auf einem Pferd", „Farai un vers de dreyt nien; / non er de mi ni d'autra gen; / non er d'amor ni de ioven / ni de ren au; / qu'enans fo trobatz en durmen / sus un chevau".[45] Man sieht, daß *diese* Inhalts- und Wirklichkeitslosigkeit etwas sehr anderes ist: hier wird gespielt, und noch in der Weigerung, etwas zu sagen, wird etwas gesagt. Anders in moderner Literatur: ganz unspielerischer Rückzug, zuallermeist, des Sprachlich-Formalen auf sich selbst.

Natürlich liegt es nahe, allzu nahe vielleicht, hier einfach zu sagen, daß dies nicht nur ein sehr abweichendes, sondern ein dem Sinn des Sprechens selbst zuwiderlaufendes Sprechverhalten ist. Man spricht aus zwei Gründen: entweder um sich einem anderen, dem Angesprochenen, zuzuwenden, ohne Mitteilungsabsicht, aus welchen Gründen auch immer, Kommunikation somit *ohne* Mitteilung; oder man spricht, in der Tat, um eine Mitteilung (im weitesten Sinn) zu machen, oder auch, um eine solche vom anderen zu erhalten, oder schließlich, um den Angeredeten zu etwas zu veranlassen. Deklaration, Interrogation, Exhortation: damit sind – auch hier – die Möglichkeiten erschöpft. Eine bestimmte moderne Literatur will nun weder das eine noch das andere, weder akommunikative noch kommunikative Interaktion, und redet, ohne die Entschuldigung des Eingenicktseins auf einem gemächlich trabenden Pferde, *trotzdem*. Warum, darf man fragen, tut sie dies?

Die Inkohärenz des Textes, sodann, wäre zu sagen, ist ein Selbstwiderspruch, denn der Text definiert sich gerade durch

Kohärenz. Text ist eine Ansammlung kohärenter, auf ein Ziel hin organisierter Sätze, wobei diese Sätze Elemente *mehrerer* Sprachen enthalten können. Sprachliche Einheitlichkeit ist kein essentielles Merkmal des Texts; dessen mögliche Einheitlichkeit ist keineswegs primär sprachlich, sondern auf anderem Wege bewirkt.

Schließlich: Verdunkelung, Verrätselung des Texts. Hierzu ist ein Doppeltes zu sagen. Erstens ist Mitteilung über die Wirklichkeit, die natürlich auch eine bloß fiktive Wirklichkeit sein kann, zwar keinesfalls die einzige Funktion der Sprache, sie gehört aber, wie Heidegger sagen würde, zu deren „wesentlichem Wesen". Zweitens aber – und vielleicht wichtiger – ist absolute Offenheit des Sinns, wie sie hier postuliert wird, gar nicht herstellbar. Ich kann zweideutig reden (dies ist ja bereits, *vor* jeder Literatur, ein Phänomen der Alltagssprache), aber Vieldeutigkeit oder gar wirkliche Offenheit ist nicht realisierbar. Es gibt nur entweder völlige Dunkelheit (diese herzustellen ist nicht schwer) oder die nachträgliche Verrätselung – besonders durch Syntax – zunächst gegebener Eindeutigkeit.[46] Es ist unmöglich, von der Beschaffenheit des Bewußtseins her, völlig Sinnoffenes zu denken. Was immer wir denken, hat diesen oder jenen „Sinn".

Was schließlich die Tendenz zur Verdinglichung des Textes angeht, ist zu sagen, daß ein Text prinzipiell subjektgebunden ist. Er kann nicht – denn dahin geht der interessante Traum – zur für sich seienden Undurchdringlichkeit eines Dings werden, das – so erscheint es uns, denn diese Vorstellung ist schon anthropomorph – in sich selber ruht. Ein Text tut dies nie; nicht einmal scheinbar. Er erscheint uns nicht so: er ist uns immer, sobald wir ihn einlassen in unser Bewußtsein, wie eine Aufforderung im Sinne eines „Versteh mich! Ich möchte dir etwas sagen!". Ein Text ist eine Exhortation.

Kein Problem hingegen ist die syntaktische Entgliederung, eben weil das dann noch verbleibende, ja, als solches gesteigerte *Lexikalische* für sich selbst eigentlich schon Sprache ist. Der kommunikative Kern einer Sprache sind ihre Wörter, ihre Dingbezeichnungen.

Eine Aporie ist aber auf jeden Fall die angestrebte Annäherung ans Musikalische. Die Aporie liegt darin, daß die Wörter, die das unvermeidbare Material, besser: *Medium* der Dichtung sind, bereits als virtuelle Elemente der jeweiligen Sprache, immer schon bedeuten. Sie enthalten „je schon", würde Heidegger gesagt haben, Welt. Dichtung kann sich im Sinne einer Verleiblichung des Sprechens der Musik annähern; sie ist aber unausweichlich gebunden an das schon für sich selbst bedeutende, damit also welthafte, welthaltige Wort. Sie kann die Signifikata nicht wegschaffen und muß somit *immer* etwas sagen. Sie hat nicht, wie die Musik, Elemente als ihr Medium, die, für sich selbst genommen, nichts bedeuten. „Verse", sagte Mallarmé zu Degas, „macht man nicht mit Ideen, sondern mit Wörtern".[47] Eben – hier liegt das Problem (aber sieht es Mallarmé nicht auch?): wirkliche Sinnbefreiung ist ausgeschlossen, weil Wörter unentrinnbar Sinn enthalten. Wörter sind nicht *reine* Signifikanten, sie sind Signifikanten nur, indem sie auch – und vor allem – Signifikata sind. Im übrigen ist der Begriff des „reinen Signifikanten" ein Widerspruch in sich selbst: Signifikant kann etwas nur sein vermöge des bewußtseinsmäßig an ihm hängenden Signifikats. Ohne Signifikat kein Signifikant.

Schließlich ist es – eine weitere Aporie – ganz ausgeschlossen, sich der Sprache selbst anheimzugeben, sie *selbst* sprechen zu lassen, denn auch die Sprache, freilich in anderer Weise als der Text, ist an das Subjekt gebunden. Die realen Träger der Sprache sind die sie sprechenden Menschen. Dies hat auch die Sprachwissenschaft leider stark vernachlässigt, insbesondere der Strukturalismus. Die Sprache ist nicht irgendwo; sie ist kein für sich Seiendes. Das Haus der Sprache ist der Mensch. Die Sprache spricht nicht; sie dichtet auch nicht. Und wenn etwa Heidegger sie sprechen läßt, ist es doch, sehr unverkennbar, stets *er selbst*, der spricht. *Spricht* die Sprache, so spricht, ach, schon die *Sprache* nicht mehr. So verträgt sich, was als Demut erscheint, gut mit deren Gegenteil. Gespielte *pietas linguistica!*

Es ist deutlich geworden, obwohl dies alles breiter zu exemplifizieren wäre, daß in der modernen Literatur vielfach und

zum Teil sehr stark ein Sprachverhalten und eine Sprachverwendung hervortreten, die *völlig neu* und ihr insofern spezifisch sind. Nur ist, um es noch einmal zu sagen, die moderne
Literatur keineswegs als *ganze* durch die Tendenzen zu kennzeichnen, die wir herauszustellen und deren (der Sprache selbst
inhärente) Schwierigkeiten wir zu umreißen suchten. In dieser
Literatur ist auch vieles ganz anderes, auch gerade im Sprachlichen.

Sodann: die herausgestellten Chimären und Aporien wollten
und sollten keineswegs dazu bringen, diese Dichtung, soweit
sie jenen Tendenzen folgt, negativ zu beurteilen. Ein Teil der
großen und positiven Faszination dieser Dichtung liegt gerade
darin, daß sie *ringt* mit der Sprache und mit deren *knappen*
Möglichkeiten, die sie *alle* in Anspruch nimmt. Sie liegt darin,
daß diese Dichtung, in immer neuen Anläufen, anrennt an die
Grenzen oder sich ihnen tastend nähert, die ihr gesetzt sind
durch ihr Material, ihr Medium, durch die Sprache. Ihr kann
sie nicht entrinnen.

1 H. v. Hofmannsthal: Ein Brief, in: H. v. Hofmannsthal: *Prosa II. Gesammelte Werke in Einzelausgaben.* Frankfurt (Fischer) 1951, S. 7–22.

2 Vgl. H. Friedrich: *Die Struktur der modernen Lyrik, Von der Mitte des
neunzehnten bis zur Mitte des zwanzigsten Jahrhunderts.* Erweiterte
Neuausgabe, Hamburg (Rowohlt) 1966 (erstmals 1956), S. 139.

3 Vgl. zu Joyce: W. Erzgräber: Stephan Dedalus and Language. Transiti-
ons and tensions between orality and literacy in James Joyce's Novels,
in: *Studies in honor of René Derolez.* Gent (Seminarie voor Engelse en
Oud-Germaanse Taalkunde R.U.G.) 1987, S. 157–179. Ferner: W. Erzgräber: Art and Reality. An Interpretation of ‚Scylla and Charybdis‘, in:
James Joyce Quarterly, Bd. 24 (1987), S. 291–304.

4 B. Strauß: *Paare, Passanten.* München (Hanser) 1981, S. 101; dieser Abschnitt „Schrieb" enthält eine Reihe – gerade in ihrer anspruchsvollen
Undeutlichkeit – interessanter Äußerungen, die zum Thema gehören.
Es scheint mir da mehr „Gestus" zu sein, mehr modisch Zurechtgeleg-
tes als existentielle Substanz.

5 Zu Sprachbesitz, Sprachäußerung und Sprechweise vgl. H.-M. Gauger:
Sprachbewußtsein und Sprachwissenschaft. München (Piper) 1976, S.
11–72. Wichtig ist ferner, speziell für Sprechweise, der Begriff „Diskurstradition" (hierzu P. Koch in: *Distanz im Dictamen*, noch unpubli-
ziert).

6 Th. Litt: Die Befreiung des geschichtlichen Bewußtseins durch J. G. Herder (1942), in: Th. Litt: *Die Wiedererweckung des geschichtlichen Bewußtseins.* Heidelberg (Quelle und Meyer) 1956.

7 W. Schulz: *Philosophie in der veränderten Welt:* Pfullingen (Neske) 1972, S. 508; Schulz: „in der Aufklärung wird die leitende Bestimmung der Vernünftigkeit nicht historisiert. Vernünftigkeit ist das wahre, und das heißt das an ihm selbst ungeschichtliche Wesen des Menschen" (S. 492); der ganze Teil „Vergeschichtlichung" (S. 469–628) dieses Buchs ist für diesen Zusammenhang wichtig. Würde jener Graben gesehen, wäre zögerlicher die Rede von „Aufklärung" im Blick auf das Hier und Jetzt.

8 Die Sprache, sagte Strauß, verbleibt als „tiefes Zuhaus" und als „tiefes Exil". Wieder dies nicht zu Ende Gedachte: entweder „Zuhaus" oder „Exil", oder, wenn beides, inwiefern „Zuhaus", inwiefern „Exil"? Läßt sich dies nicht genauer sagen? In Wahrheit ist die Sprache primär ein „Zuhaus", nur auf der Grundlage und unter spezifischen Bedingungen solch tief verwurzelter Heimatlichkeit kann das andere sich gelegentlich zeigen.

9 Dieser Gefahr (neben anderen) ist insbesondere M. Heidegger erlegen, freilich auf höchst interessante Weise, auch, natürlich, auf hohem Niveau; Sprache (die griechische und die deutsche; nur diese beiden!) als Ersatz-Offenbarung.

10 Vgl. W. Schulz: *op.cit.,* S. 674; zu Nietzsche vgl. *Menschliches, Allzumenschliches I.* Kritische Studienausgabe, G. Colli und M. Montinari, 2, S. 24; hier heißt es: „Mangel an historischem Sinn ist der Erbfehler aller Philosophen".

11 Vgl. Kapitel 14: Über das Rhetorische.

12 *op.cit.,* S. 58. Die Formel „entromantisierte Romantik", mit der das Baudelaire-Kapitel Friedrichs schließt, bezieht sich genauer (und darüber hinaus) auf die Lyrik der „Erben" Baudelaires, also auf die moderne Lyrik, wie Friedrich sie versteht, insgesamt.

13 Hierzu besonders eindringlich Th. Litt: *Das Bildungsideal der deutschen Klassik und die moderne Arbeitswelt.* Bonn (Bundeszentrale für Heimatdienst) 1955.

14 Zu den „zwei Kulturen", der Debatte zwischen C. P. Snow und F. R. Leavis, vgl. W. Lepenies: *Die drei Kulturen. Soziologie zwischen Literatur und Wissenschaft.* München (Hanser) 1985, S. 185.

15 Th. Mann: *Der Zauberberg.* Sonderausgabe. Frankfurt (Fischer) 1972, S. 190/91; vgl. S. 134, S. 630. Zur Rolle des Sprachlichen in diesem Roman: H.-M. Gauger: „Der Zauberberg" – ein linguistischer Roman (1975), jetzt in: H.-M. Gauger: *Der Autor und sein Stil, Zwölf Essays.* Stuttgart (Deutsche Verlagsanstalt) 1988.

16 In: Orden „Pour Le Mérite für Wissenschaften und Künste", Sonderdruck aus „Reden und Gedenkworte", 9. Band (1968/1969), S. 215; vgl. hierzu bereits das Vorwort der ersten Auflage der *Struktur:* „Ich selbst

bin auch kein Avantgardist. Mir ist bei Goethe wohler als bei T. S. Eliot." Das Buch widerspricht nicht diesem Satz, aber die Behauptung, daß hier „Abstoßung" vorliege, ist nicht glaubhaft; sie ist nachträgliche Interpretation.

17 A. Rimbaud: Une saison en enfer, in: Œuvres complètes, Pléiade, Paris (Gallimard) 1972, S. 243; nachher heißt es: „J'ai cru acquérir des pouvoirs surnaturels. Eh bien! je dois enterrer mon imagination et mes souvenirs! Une belle gloire d'artiste et de conteur emportée!"; „la vieillerie poétique" (S. 234).

18 Die Stelle aus Wordsworth zitiert (leider ohne Angabe) S. Ullmann: The Principles of Semantics. Zweite Auflage 1957, Oxford (Blackwell), S. 105.

19 Hierzu der wichtige Aufsatz meiner (früheren) Mitarbeiter P. Koch und W. Oesterreicher: Sprache der Nähe – Sprache der Distanz. Mündlichkeit und Schriftlichkeit im Spannungsfeld von Sprachtheorie und Sprachgeschichte, in: Romanistisches Jahrbuch, Bd. 36 (1985), S. 15–43. Die Begriffe „diatopisch", „diastratisch" und „diaphasisch" verdanken wir L. Flydal und E. Coseriu (Angaben bei Koch/Oesterreicher).

20 M. Wandruszka: Die Mehrsprachigkeit des Menschen. München (Piper) 1979, S. 39. Entscheidend ist die prinzipielle Heterogenität (interne Varianz) jeder Sprache.

21 B. Strauß: op.cit., S. 109. Strauß fügt aber (und wirkt hierin glaubhafter) hinzu: „Man schreibt aber doch auch, um sich nach und nach eine geistige Heimat zu schaffen, wo man eine natürliche nicht mehr besitzt."

22 Vgl. H.-M. Gauger, W. Oesterreicher, R. Windisch: op.cit., S. 40–42 (vgl. FN 25).

23 T. S. Eliot: The Waste Land, in: T. S. Eliot: Selected Poems. London (Faber and Faber) 1952, S. 49; schon kurz vorher: „Summer surprised us, coming over the Starnbergersee / With a shower of rain…".

24 Vgl. H.-M. Gauger: Falsche Freunde, in: Romania historica et Romania hodierna. Festschrift für Olaf Deutschmann. Frankfurt/Bern 1982, S. 90–92.

25 Vgl. H.-M. Gauger, W. Oesterreicher, R. Windisch: Einführung in die Romanische Sprachwissenschaft. Darmstadt (Wissenschaftliche Buchgesellschaft) 1981, S. 46/47, S. 58–60, S. 68. Humboldt gehört in gewissem Sinn nicht zum 18. Jahrhundert, er hatte denn auch wenig Einfluß auf die Sprachwissenschaft des 19. Jahrhunderts und ist noch immer, wie J. Trabant formuliert, „unabgegolten"; vgl. J. Trabant: Apeliotes oder Der Sinn der Sprache. Wilhelm von Humboldts Sprachbild. München (Fink) 1986. Vor allem dieser Sprachwissenschaftler bemüht sich, sehr zu Recht, um eine angemessene Rezeption Humboldts heute.

26 In dem Gedicht „Le Tombeau d'Edgar Poe", Hommages et Tombeaux, in: S. Mallarmé: Œuvres complètes. Pléiade, Paris (Gallimard) 1965, S. 70.

27 Th. Mann: Gerhart Hauptmann. Gütersloh (Bertelsmann) 1953, S. 16

(Rede gehalten am 9. November 1952 im Rahmen der Frankfurter Gerhart-Hauptmann-Woche).

28 Diese Fontane-Stelle zitiert Th. Mann in der Hauptmann-Rede, *op. cit.*, S. 18.

29 M. Luther: *Sendbrief vom Dolmetschen* (1530), vgl. *Insel-Almanach auf das Jahr 1983*. Martin Luther: *Aus rechter Muttersprache*. Hrsg. Walter Sparn, Frankfurt (Insel) 1983, S. 38.

30 Vgl. H.-M. Gauger: „Schreibe, wie du redest!" Zur Geschichte und Problematik einer stilistischen Anweisung, jetzt in: H.-M. Gauger: *Der Autor und sein Stil*. Stuttgart (Deutsche Verlagsanstalt) 1988, S. 9–25. Céline, in dieser Hinsicht wohl der beste Zeuge, erklärt: „rien n'est plus difficile que de diriger, dominer, transposer la langue parlée, le langage émotif, le seul sincère, le langage usuel, en langue écrite, de le fixer sans le tuer…" (zit. bei R. Queneau in dem ebenfalls einschlägigen Aufsatz „Écrit en 1937" in: *Bâtons, chiffres et lettres*. Paris [Gallimard] 1952, S. 18).

31 Vgl. R. Queneau: *Pierrot mon ami*. Paris (Gallimard) 1972, S. 107; vgl. „Bienque je fleurtasse, je les avais comptées" (R. Queneau: *Le Journal intime de Sally Mara*, Paris [Gallimard] 1962, S. 174).

32 Vgl. H.-M. Gauger: *Der vollkommene Roman – Madame Bovary*. München (Carl Friedrich von Siemens-Stiftung) 1985; jetzt in: H.-M. Gauger: *Der Autor und sein Stil. Zwölf Essays*. Stuttgart (Deutsche Verlagsanstalt) 1988, S. 57–80.

33 S. Mallarmé: „Toute l'âme résumée…". Autres Poèmes et Sonnets, in: S. Mallarmé: *Œuvres complètes,* Pléiade, Paris (Gallimard) 1965, S. 73.

34 H. Laitenberger: Mallarmés Gedicht ,Le Tombeau de Charles Baudelaire', in: *Neusprachliche Mitteilungen aus Wissenschaft und Praxis*, 1969, S. 88.

35 Zur Góngora-Rezeption in Spanien: D. Alonso: Góngora y la literatura española, in D. Alonso: *Estudios y Ensayos gongorinos*. 2. Auflage, Madrid (Gredos) 1961. H. Friedrich sieht nicht das Mißverständnis dieser Rezeption (vgl. *op. cit.,* S. 144–146). Góngora wird hier schöpferisch, aber literarhistorisch zu Unrecht in Anspruch genommen.

36 *op. cit.,* S. 17.

37 H.-J. Frey: Studien über das Reden der Dichter. München (Fink) 1986.

38 Platon: *Phaidros*, Kap. 59–60 / 274 b–276 a. Sämtliche Werke, 4, Hamburg (Rowohlt) 1958, S. 54–56.

39 Vgl. W. Raible: Der Dichter und seine Sprache. Bemerkungen zur französischen Literatur, in: K. Mönig: *Sprechend nach Worten suchen. Probleme der philosophischen, dichterischen und religiösen Sprache der Gegenwart* (Schriftenreihe der Katholischen Akademie, Freiburg). München/Zürich (Schnell und Steiner) 1984, S. 40–43. H. Friedrich redet von der „Satzfeindschaft der modernen Lyrik" (*op. cit.,* S. 154).

40 *op. cit.,* S. 18, S. 38, S. 213.

41 zit. bei H. Friedrich, *op. cit.,* S. 19.

42 Enthalten in M. Heidegger: *Unterwegs zur Sprache*. Pfullingen (Neske) 1959, S. 241–268, die „Wegformel" findet sich S. 242.

43 Gerade in dem also, was den Menschen als Spezies auszeichnet vor allen übrigen und worauf im wesentlichen seine „höhere Organisation" (S. Freud) beruht, ist er – als Individuum – restlos abhängig. Niemand ist hier, biblisch geredet, „stark aus eigener Kraft" (1 Sam. 2,9) oder Paulus (in bezug auf das Evangelium): „was hast du, das du nicht empfangen hättest?" (1 Kor. 4,7).

44 E. Goffmann: The neglected situation, in: *American Anthropologist*, Bd. 66 (1964), S. 135.

45 C. Appel: *Provenzalische Chrestomathie*. Vierte Auflage, Leipzig 1912, S. 80.

46 Hierfür gibt H. Laitenberger erhellende und einleuchtende Hinweise anläßlich seiner Interpretation des Mallarméschen Tombeau-Gedichts, in: *Neusprachliche Mitteilungen aus Wissenschaft und Praxis*, 1969, S. 81–90.

47 Zit. bei H. Friedrich: *op.cit.*, S. 105/106. Mallarmé setzt, was mir verdächtig erscheint (hat er das Problem doch nicht gesehen?), hinzu: „Hier liegt das ganze Geheimnis", und Friedrich kommentiert: „Mallarmé ist, wie die meisten der modernen Lyriker, von der alten Überzeugung durchdrungen, daß im Wort Potenzen liegen, die mehr vermögen als der Gedanke." Dies aber ist etwas anderes: im Wort liegen – vermöge des an ihm haftenden Gedanklichen – unter Umständen solche Potenzen… Da geht es jedoch gerade nicht um „Sinnbefreiung".

6. Was heißt – einen Text verstehen?

Verstehen und Text: ein Text wird verstanden oder mißverstanden, oder er bleibt überhaupt dunkel, wird also gar nicht verstanden. Bleiben wir aber zunächst beim Text.

Was ist ein Text? Zunächst etwas Sprachliches, er ist eine Sprachäußerung: etwas wurde *sprachlich* „ausgedrückt", also von innen, vom Innern eines Subjekts, *nach außen* gebracht, so daß – für andere zugänglich – Sinn entstand. Dies heißt nun aber: ein Text ist gerade nichts Sprachliches; er ist ein „etwas", das sprachlich erscheint; nur insofern ist er etwas Sprachliches. „Sprachlich" meint, daß Sprachzeichen verwendet wurden. Jedes Äußern oder Ausdrücken geschieht durch Zeichen; in diesem Falle also: Sprachzeichen (es können Zeichen einer oder mehrerer Sprachen sein). Diese erscheinen in linearer Abfolge, wobei diese Abfolge wiederum – mehr oder weniger – durch die Sprache bestimmt ist; die Abfolge kann selbst Zeichen sein, sie kann zeichenhaft verwendet werden: *Kommt Peter?* meint etwas anderes als *Peter kommt* (nicht so jedoch, zum Beispiel, lateinisch *Petrus venit, venit Petrus:* da ist kein Bedeutungsunterschied). Es wird also durch die Äußerung und in der Äußerung etwas „linearisiert", in zeitliche oder, wenn geschrieben wird, räumliche Aufeinanderfolge gebracht, etwas, das zuvor so – nämlich eben „linearisiert" – nicht war. Zweitens ist ein Text etwas *Geschriebenes*, sein Medium ist das Optische (man braucht zum Schreiben und vor allem zum Lesen – da ist es strikte Voraussetzung – Licht). Drittens ist dies Geschriebene verbunden mit der Absicht einer gewissen *Dauerhaftigkeit:* nicht alles Geschriebene ist ein Text (ein klares Kriterium gibt es hier aber nicht). Also: Äußerung, Subjekt, Sprachzeichen, Sinn, der eben durch Äußerung zugänglich wird für andere, Linearität, Schriftlichkeit, eine gewisse intendierte Dauerhaftigkeit. Dies alles entspricht der alltagssprachlichen Bedeutung des Wortes „Text", es ist eigentlich nur deren Entfaltung.

Die Sprachwissenschaft jedoch verwendet heute weithin – namentlich in der sogenannten „Textlinguistik" – den Begriff in einem weiteren Sinn: sie meint mit „Text" *jede* Art von sprachlicher Äußerung, gleichgültig, ob sie nun mündlich oder schriftlich erfolgte. Harald Weinrich zum Beispiel definiert: „Texte sind sinnvolle Verknüpfungen sprachlicher Zeichen in zeitlich-linearer Abfolge." Diese Definition träfe freilich auch auf den Satz zu, ist insofern zu allgemein (aber es gibt natürlich Sätze, die auch Texte sind, oder Texte, die aus einem – nur einem – Satz bestehen). Weinrich fährt fort: „Das können – mündliche oder schriftliche Texte sein. Die beiden Kommunikationskanäle des mündlichen und des schriftlichen Sprachverkehrs werden folglich ... gleichrangig berücksichtigt" (*Textgrammatik der deutschen Sprache*. Mannheim 1993, S. 17). Also: wenn nicht Gleichrangigkeit der beiden „Kanäle", so doch gleichrangige Berücksichtigung in der fraglichen Grammatik. Weinrich behauptet somit nicht die Gleichrangigkeit des Gesprochenen und des Geschriebenen; er läßt offen.

Ob ich „Text" alltagssprachlich fasse oder anders, ist eine im wesentlichen *terminologische* Frage. Wie häufig steckt jedoch auch hier hinter dem Terminologischen, in der terminologischen Differenz, etwas Sachliches, ein Problem in der Sache. Es ist jedenfalls wichtig – einfach, weil da ein großer Unterschied in der Wirklichkeit ist –, daß unterschieden wird zwischen mündlichen und schriftlichen Äußerungen; es ist wichtig – gerade im Blick auf das Verstehen. Wo Unterschiede sind, muß man unterscheiden; es hindert ja nicht, das Gemeinsame dennoch zu sehen. Die terminologische, sich gegen die Alltagssprache setzende Verwendung von „Text" in jenem weiteren Sinn („Text" gleich alles sprachlich Geäußerte) insistiert auf diesen Unterschied weniger; sie ebnet abstrahierend ein.

Solche Einebnung entspricht einer Sicht innerhalb der Sprachwissenschaft, die man als „traditionell" bezeichnen kann, insofern sie nämlich auftrat mit dem Beginn der Sprachwissenschaft am Anfang des 19. Jahrhunderts. Da wurde man sich darüber klar (es war aber keineswegs neu), daß Sprache zunächst und eigentlich etwas Gesprochenes ist. Bereits lateinisch *littera* hieß nicht nur „Buchstabe", sondern auch „Laut" (zumindest war das Lautliche impliziert; wie hätten die Grammatiker sonst das r „littera canina", also „Hundebuchstabe" oder „Hundelaut", nennen können?). Das Geschriebene, alles, was mit Schrift zusammenhängt, wurde somit in der Sprachwissenschaft mehr und mehr als nur von sekundärem Interesse betrachtet. Das Geschriebene, die Schrift, erschien als ein (so sagte man) „Epiphänomen", eine Art Anhängsel, ernsthafter Beschäftigung unwürdig, wissenschaftlich uninteressant. „Ja, das ist dann reine Graphie...", pflegte, beinahe verächtlich und jedenfalls abschließend, Ernst Gamillscheg, ein verfeinerter Junggrammatiker, zu sagen, wenn es ihm um die Darlegung von Lautlichem ging und er auf etwas stieß, das nun eben nicht lautlich, also eigentlich gar nicht mehr sprachlich war, und er hatte dies gewiß von Wilhelm Meyer-Lübke, seinem Lehrer, dem bedeutendsten Junggrammatiker unter den Romanisten. Es war die allgemeine Meinung.

Dies ist nun aber durchaus auch die Position gerade der Gründerväter der modernen Sprachwissenschaft, Saussure (1916) und Bloomfield (1933), die gegenüber den Junggrammatikern nach neuen Wegen suchten. In diesem Punkt war da nichts Neues. Trotzdem kann man sagen, daß die Sprachwissenschaft in vieler Hinsicht bis heute sich allzu sehr am Schriftlichen orientiert; sie ist weithin „skriptistisch" geblieben. Andererseits jedoch hat sie, eben weil sie sich zu wenig interessiert für die ganz spezifischen *sprachlichen* Bedingungen des Geschriebenen, weil sie das Geschriebene nicht ernst nimmt (da Sprache essentiell *mündlich* sei), das Wesen der Schriftlichkeit noch nicht zureichend erfaßt. Es ist merkwürdig, aber bei genauerer Überlegung stimmig und nicht überraschend: einerseits ist die Sprachwissenschaft nicht radikal oder nicht konsequent genug im Ausgehen vom primär *mündlichen* Charakter des Sprachlichen (die von Chomsky ausgehende generative Grammatik, die den Strukturalismus spezifisch fortsetzt, ist in dieser Hinsicht geradezu ein Rückfall), andererseits weiß die Sprachwissenschaft insgesamt noch zu wenig vom spezifischen Charakter des Geschriebenen … Sie ist einerseits in der Tat, um mit Jacques Derrida zu sprechen, „phonozentrisch", sieht nicht die spezifische Dignität des Geschriebenen und die Wirkung der Schrift auf das Sprachliche selbst und ist andererseits, in *anderer* Hinsicht, nicht „phonozentrisch" genug. Übrigens kommt die Verwendung von „Text" in jenem weiteren Sinn – gewiß ohne Absicht – Derrida entgegen. „Phonozentrisch" ist solche Verwendung nicht; eher umgekehrt: sie nimmt die alltagssprachliche Bezeichnung für Geschriebenes als umfassenden Terminus für *jede* Sprachäußerung („phonozentrisch" ist dann wieder der – auch Schriftliches mitmeinende – Terminus „Diskurs", da er ja vom Mündlichen ausgeht).

Einen formalen Unterschied zwischen mündlicher und schriftlicher Sprachäußerung, der noch kaum Beachtung fand, wollen wir sogleich hervorheben: mündlich kann eigentlich immer *nur einer* sprechen; zwar können mehrere dasselbe sagen – dasselbe im Sinne des Lautlich-Materiellen –, aber sprechen kann in jedem Augenblick nur einer (es sei denn, man hätte sich zuvor verabredet, gleichsam im Chor dasselbe zu sagen – es ist dies aber eine unwirkliche Situation). Oder es wird durcheinandergeredet, was Bach in seinen turba-Chören so hinreißend stilisiert: „Ja nicht auf das Fest…", gleich zu Beginn der Matthäuspassion; dagegen dann das – gerade in seiner Unwirklichkeit – so gewaltige, ja gewalttätige „Barrabam!" Schriftlich, in einem Text, können sich dagegen – es ist hier ganz normal – mehrere oder viele äußern; ein Text kann durch mehrere oder viele gemeinsam „ausgearbeitet" worden sein; dann ist er eine Äußerung mehrerer oder vieler. Wir haben im Mündlichen auch kaum ein der „Autorisierung" durch Unterschrift analoges Verfahren. Eine Unterschrift ist doch etwas anderes, als zu sagen „ich stimme dem Gesagten zu", schon deshalb, weil die Unterschrift auch das Formale, den „Wortlaut" selbst, ganz miteinbezieht.

Wichtiger ist nun aber das folgende. Es ist zwischen Schriftlichkeit und Mündlichkeit nicht nur der Unterschied im Medium, im Kanal. Das Sprachliche ist gegenüber seinen Medien nicht indifferent. Genauer: es ist zwischen „mündlich" und „schriftlich" nicht nur der Unterschied zwischen akustisch und optisch, da ist auch ein Unterschied anderer Art, den man gar nicht leicht benennen kann. Es fehlt ein allgemein üblicher Terminus (was die Forschungslücke belegt). Die schriftliche Äußerung ist nämlich anders angelegt als die mündliche. Sie ist anders, hat einen anderen Duktus. Wulf Oesterreicher und Peter Koch haben hierfür einen Terminus vorgeschlagen: „konzeptionell". Sie reden von einer „konzeptionellen" Verschiedenheit, neben der medialen, zwischen mündlich und schriftlich und bestimmen die „konzeptionelle" Mündlichkeit als „Nähesprache" und die „konzeptionelle" Schriftlichkeit als „Sprache der Distanz" (vgl. S. 114, FN 19). Sie führen dann relativ komplex aus, daß es keinesfalls ausreicht, lediglich auf dem Unterschied zwischen dem Medium, dem akustischen und dem optischen, zu insistieren. Hier muß eben diese Anlage, dieser verschiedene Duktus im *Sprachlichen selbst* mit hereingenommen werden. Ich kann ja zum Beispiel einen geschriebenen Text vorlesen, dann handelt es sich faktisch und von der „Konzeption" her um etwas Schriftliches, auch wenn sich das Ganze, vom Kanal her, akustisch realisiert. Umgekehrt kann man mündliche Äußerungen, die also mündlich angelegt sind, schriftlich fixieren, etwa nach einer Tonbandaufzeichnung.

In anderen Worten: Koch und Oesterreicher geht es um die *sprachlichen* Unterschiede zwischen mündlich und schriftlich; das „Konzeptionelle" (das, was sie so nennen) ist eigentlich das Sprachliche, die Verschiedenheit des Sprachlichen selbst, im Unterschied zur bloßen Differenz des Mediums, des Kanals. Es ist demnach notwendig, zwei Arten von Unterschieden zu berücksichtigen: den Unterschied im Medialen und den Unterschied im Sprachlichen selbst, also graphisch (optisch) und phonisch (akustisch) einerseits, schriftlich und mündlich andererseits. Und das Phonische ist mit dem *sprachlich* Mündlichen, das Graphische mit dem *sprachlich* Schriftlichen nicht einfach identisch. Diese doppelte Unterscheidung ist sehr wichtig, wenn auch vielleicht jene beiden Sprachwissenschaftler ein wenig weit gegangen sind in der Trennung. Denn natürlich verhält es sich so, daß das „konzeptionell" (sprachlich) Mündliche vielfach unmittelbar bedingt ist durch das medial Akustische, das ja das Optische mit einschließt, und das „konzeptionell" (sprachlich) Schriftliche durch das spezifische Medium der Schrift, das ja nun wirklich rein und ausschließlich optisch ist. Im Schriftlichen *sieht man wirklich nur,* und zwar Buchstaben, Interpunktion, „lay-out" und andere graphische Hilfsmittel (diese sind aber, wenn es um Sprachliches geht, tatsächlich bloße Hilfsmittel). Darum, wegen dieser Beschränkung und Konzentration auf das Optische, ist dem längeren, kontinuierlichen Schreiben und Lesen gerade Stille, die Abwesenheit akustischer Reize so förderlich.

So viel zum Text. Nun also das Verstehen. Man kann vieles und sehr Verschiedenartiges verstehen, mißverstehen oder nicht verstehen. Es ist eine erhebliche Einengung, wenn hier nur das Verstehen von *Sprachäußerungen* in Rede steht. Eine weitere Einengung ist die auf *schriftliche* Sprachäußerungen, auf Texte. Allerdings keineswegs in dem Sinne, daß es leichter wäre, Texte zu verstehen als mündliche Äußerungen. Im Gegenteil: Texte sind, was ihr Verstehen angeht, erheblich gefährdeter; sie werden leichter mißverstanden oder nicht verstanden.

Darum muß man beim Schreiben *genauer* sein als beim Sprechen, und darum ist umgekehrt das Schreiben ein wichtiges Instrument gedanklicher Klärung für den Schreibenden selbst. Gerhard Storz: „Was meine ich eigentlich mit ‚Schreiben'? Nichts anderes wohl als ein genaues Sagen – und dies ist nur im und durch Schreiben zu erreichen. Denn wie sonst könnte ich Vorgestelltes oder Gedachtes ordnen, das heißt einiges zunächst beiseite lassen, aber doch festhalten, anderes vorweg nehmen, schließlich beides und noch mancherlei dazu in einen stichhaltigen, klaren Zusammenhang bringen. Weil es fortschreitende Klärung bedeutet, kann es nicht so ganz leicht vor sich gehen" (*Deutsch als Aufgabe und Vergnügen*, Stuttgart 1984, S. 5). Dies ist schön, nämlich konkret, genau und einfach gesagt. Und natürlich wird damit nicht behauptet, das Geschriebene sei – rein als solches, nur *weil* es geschrieben ist – klarer als das Gesprochene. Auch nicht, daß *nur* durch Schreiben gedankliche Klärung zu erreichen sei: in Kulturen ohne Schrift geht (oder ging) es ohnehin anders. Heute jedoch, in der Schriftkultur, ist die schreibferne Positur des „Denkers" von Rodin für den Denkenden gar nicht sehr typisch ... Der Unterschied zwischen gesprochen/geschrieben ist also groß, und er ist gerade für das Verstehen – da das Geschriebene so viel leichter mißverstanden wird – wichtig.

Zum Verstehen nehmen wir das Interpretieren (Auslegen) hinzu. Das Interpretieren ist nichts anderes als ein systematisiertes, sich selbst explizierendes Verstehen, und vor allem – dies ist wichtig – richtet es sich an einen *anderen:* es ist kommunikatives Verstehen. Wir reden hier also auch vom Interpretieren, von der Interpretation, wobei wir nicht verhehlen wollen, daß das (bildungssprachliche) Wort „Interpretation" etwas störend Anspruchsvolles hat, das wir hier *nicht* meinen: das Interpretieren ist uns hier nur das systematisierte, an einen anderen gerichtete Verstehen. Der schlichtere Ausdruck, der im Französischen üblich ist, wenn es um Texte geht, nämlich „explication" („explication de texte"), ist eigentlich angemessener: ein Text liegt vor, und nun wird er „erklärt", das heißt – hier kann man sich an das Etymon halten –: es wird einem *anderen* (denn Interpretation ist nicht monologisch – darin unterscheidet sie sich vom Verstehen) sukzessiv *entfaltet*, was in ihm ist oder – drastischer formuliert – in ihm *steckt* (*ex-plicare*, das Gegenteil wäre *com-plicare*, „zusammenfalten"). Übrigens bilden hier, im Zusammenhang der Interpretation, die Verben „erklären" und „verstehen", die Wilhelm Dilthey für die Grundlegung des Unterschieds zwischen Naturwissenschaften und Geisteswissenschaften folgenreich heranzieht, keinen Gegensatz: das Verstandene wird (einem anderen) *erklärt*, das Verstehen vollzieht sich zum Teil, präzisiert sich jedenfalls, im (einem anderen) *Erklären*, und das Erklären führt – im geglückten Fall – beim anderen zum *Verstehen*.

Obwohl das Verstehen und das Interpretieren sich auf sehr Verschiedenartiges beziehen *können* (wir müssen sogleich davon sprechen), bleiben Verstehen und Interpretieren von *Texten* gewiß, wie Heidegger gesagt haben würde, „ausgezeichnete" Weisen des Verstehens und des Interpretierens. Sie sind herausgehoben unter den übrigen als das Paradigma aller anderen Arten des Verstehens und Interpretierens: paradigmatisches Verstehen, paradigmatisches Interpretieren. Besonders gilt dies wohl für das Interpretieren, das ja eher auf *schriftlich* Fixiertes zielt, während das weniger systematische und implizitere Verstehen sich eher am *Mündlichen* orientiert. Doch soll uns dieser wiederum bemerkenswerte Unterschied zwischen mündlich und schriftlich – Gesprochenes als paradigmatisches Objekt von Verstehen, Geschriebenes als paradigmatisches Objekt von Interpretieren – jetzt nicht interessieren (es wäre darüber auch noch nachzudenken). Es ging für den Augenblick nur darum festzuhalten, daß das Verstehen von *anderem* als von Sprachlichem und das Interpretieren von *anderem* als von Texten etwas Abgeleitetes hat im Blick auf das Sprachliche und im Blick auf Texte.

Uns interessieren nunmehr die *Vorgaben* des Textes, also das, was schon da ist, *bevor* der Text entsteht. Wir werden, wenn wir diese Vorgaben kennen, genauer wissen, was ein Text *ist*, und auch, was es heißt, ihn zu verstehen. Was also ist, bevor der Text da ist, schon da?

Zunächst natürlich der Schreibende selbst. Er selbst mit seinen Bedingtheiten, den Bedingtheiten seines Wissens, seiner Intelligenz, seines Fühlens und Erfassenkönnens, seiner Geschichte. Sodann ist die jeweils spezifische Intention da, die der Schreibende mit dem Text verbindet: er will erstens etwas *sagen*, zweitens will er etwas *ausdrücken* von dem, was in ihm ist, also etwas, das hinausgeht über den bloßen Inhalt des Gesagten. Übrigens ist hier zu beachten, daß, auch wenn er dies nicht will, *unbewußt* vieles in seinen Text hineingeraten kann von dem, was in ihm ist. Drittens will er den Leser zu etwas *bewegen*. Wir übernehmen mit diesen Begriffen – etwas sagen, etwas von sich ausdrücken, zu etwas bewegen wollen – die Einteilung des Sprachtheoretikers und Psychologen Karl Bühler. Er unterscheidet in seiner 1934 erschienenen, noch immer aktuellen *Sprachtheorie* drei Funktionen des sprachlichen Zeichens:

Zunächst die „Darstellung". Sie meint, was wir meinten mit

„etwas sagen". Darstellung ist also dasjenige am Sprechen, was sich auf die außersprachliche Wirklichkeit bezieht. Es ist die – nicht in jedem einzelnen Fall, aber prinzipiell – wichtigste Funktion.

Dann der „Ausdruck", also das, was der Sprechende von sich selbst – über das Gesagte, über die „Darstellung" hinaus – ausdrückt, entweder bewußt oder unbewußt.

Schließlich der „Appell". Mit ihm meint Bühler das, was der Sprechende (oder, in unserem Fall, der Schreibende) *bewirken* will bei seinem Adressaten mit seiner Äußerung.

Dies ist also auch, zusätzlich zum Schreibenden, schon da *vor* dem Text: die Intention des Schreibenden im Sinne der „Darstellung", des „Ausdrucks" und des „Appells". Wobei wir nicht voraussetzen dürfen, daß die Intention schon vorher klar vorliege: sie ist dem Schreibenden allenfalls mit dem Text selbst präsent.

Es ist aber noch nicht alles. Der Schreibende will, indem er schreibt, in aller Regel auch einer bestimmten Tradition des Schreibens entsprechen. Man redet neuerdings von „Diskurstraditionen". „Diskurs" bezieht, wir sagten es, auch das Schreiben mit ein (der Begriff meint also durchaus nicht nur das Schreiben, er bezieht es aber mit ein). Was man zum Beispiel eine literarische Gattung nennt, ist natürlich eine Diskurstradition. Aber „Gattung" ist für unseren Zweck eben ein zu spezifischer, zu literaturfixierter Ausdruck; Gattung ist ein Sonderfall von Diskurstradition. Man könnte einfach auch von „Texttypen", „Textarten" oder „Textsorten" sprechen (der letztere Ausdruck hat sich in der Sprachwissenschaft leider ziemlich eingebürgert; er ist unglücklich, denn er ist unschön und vor allem unangemessen). Dies wäre also eine zusätzliche allgemeine Intention, die sich verbinden kann mit den drei von Bühler herausgestellten Funktionen, *in* demjenigen, der einen Text verfaßt. Er will sich einfügen in eine bestimmte Diskurstradition. Er muß es vielfach auch: in vielen Fällen, vielleicht in *allen*, muß man sich in seinen Äußerungen bestimmten Mustern einfügen. Für die schriftlichen Äußerungen, die Texte, gilt dies noch mehr als für die mündlichen.

Es gibt aber noch eine weitere, *spezifischere* Intention, die hierher gehört. Da geht es dann nicht nur um so allgemeine Entsprechungen, wie wir sie bisher mit „Textart" im Auge hatten. Man spricht in bezug auf solche spezifischen Intentionen, von „Intertextualität". Dies ist ein vielleicht nicht schöner, aber doch nützlich abstrahierender Ausdruck, ein Terminus und ein Begriff, den Julia Kristeva aufgebracht hat. Gemeint ist dies: wenn jemand schreibt, insbesondere wenn er in *literarischer* Absicht schreibt, hat er als Vorbild vielleicht einen ganz bestimmten Text oder mehrere ganz bestimmte Texte. Es kann ein positives Vorbild sein: so wie der Text X soll meiner auch sein. Oder aber ein negatives „Vorbild": so wie der Text X soll meiner gerade keinesfalls sein. Ein Beispiel: es ist klar, daß Nietzsche beim „Zarathustra" die Luther-Bibel vorschwebte, und zwar positiv und negativ.

Dies also sind zwei wichtige Kategorien, die zusammengehören und doch verschieden sind: Diskurstradition und Intertextualität. Sie gehören mit zu den Vorgaben des Textes. Und dies alles wird dadurch komplizierter, daß wir hier jeweils bewußte und unbewußte Anteile haben. Nicht alles von dieser Intention – Diskurstraditionentsprechung und Intertextualität – muß ja bewußt sein. Nie, ganz gewiß, ist hier *alles* in *jeder* Hinsicht bewußt. Montaigne: „Mit Wissen verdrehe ich kein Jota; mit meinem Nichtwissen – ja, das weiß ich nicht!" Wenn wir also „Intention" sagen, schließen wir immer mögliche *unbewußte* Anteile mit ein (es muß ja nun, hundert Jahre nach Freuds *Traumdeutung*, nicht umständlich dargelegt werden, daß es unbewußte Intentionen gibt).

Und nun die Vorgabe, die Voraussetzung der *Sprache*. Die Sprache des Schreibenden ist natürlich mit dem Schreibenden selbst schon da, und zwar so, wie er – gerade er – sie besitzt. Und beim Sprachbesitz – wirklich: es ist ein Besitz – muß man nun wieder unterscheiden zwischen dem *aktiven* Besitz, also den sprachlichen Elementen, die in den Äußerungen des Betreffenden *tatsächlich* erscheinen, und dem *passiven*, der erheblich umfänglicher ist und zu dem all das gehört, was jener sprachlich nachzuvollziehen vermag, auch wenn er es selten oder nie aktiv verwendet. Der Sprachbesitz eines Subjekts (Sprachbesitz ist *immer*, wir sagten es, der eines *Subjekts*) zeigt sich in seinen Äußerungen nie ganz, nie vollständig.

Eine weitere und letzte Vorgabe ist nun eben die, daß es um Texte geht, daß also der Schreibende *schreibt*, daß er sich nicht *mündlich* äußert, die Vorgabe, also, der Schriftlichkeit (hierüber – unter anderem – in dem Beitrag „Nietzsches kleine Stillehre").

Dies alles ist somit schon da, als Voraussetzung, *bevor* geschrieben wird: der Schreibende selbst; seine Intention im Sinne von „Darstellung", „Ausdruck", „Appell"; die Diskurstraditionen, die übrigens eine gewisse Sprachunabhängigkeit haben (literarische Gattungen zum Beispiel sind nicht an einzelne Sprachen gebunden); der Rekurs auf bestimmte andere Texte, die als positive oder negative Vorbilder fungieren, also „Intertextualität"; dann die jeweilige Sprache selbst (es können auch mehrere sein); schließlich die Tatsache, daß die Äußerung *schriftlich* erfolgt. Und die Komplexität, die dadurch entsteht, daß zu den bewußten Elementen unbewußte hinzukommen. Bereits hierin steckt die Möglichkeit, daß der Interpretierende *mehr* weiß, unter Umständen, als der, von dem der Text stammt. Der Verstehende, Interpretierende ist keinesfalls in jeder Hinsicht, was Verstehen und Interpretieren angeht, der Unterlegene…

Denken wir von hier aus noch einmal nach über den Begriff der Interpretation. Wir müssen uns hüten, hier nicht in eine *Sprachfalle* zu laufen. Diese besteht darin, daß in unserer Bildungssprache der Begriff der Interpretation sehr weit und sehr diffus verwendet wird. Es gibt Interpretationen der verschiedensten Art. Natürlich könnte und müßte man sich fragen, ob da etwas Gemeinsames ist, das all dies in sich so verschiedene Interpretieren verbindet. Nennen wir Beispiele!

Wenn jemand einen Text vorträgt, vorliest oder rezitiert, interpretiert er natürlich diesen Text. Wir alle kennen dies: man muß richtig betonen, zum Beispiel. Überhaupt „betonen": allein im „Betonen" beim Vorlesen und Rezitieren steckt Interpretation, daher gibt es falsches Betonen, womit nicht gesagt ist, daß es in jedem Falle nur *ein* richtiges Betonen gebe (eben weil darin schon Interpretation ist). Vorlesen, Rezitieren ist *auch* Interpretation, und doch ist es etwas ganz anderes als das, was ein Literarhistoriker tut, der einen literarischen Text „interpretiert" oder „auslegt". Dann die Interpretation einer Rolle in einem Theaterstück; ein faszinierendes und eigentlich seltsames Phänomen: Wort für Wort steht fest, was gesagt wird. Und doch kann man eine Rolle so oder so „anlegen" (gehen wir einmal von der altväterlichen Annahme aus, daß die Inszenierung am Wortlaut selbst nichts ändert, nichts wegläßt oder gar hinzufügt). Was immer Philipp II. im *Carlos* sagt, steht fest, es ist insofern immer dasselbe – und doch: wie verschieden kann diese Figur je nach dem „Darsteller", nach dem, wie er sie „anlegt", *wirken*! Hier haben wir Interpretation als Verkörperung, die einerseits wirklich Interpretation ist, aber doch offensichtlich etwas ganz anderes als das, was uns interessiert.

Dann die Interpretation eines Musikstücks. Man sagt hier: es wird „zu Gehör gebracht". Eine etwas umständliche, kanzleihaft klingende Wendung, die aber ihren Sinn hat: etwas ist schon da, vollgültig, und wird nun – zusätzlich – zu Gehör gebracht. Gerade hier redet man ja in einem besonders emphatischen Sinn von „Interpretation"; zelebrierende Interpretation mit einer Aura von Feierlichkeit. Umgekehrt kann Musik interpretieren, ihrerseits also zum Subjekt eines Interpretierens werden: Bachs h-moll-Messe enthält ohne Zweifel eine – musikalische – Auslegung des Glaubensbekenntnisses.

Sodann kann man ein Bild interpretieren, eine Plastik, ein Bauwerk; man kann Gebärden interpretieren, die Gestik und Mimik von Menschen (in gewissem Sinn wohl auch von Tieren); ein Erröten kann man interpretieren. In Martin Walsers *Ohne einander* (1993) heißt es an einer Stelle: „Als der Prinz, der die Konferenz immer als erster verließ, an Ellen vorbeiging, sagte er zu ihr: Nicht weinen, Ellen! Es war klar, daß der Prinz nicht meinte, sie weine. Er hatte lediglich das Taschentuch in ihrer Hand mutwillig interpretiert" (S. 22). Auch der Arzt mag gewisse körperliche und seelische Erscheinungen als Symptome interpretieren, und wieder haben wir da doch wohl etwas sehr anderes als das, was uns interessiert. Oder man interpretiert Wolken im Blick auf das kommende Wetter. In diese Falle der Sprache also sollten wir nicht gehen. Offensichtlich bezeichnet unsere Sprache mit ein und demselben Wort – was sie oft tut – sehr Verschiedenes, auch wenn wir konzedieren, daß eine Gemeinsamkeit, ein gemeinsamer Nenner, eine „Familienähnlichkeit", wie Wittgenstein sagte, besteht: Horowitz tut, wenn er die h-moll-Sonate von Liszt interpretiert, etwas ziemlich anderes als das, was ein Literarhistoriker zu tun versucht, wenn er ein Gedicht interpretiert, und doch ist da etwas Gemeinsames.

Hier ist nun emphatisch hinzuweisen auf die spezifische Genauigkeit der *sprachlichen* Äußerung. Von all den Äußerungen, die zum Gegenstand einer Interpretation gemacht werden können, ist die *sprachliche* die genaueste. Gewiß, man redet auch im Hinblick auf Musik gelegentlich von einem „Sprechen". Aber dies ist nur metaphorisch akzeptabel. Es wäre interessant, darüber nachzudenken, inwieweit ein Musikstück redet oder reden kann (das Thema ist weder für die Musikkritik noch die Musikwissenschaft neu: es wäre aber auch sprachwissenschaftlich anzugehen!). Joachim Kaiser hat von den späten Beethoven-Klaviersonaten als „philosophischen Sonaten" gesprochen, was ja Sprachlichkeit oder doch Sprachnähe impliziert. Es ist ein gewagter Ausdruck, aber er ist nicht von der Hand zu weisen. Bei Beethoven (und nicht nur bei ihm) kommt die Musik immer wieder in die Nähe des Redens, und in einem gewaltigen Falle, in der Neunten, bricht sie ja geradezu ins Reden aus, und zwar indem sie sich bereits auf sich selbst als auf ein Quasi-Sprachliches bezieht: „O Freunde, nicht diese Töne…" Wir wollen hier aber nur dies sagen: in all diesen Fällen von einem „Sprechen" zu reden, ist *nur metaphorisch* legitim. So genau wie das Sprachliche ist das Reden, metaphorisch verwendet, bei all den *anderen* genannten Äußerungen nicht. Daß also die sprachliche Äußerung von allen anderen die genaueste ist oder doch (darauf kommt es an) sein *kann*, ist in doppelter Weise wichtig. Erstens können Äußerungen in anderem Medium als dem sprachlichen *nie so genau* sein. Zweitens, umgekehrt, ist es dann natürlich so, daß eine sprachliche Äußerung nie so unbestimmt sein kann wie etwa eine musikalische; sie kann nie so bedeutungsoffen sein.

Bernard Lonergan, ein Theologe, definiert „Interpretation" so: „Interpretation ist das Ausdrücken der Bedeutung von etwas schon Ausgedrücktem", „an interpretation is the expression of the meaning of another expression". Also: da ist etwas Ausgedrücktes, in unserem Fall ein *Text;* dieser Text hat Bedeutung. Aber eigentlich ist es falsch, es so zu formulieren (wie es in der Regel geschieht): der Text *hat* nicht Bedeutung, er *ist* Bedeutung – oder genauer, im Anschluß an das zuvor Gesagte: er hat nicht Sinn, er *ist* Sinn. Es ist ja nicht so, daß ein Text unter anderem auch noch Sinn hätte oder Bedeutung (Gerold Prauss spricht einleuchtend von der „Täuschung, als ob das, was selbst Bedeutung *ist,* das Zeichen, dasjenige wäre, was Bedeutung *hat* – und damit eben *zusätzlich* und *außerdem* noch hat"; *Die Welt und Wir,* Band I, 1990, S. 53). Es ist also so: die Bedeutung des (vom Autor) Ausgedrückten wird erneut ausgedrückt (durch den Interpretierenden); also eine Doppelung – etwas schon Ausgedrücktes wird noch einmal ausgedrückt, aber so, daß der Adressat des zweiten Ausdrückens, dem auch das erste vorliegt, es nunmehr versteht. Josef Pieper, der Lonergan zitiert, erläutert: „Eine sinnhaltige Äußerung gültig interpretieren bedeutet, das von dem Sich-Äußernden Gemeinte ermitteln, das heißt: verstehen und es weiter vermitteln, das heißt: verständlich machen" (in: *Wohin geht die Sprache?,* H.-M.-Schleyer-Stiftung, 1989, S. 22).

Interpretation ist also, dieser Bestimmung zufolge, der Versuch der Rekonstruktion der Intention dessen, was beim Autor *hinter* – oder besser zeitlich – *vor* dem Text war: Rekonstruktion dessen, was er sagen *wollte* (bewußt und unbewußt), was er ausdrücken wollte (bewußt und unbewußt) von sich selbst zusätzlich zum (im Sinne der Bühlerschen „Darstellung") Gesagten, was er erreichen wollte (bewußt und unbewußt) beim Leser (im Sinne des Bühlerschen „Appells") und was für einen Text er schreiben wollte (im Sinn der „Diskurstradition" und der „Intertextualität", wiederum bewußt und unbewußt).

Von hierher ergibt sich nun die eigentümliche Schwierigkeit, auf die man hier immer stößt (jedenfalls theoretisch): die Bedeutung, die der Text *ist* (also nicht *hat*), kann erstens das sein, was der Autor sagen wollte; dann wäre die Interpretation die Rekonstruktion – in dem eben angedeuteten komplexen Sinne – der Intention des Autors, seiner bewußten und seiner unbewußten Intention; zweitens kann die Bedeutung, die der Text *ist*, aber auch sein, was der Autor *faktisch* äußerte. Und das faktisch Gesagte kann *mehr* sein oder auch *weniger* als das Gemeinte. Es gibt da eine Überschüssigkeit oder, unter Umständen, auch eine „Unterschüssigkeit" des Textes gegenüber der Intention. In diesem – gewiß interessanteren – zweiten Falle wäre die Interpretation nicht die Ermittlung des Gemeinten, sondern die Eruierung des faktisch Gesagten. Beide Begriffe von „Interpretation" sind sinnvoll.

Wichtig ist aber vor allem dies: auf die Frage „was wurde gemeint?" kann nicht verzichtet werden. Es muß geklärt werden, im Sinne einer sorgfältigen Rekonstruktion, was der Autor, der „Vater" des Textes, um mit Platon zu sprechen, *gemeint* hat mit diesem Text, welche Voraussetzungen *hinter* dem Text stehen. Hier können die Gesichtspunkte hilfreich sein, die wir im Blick auf die Vorgaben eines Texts genannt und gekennzeichnet haben: der Schreibende mit seinen Bedingtheiten, Darstellungs-, Ausdrucks-, Appellintention, Diskurstradition, Intertextualität, Sprache, Schriftlichkeit.

Ein Weiteres, das hinzukommt, wird oft übersehen: es ist die Materialität des Textes. Sie ist bei einem literarischen Text von Gewicht. Ein literarischer Text will nicht nur etwas sagen, manchmal, besonders in der modernen Dichtung, will er dies vielleicht gar nicht (vgl. S. 102–103); er will auch (und zuweilen vor allem) etwas *sein*; und er *ist* in der Tat etwas, rein materiell, er ist nicht nur seine Bedeutung. Oder: er *hat*, neben der Bedeutung, die er *ist*, auch noch etwas: das nämlich, was er in seiner Materialität *ist*. Hier liegt ein wichtiger Unterschied zwischen dem wissenschaftlichen Reden, das im Idealfall völlig transparent ist auf seine Bedeutung hin, und dem dichterischen, allgemeiner: dem literarischen Reden, das sich auszeichnet durch materielle Dichte, Opazität (vgl. S. 105, 111).

Es ist gar kein Zweifel, daß die schriftliche Äußerung, auch die genau überlegte, *gefährdeter* ist als die mündliche, gefährdeter, weil der Interpretation, *verschiedener* Deutung, *verschiedenem* Verstehen offener. Erinnern wir an die Einwände Platons gegen die Schrift, wie er sie im *Phaidros* darlegt oder darlegen läßt durch Sokrates: die Schrift führt zu einer Schwächung des Gedächtnisses, und zwar gerade weil sie das Gedächtnis „stützt"; es ist eben die Stützung, die schwächt; wirkliche Belehrung ist nur dialogisch möglich: der Belehrte kann zurückfragen, der Lehrende auch; nur mündlich ist wirkliche „Rückkoppelung" möglich; das Geschriebene hingegen zeichnet sich durch eigentümliche „Stummheit" aus, es wiederholt gleichsam immer nur sich selbst. Platon sagt es so anmutig wie deutlich: „Denn dies Schlimme hat doch die Schrift, Phaidros, und ist darin ganz eigentlich der Malerei ähnlich; denn auch diese stellt ihre Ausgeburten hin als lebend, wenn man sie aber etwas fragt, so schweigen sie gar ehrwürdig still. Ebenso auch die Schriften: du könntest glauben, sie sprächen, als verständen sie etwas, fragst du sie aber lernbegierig über das Gesagte, so bezeichnen sie doch immer wieder nur ein und dasselbe" (274 b 1). Zudem gerät das Geschriebene – für Platon sehr wichtig – leicht in die falschen Hände, in die Hände solcher, für die es nicht gedacht ist und die es nicht verstehen können oder es falsch verstehen, was auf dasselbe hinausläuft. Kurz: über Geschriebenes, durch bloßes *Lesen* entsteht kein wirkliches Wissen, sondern Scheinwissen...

Wichtig sind (für unseren Zusammenhang) besonders diese Punkte: Unmöglichkeit der Rückkoppelung (weder der Schreibende noch der Lesende können den „Hörenden" oder „Redenden" fragen; es gibt weder ein „Verstehst du, was ich meine?" noch ein „Was meinst du damit?"); dann die, wie sich durchaus sagen ließe, eigentlich unmenschliche repetitiv autistische Stummheit des Texts (man stelle sich nur einmal vor, ein wirkliches Gegenüber verhalte sich so und sage nur immer wieder dasselbe), wobei der Vergleich mit der Malerei eigentlich hinkt, denn diese *ist* ja keineswegs nur und nicht einmal primär Bedeutung, und häufig ist sie dies kaum oder gar nicht (was bedeuten Cézannes „Junger Mann" oder dessen langer Arm?), aber Platon meint ja den *Schein* der Malerei, ihre Wirklichkeits- und Lebensvortäuschung (man glaubt, einen Lebenden zu erblicken, der einem antworten, mit dem man also *reden* könnte, er ist aber unlebendig, seine Lebendigkeit ist purer, wenngleich unter Umständen überaus schöner Schein: der Passus sagt viel aus über die Platon zeitgenössische griechische Malerei; offensichtlich war sie „realistisch"); dann die Unbeherrschbarkeit des Geschriebenen, die Druck und andere Möglichkeiten der Vervielfältigung – freilich sind sie alle nur ein potenziertes Abschreiben – ins Unausdenkbare steigern (Unbekanntheit des Adressaten – es kann genau der Falsche sein –, Fehlen der gemeinsamen äußeren und inneren Welt, derer sich die Unterredenden hinsichtlich des Inhalts und Zwecks des Gesagten versichern können, ja, sie können eine gemeinsame Welt *herstellen*, und jeder weiß, wie wichtig *diese* Gemeinsamkeit für ein Gespräch ist). Schließlich, was Platon nicht sagt: das äußerst problematische *Eigenleben*, das Texte, so unlebendig sie zunächst scheinen, gewinnen können: in den Köpfen derer, die sie lesen oder denen man sie interpretiert. Sie leben ja nicht in sich selbst (in sich selbst sind sie tot), sondern nur in den Köpfen derer, denen sie „vorliegen". Aber vielleicht meint Platon eben dies mit seinem letzten Punkt.

Es sollte aber – trotz allem – gerade hier nicht vergessen werden, daß man sich nicht nur schreibend und lesend, sondern auch redend, sich gegenüberstehend und sich gegenseitig sehend mißverstehen kann. Die sicherste Übereinkunft ist die schweigende. Auch da ergeben sich aber Schwierigkeiten. Selbst Schweigen ist keine Garantie.

Die Verstehensgefährdung also durch Schriftlichkeit, die spezifische Schwierigkeit, die der *Text* – im Unterschied zum dialogischen Austausch „von Angesicht zu Angesicht", „face to face" (eigentlich ist diese terminologische Wendung der Linguistik ein biblischer Ausdruck: 1. Kor. 13, 12) – mit sich führt, mit Sicherheit zu ermitteln, was der Autor im Sinne von „Darstellung", „Appell" und „Ausdruck" meinte, dann nämlich, wenn man ihn nicht mehr fragen kann. Übrigens mag sich auch der Autor selbst, der „Vater" des Texts, täuschen (Väter – und Mütter – täuschen sich oft). So ist auch die Auskunft von Vater oder Mutter keine unfehlbare Hilfe (eigene Texte können einem beinahe so fremd werden wie Kinder).

Aber dies ist nur die *eine* Seite der Schwierigkeit, einen Text zu verstehen: es geht ja nicht bloß um die Schwierigkeit oder, unter Umständen, Unmöglichkeit der sicheren Rekonstruktion des Gemeinten. Wir müssen, nach dem Gesagten, überhaupt zwei prinzipiell verschiedene Bedeutungen unterscheiden: diejenige, die *der Autor selbst* (bewußt/unbewußt) verbindet oder verband mit seinem Text, und diejenige, die in gewissem Sinn *unabhängig* ist von ihm oder sein kann in dem, was er schrieb.

Also, sagen wir, die A-Bedeutung, diejenige des *Autors*, die Autormeinung, die anzusetzen ist unabhängig von der Möglichkeit ihrer Rekonstruktion (denn es kann faktisch unmöglich sein, sie zu rekonstruieren), und die O-Bedeutung, die *objektive*, die sich aus dem *tatsächlich* Gesagten, dem Verstehen ergibt und die freilich das Prädikat „objektiv" nicht in *jeder* Hinsicht verdient, weil sie ja wiederum Subjektivität voraussetzt: diejenige nämlich des Interpretierenden, wie sich dies in der bekannten (oft als zudringlich und als vorlaut mißbilligten) Frage niederschlägt: was sagt uns dieser Text? Wobei das „uns" zu betonen wäre, denn ohne „uns" würde der Text das ihm Unterstellte nicht sagen: er sagt es dann eben *uns*, unter Umständen gar *nur* uns. Text ist nun einmal gebunden an produzierende und rezipierende Subjektivität: er ist nie objektiv.

Es wäre also falsch zu meinen, man habe einen Text in jeder Hinsicht verstanden, wenn man seine A-Bedeutung rekonstruiert hat (einmal vorausgesetzt, dies sei überhaupt möglich: es *ist* natürlich, trotz der genannten Schwierigkeiten, weithin möglich). Etwas wie die O-Bedeutung gibt es tatsächlich. Neue Situationen, neue Gegebenheiten können – für die Subjektivität des Verstehenden – in einem Text neuen Sinn wecken: „neu" nicht nur in dem Sinn, daß da etwas vergessen worden war, sondern auch in dem Sinne, daß er *dem Autor selbst*, wäre er mit ihm konfrontiert, neu wäre. Die schöne (gar nicht so gemeinte) Äußerung beim Wiederlesen eigener Texte – „Possible que j'aie eu tant d'esprit?" – gewinnt, so gesehen, neue Qualität, denn wirklich unterstellt die überraschte Frage unter Umständen Unzutreffendes: soviel Geist hatte der Autor vielleicht tatsächlich nicht. Vielleicht hat er ihn wirklich erst jetzt: als Verstehender seines eigenen ihm nun mehr oder weniger entfremdeten Produkts. Ein Text kann mehr und anderes sagen als das, was sein Autor sagen wollte oder zu sagen glaubte. Der Sinn des Textes kann seinen Urheber übersteigen – auch an Klugheit.

Der Autor kann also erstens tatsächlich etwas anderes gesagt haben als das, was er zu sagen glaubte. Da man ihn nicht fragen kann, kann er sich nicht präzisieren oder korrigieren. Zweitens kann eine neue Situation, vor der erst spätere Leser stehen, seinem Text neuen Sinn geben; sie kann ihn hervorrufen, „produzieren".

Drittens gibt es, wovon noch nicht die Rede war, ein weiteres Textverstehen: eines, das aus der Kenntnis der Sache kommt, die in Rede steht, und ein bestimmter Leser kann die Sache *besser* verstehen in ihrer Komplexität (oder auch Einfachheit) als der Autor. Man versteht dann den Text, weil man das Problem kennt, mit dem der Autor ringt. Dies ist besonders bei wissenschaftlichen oder philosophischen Texten und Lesern häufig. Dafür ein Beispiel.

Walter Schulz berichtet von einem Gespräch, seinem ersten, mit Martin Heidegger, Herbst 1954, in der „Hütte" in Todtnauberg. Es ging um einen Aufsatz von Schulz über Heideggers „philosophiegeschichtlichen Ort"; dieser Aufsatz hatte zu der Einladung geführt. Heidegger, berichtet Schulz, „hörte schließlich einfach zu", was er offensichtlich, im Unterschied zu anderen Großen, gut konnte: er saß „sehr still und nachdenklich". Dazu nun Schulz: „Dabei hatte ich das deutliche Gefühl: Heidegger durchschaut das sehr viel besser als wir. Wir interpretieren (!) historische Texte und suchen sie zu verstehen (!). Heidegger hat dieselbe Sache wie diese Denker im Blick, und deswegen ist sein Zugang zu ihnen viel unmittelbarer – gar nicht ‚wirkungsgeschichtlich bedingt'." In der Erinnerung an ein späteres Gespräch mit Heidegger kommt Schulz auf jenes erste Gespräch zurück. Heidegger hatte das spätere Gespräch plötzlich unterbrochen, den Jüngeren am Arm packend: „Herr Schulz, wenn ich nachdenke, dann ist es manchmal so, als ob Heraklit danebensteht." „In diesem Moment", merkt Schulz an, „habe ich mich an mein erstes Gespräch mit Heidegger erinnert... Wieder war das Gefühl, aber nun verstärkt, da: Hier ist einer, der unmittelbar etwas sieht, was die anderen Großen auch gesehen haben" (W. Schulz, „... Als ob Heraklit danebensteht", in: *Erinnerung an Martin Heidegger*, Pfullingen 1977, S. 226, S. 228).

Diese Art von Verstehen also gibt es auch, und es gibt dieses Verstehen durchaus auch schlichter und *ohne* jenes auratische Element: man hat dasselbe Problem – und vielleicht schärfer und umfassender – im Blick als der Autor und findet von daher einen spezifischen Verstehenszugang zu seinem Text, der dann nicht primär eine Eruierung dessen ist, was da gesagt werden wollte. Das vom Autor „Gemeinte" (das Anvisierte) war dann zuvor schon im Blick, so daß man von hier aus sein Mühen versteht. Übrigens ist es bemerkenswert, daß Heidegger nur von einem – offenbar stummen – „Danebenstehen" Heraklits redet: warum sagt er nicht „als ob Heraklit mit mir redete"?

Schulz nimmt hier für sich selbst ein bloßes „Interpretieren" und „Verstehen" von Texten in Anspruch. Ihn interessieren diese „historischen Texte" im Zusammenhang mit sachlich systematischen Fragen, die sich ihm *jetzt*, hier und heute, wie man sagt – als durchaus nicht-historische – stellen. Er will durch sein Verstehen Probleme klären, die er sich nicht historisch, sondern systematisch stellt. Er redet darum nicht von einem historischen Verstehen von Texten, sondern von einem Verstehen „historischer Texte", solcher also, die in der Geschichte des Denkens und für das Denken überhaupt bedeutsam wurden und sind. Auch dies ist eine Form des Verstehens und Interpretierens, die nicht auf die bloße A-Bedeutung geht, diese aber doch – als Referenz – im Auge behält. Verstehen und Interpretieren unter systematischem Interesse: es ist eine vierte und faktisch (besonders für die Philosophie in ihrer heutigen „Situation") bedeutsame Möglichkeit von Verstehen und Interpretieren, die auf eine Art O-Bedeutung zielt und sich nicht auf die Rekonstruktion des vom Autor Gewollten, der A-Bedeutung, beschränkt. Andererseits ist aber die Rekonstruktion der A-Bedeutung auch gerade für diese Art von Verstehen unumgänglich, und zwar eben auf dem Hintergrund des Versuchs, zur O-Bedeutung zu gelangen. Also: A-Bedeutung und O-Bedeutung, dann ein Verstehen aufgrund von Vertrautheit mit der verhandelten Sache, schließlich ein systematisch interessiertes Verstehen von „historischen Texten". Prinzipiell gilt: die O-Bedeutung kann nur erarbeitet werden in Abhebung von der A-Bedeutung, um es nun bewußt schulmeisterlich zu sagen.

Es kommt uns aber gerade darauf an, die Berechtigung der klassischen Lehrer- und Philologenfrage zu retten: „Was wollte der Dichter sagen?" Sie ist immer wichtig, wenn es um Gedankliches oder um Einzelnes, um einzelne Stellen geht. Hinsichtlich eines ganzen Werks (was wollte Goethe mit dem *Werther*?) verliert sie an Interesse und auch an Sinn. In bezug auf den Denker aber ist diese Frage von noch größerem Interesse, denn seine Texte sind nur *Sinn* und kommen in ihrer Materialität kaum in Betracht. Auch Heidegger, auch Derrida wollen verstanden werden (herrisch sind sie nur, wenn es um andere geht). Eben dies geht auch bereits aus den Bemerkungen Platons hervor: „Ist sie (die Rede) aber einmal geschrieben, so schweift auch sie überall gleichermaßen unter denen umher, die sie verstehen, und unter denen, für die sie nicht gehört, und versteht nicht, zu wem sie reden soll und zu wem nicht. Und wird sie beleidigt oder unverdienterweise beschimpft, so bedarf sie immer ihres Vaters Hilfe; denn selbst ist sie weder sich zu schützen noch zu helfen imstande." Worauf denn auch Phaidros nur antworten kann: „Auch hierin hast du ganz recht gesprochen" (274 e). Könnten wir Sokrates etwas anderes sagen? Diese Worte zeigen klar, daß auch Platon voraussetzte, die Bedeutung einer Äußerung, eines Textes, sei dasjenige, was der Autor sagen wollte. Rekonstruktion des Gemeinten ist also unabdingbar. Bemerkenswerterweise ist ja denn auch kaum je ein Interpret so mutig zu sagen, was der Autor gemeint habe, interessiere ihn schlechterdings nicht. Jeder tut dann doch so, als rekonstruiere er das tatsächlich und subjektiv Gemeinte. Auch dies zeigt – indirekt – die Unabdingbarkeit *dieser* Rekonstruktion. „Die Heuchelei", sagt La Rochefoucauld, „ist eine Verbeugung vor der Tugend."

Freilich hat man gegenwärtig oft den Eindruck, daß die Interpretierenden – auch sogar die „philologischen" – an der Eruierung des Gemeinten wenig oder gar nicht interessiert sind. Gerade darum soll hier dem uneingeschränkten Recht und der unabdingbaren Notwendigkeit, auch der spezifischen Würde *philologischen* Interpretierens das Wort geredet werden. Ein Monument solchen Erklärens und Interpretierens sind zum Beispiel die eben erschienenen „Kommentare" zu Goethes *Faust* von Albrecht Schöne (Deutscher Klassiker-Verlag, Frankfurt 1994). Das Adjektiv „philologisch" paßt hier in seinem etymologischen Sinn: es müht sich erklärend und interpretierend einer, der die ihm vorliegende, von ihm gewählte – geschriebene – Rede *liebt*, wobei sich diese Liebe auch äußern kann – es ist eine ihrer Formen – als *Interesse*. Auch das Interesse ist ein Affekt. Man ist interessiert – und zwar ausschließlich (anderes Interesse wird bewußt und geradezu methodologisch suspendiert) – an dem, was in einem Text gesagt werden wollte. Man will ihn erklären von *seinen* Voraussetzungen, *seinen* Vorgaben her: ein Redendes wird zum Reden gebracht, zu *seinem*, dem von ihm selbst gewollten Reden. Der Interpretierende drängt sich nicht vor, stellt sich nicht, mit seinem *eigenen* Interesse, vor das Reden des Textes. Er will nicht, nach der Art gewisser Interpretationen Heideggers, „Denken bei Gelegenheit von Dichtung". Sein Denken – insoweit er interpretiert – gilt nur dem ihm Vorliegenden. Ein Text ist solchem Interpretieren nicht Prätext. Der philologisch Interpretierende will nicht primär selbst klug sein, indem er über Texte redet, sondern er stellt sich – mit dem Affekt des Interesses – einer ihm *vorgegebenen* Klugheit. Distanz, Kritik, auch Ablehnung schließt solche Haltung nicht aus. Nur eben zunächst und fürs erste die methodologische Suspendierung anderer Kriterien, anderen Wollens, die Reduzierung auf das pure „Was wurde da gemeint?", „Welches waren hier – im weitesten Sinn – die Vorgaben?"

Einen solchen Leser doch wohl, einen solchen ‚Versteher' und Interpreten, wünschte sich, an einer gewichtigen Stelle, kein anderer als Friedrich Nietzsche, auf den sich die Advokaten der Beliebigkeit, des „Perspektivismus", des „Interpretationismus" so gerne berufen: „ein guter Leser – ein Leser, wie ich ihn verdiene, der mich liest, wie gute alte Philologen ihren Horaz lasen" (*Ecce homo*, Kritische Studienausgabe Bd. 6, S. 305). Dies ist eindeutig. Nietzsche hindert dies freilich nicht, in diesem letzten Manuskript, das er für den Druck fertigstellte, einige Seiten später in bezug auf sein Augenleiden zu sagen: „Meine Augen allein machten ein Ende mit aller Bücherwürmerei, auf deutsch: Philologie: ich war vom ‚Buch' erlöst…" (S. 326). Es ist aber nicht notwendig ein Widerspruch. Und sein allerletzter Ruf – eine Frage, eine Antwort – lautet: „– Hat man mich verstanden? – *Dionysos gegen den Gekreuzigten*…". Diese Worte bilden signifikant einen ganzen Abschnitt, den neunten und letzten, des abschließenden Kapitels „Warum ich ein Schicksal bin" von *Ecce homo*. Der Fall Nietzsches zeigt, wie schwer es ist, verstanden zu werden. Niemand wurde wohl so gründlich – und so fatal – mißverstanden wie er.

Zur philosophischen Problematik der Interpretation: H. Lenk, Philosophie und Interpretation, Vorlesungen zur Entwicklung konstruktionistischer Interpretationsansätze, Frankfurt 1993, und die schöne „Einführung in die Hermeneutik" von H. Seiffert (Tübingen 1992); auch H. Ineichen, Philosophische Hermeneutik, Freiburg/München 1991.

Goya, Blatt Nr. 43 der „Caprichos" (1799): „El sueño de la razón produce monstruos".

Erste Vorzeichnung zu „Caprichos" Nr. 43; Gesichtszüge Goyas über
dem Schlafenden (und Träumenden).

Zweite Vorzeichnung. Zu den beiden Texten, im Blatt und darunter,
vgl. S. 156.

7. Ein Beispiel: ‚Schlaf' oder ‚Traum' der Vernunft?

Francisco Goyas berühmter Satz „El sueño de la razón produce monstruos" wird heute vielfach übersetzt mit „Der Traum der Vernunft gebiert (erzeugt) Ungeheuer". Wir wollen zeigen, daß diese Deutung dieses Satzes, der ja bereits ein Text ist, kaum zutrifft.

Der Satz findet sich in Goyas wohl bekanntester Radierung (technisch geht es um Radierung und Aquatinta; die Aquatinta war für Goya damals ein neues Medium): im Blatt Nummer 43 der „Caprichos" (vgl. S. 140). In dem Werbetext im „Diario de Madrid", 6. Februar 1799, spricht Goya von einer „Sammlung von Radierungen mit launenhaften, erfundenen Gegenständen...", „Colección de estampas de asuntos caprichosos, inventados...". „Capricho" – dieses (aus dem Italienischen kommende) Wort bezieht sich somit auf das Thematische: Themen, die einem wie Launen kommen. Sodann: diese Gegenstände sind „ersonnen", „ausgedacht", „erfunden", „inventados". Goya gebraucht den Hinweis darauf quasi als Entschuldigung: „Da der größte Teil der Gegenstände, die in diesem Werk dargestellt werden, nur der eigenen Vorstellung entsprang, wird es keine Verwegenheit sein zu vermuten, daß die Mängel dieser Gegenstände wohl auf Nachsicht unter den Verständigen treffen: sie werden sich sagen, daß der Urheber weder Beispielen anderer gefolgt ist noch, in diesem Falle, die Natur nachzuahmen imstande war." Die Motive gehören hier also zum Reich bloßer Vorstellungen („los objetos que en esta obra se representan son ideales" – es ist eine interessante, eher negative Bedeutung von „ideal": das bloß Vorgestellte, Ersonnene). Die rund 80 Graphiken der Serie „Caprichos" wurden in jenem Werbetext zum Verkauf angeboten in Goyas eigenem Haus; die Adresse könnte nicht sprechender sein: „Die Sammlung wird verkauft in der Straße der Enttäuschung Nr. 1, im Parfüm- und Likörladen...", „Se vende en la calle del Desengaño n. 1 tienda de perfumes y licores...". Enttäuschung also (ein Schlüsselwort der klassischen spanischen Welt), und mit Täuschung haben ihrerseits Parfüm und Likör einiges zu tun: hier waltet sprechender Zufall. Übrigens gebrauchen die Spanier ein Wort für Täuschung, nämlich *la ilusión,* heute rein positiv im Sinne von „Freude", „Lust", „Vergnügen" (zum Beispiel: „hemos trabajado con muchísima ilusión", „wir haben mit größter Freude gearbeitet"); die *desilusión,* die Ent-täuschung, hat also noch nicht stattgefunden; gerade dies ist die Voraussetzung der Freude – es ist psychologisch interessant...

Die Auflage der „Caprichos" betrug 300 Exemplare (sie blieb die einzige zeitgenössische); von ihr wurden 27 verkauft. Im Jahr 1803 verkaufte Goya die Druckplatten an die „Königliche Kupferstecherei", „Calcografía Real". Lag zumindest hierin nicht doch etwas wie ein Erfolg? Als einen solchen stellt Margret Stuffmann ihn heraus, auf deren Darlegungen in dem Katalog der Ausstellung im Städelschen Kunstinstitut, Frankfurt, wir uns beziehen (Goya. Zeichnungen und Druckgrafik, Städtische Galerie im Städelschen Kunstinstitut, Frankfurt a. M. 1981). André Stoll hingegen bemerkt, Goya habe sich veranlaßt gesehen, „sämtliche Druckplatten samt den 240 nicht verkauften Mappen Karl IV. auszuhändigen, damit er sie der Obhut der königlichen Kunstakademie San Fernando anvertraue" (Goyas Zylinder, Der ästhetische Genesisbericht der ‚Caprichos' und das Medienpublikum, in: Merkur, 46. Jahrgang, 1992, S. 236; Stoll selbst weist auf die Schwierigkeiten hin, mit Sicherheit zu sagen, ob die „Caprichos" nicht doch einen gewissen Erfolg hatten). Eine Neuauflage erfolgte jedenfalls erst 1855. Gleichzeitig oder kurz nach der Publikation sind zwei Kommentare zu der Sammlung geschrieben worden: das Manuskript des Prado (P) und der sogenannte Ayala-Kommentar (A), der 1887 in dem Buch des Grafen de la Viñaza, eines (auch für die Sprachwissenschaft) bedeutenden Kompilators, einer Monographie, publiziert wurde (Cipriano Muñoz y Manzano, conde de la Viñaza, *Goya. Su tiempo, su vida, sus obras,* Madrid 1887).

Die meisten der „Caprichos" haben kurze Titel oder Unter-
schriften, die sich durch Suggestivität, wenn auch nicht immer
durch Eindeutigkeit auszeichnen (aber Eindeutigkeit ist ja kein
Merkmal von Suggestivität). Die Graphik Nummer 43, die uns
interessiert, unterscheidet sich darin von den übrigen, daß in
ihr der Titel zum Bild selbst gehört: er ist in ihm. Dies kann
auch daran liegen, daß dieses Blatt zunächst als Titelblatt vorgesehen war. Aber dann könnte man immer noch sagen, daß es
Goya absichtlich so beließ (er hätte dies ja ändern können).
Wir sehen einen schlafenden, auf einen Tisch gebeugten Mann.
Das heißt: eigentlich wissen wir nicht ganz sicher, ob der Mann
schläft, obwohl eigentlich alles darauf hindeutet; träumen tut er
auf jeden Fall... Seine Stellung ist vergleichsweise unbequem.
Neben ihm und unter dem Gesicht und den überkreuzten Ar-
men, auf denen das Gesicht ruht, liegen Papier und zwei Stifte
oder Pinsel. Hinter ihm sind Eulen, zumindest neun an der
Zahl, sie fliegen auf ihn zu oder haben sich bereits neben ihn
gesetzt. Letzteres gilt vor allem von den beiden Eulen zu seiner
Rechten, von denen eine ein besonders sprechendes Gesicht
mit weit geöffneten Augen zeigt: man hat den Eindruck, daß
sie ihm einen weiteren, dritten Pinsel reiche (oder wegnehme?)
und zu ihm rede. Die daneben sitzende kleinere Eule scheint
die Szene mit interessiertem Wohlgefallen zu beobachten. Hinter den Eulen, zum Teil mit ihnen vermischt, nähern sich
zumindest fünf Fledermäuse, darunter eine riesengroße. Das
Unheimliche wird nun dadurch gesteigert, daß jene Tiere sich
nähern: sie kommen herbei, der Schlafende wird von ihnen be-
drohlich eingekreist. Es ist da etwas wie ein Sog. Hinter seinen
Lenden duckt sich eine schwarze Katze. Links vom Schlafenden, zu seinen Füßen, also auf der rechten Seite der Graphik,
liegt aufgereckt ein Luchs, hellwach, mit weit aufgerissenen Augen. Vielleicht dürfen wir zunächst feststellen, daß es sich gar
nicht um eigentliche Ungeheuer handelt, abgesehen von der
Übergröße der Fledermäuse. Wir haben hier keineswegs Breug-
helartige Monstren. Es sind jedoch insgesamt – dies ist wichtig
– Nachttiere. Der Titel, also der berühmte Satz, steht auf der
uns zugewandten Seitenwand des Tisches oder des Kastens

oder auch auf dem Tuch, das von dem Tisch herunterhängt, auf dem der Kopf des Schlafenden und seine Arme ruhen.

Bild und Text kommentieren sich wechselseitig. Freilich mit Unterschieden: der Text kommentiert, erläutert das Bild, gibt einen Hinweis darauf, wie es zu verstehen sei; das Bild hingegen erläutert den Text in der Weise, daß es ihn *illustriert;* es setzt ihn ins Bild, verwandelt ihn in ein solches und zeigt *konkret* – und illustriert insofern –, was der Text sagt. Die Frage ist, was in einem solchen Fall zuerst war: der Text, der illustriert werden wollte, oder das Bild, das seine Erläuterung suchte. Im Falle dieser Graphik ist wohl zu sagen, daß der Satz zuerst da war. Es könnte aber auch sein, daß etwa ein wilder Traum vorausging, der nach Darstellung verlangte in Verbindung mit jenem – schon irgendwie im Erleben vorhandenen oder gar irgendwo gehörten oder gelesenen – Satz. Der Fall ist jedenfalls hier ganz anders als bei Bildern mit festen, vorgegebenen Motiven – etwa „Flucht nach Ägypten“, „Verkündigung“, oder auch „Gewitterlandschaft“ und „Badende“ –, bei denen die Freiheit des Künstlers sich darin zeigt, *wie* er das schon vielfach behandelte Thema spezifisch gestaltet. In unserem Falle hat also der Text eine andere, ungleich wichtigere, ja, entscheidende Funktion: was hier vorliegt, ist „philosophische“ Graphik, Gedankengraphik. Ihr „philosophischer“ Charakter zeigt sich gerade auch in ihrer Sprachnähe: sie enthält Sprachliches, und das Sprachliche gehört ihr nicht nur am Rande zu. Insofern ist es bedeutsam, daß der Satz *in* der Graphik selbst ist, nicht *unter* oder *über* ihr als ihr bloßer Titel, der unter Umständen lediglich der Identifizierung dient. Übrigens muß prinzipiell damit gerechnet werden, daß ein solcher Titel auf eine falsche Fährte zu bringen sucht. Dergleichen kommt vor, und dies kann auch für andere Äußerungen gelten, die zu einem Bild vorliegen, in unserem Fall zum Beispiel für den Werbetext, aus dem wir zitierten. Der Hinweis, in der Tat, auf den „idealen“, also unwirklichen, bloß „ersonnenen“ Charakter der dargestellten Gegenstände kann verstanden werden als eine Schutzbehauptung gegenüber denen, die hier Angriffe auf reale Personen und Institutionen witterten, gegenüber der Zensur.

Was nun jenen Satz angeht, ist es so, daß die spanische Sprache zwei verschiedene Übersetzungen ins Deutsche erlaubt (das heißt: sie erlaubt sie mit einer bestimmten Einschränkung, auf die wir zurückkommen). Genauer wäre zu sagen: die spanische Sprache erlaubt diese verschiedenen Übersetzungen in *jede* andere Sprache, in denen die Inhalte „Traum" und „Schlaf" zwei getrennten Wörtern (genauer: Wortsignifikanten) zugeordnet sind. Im Spanischen sind beide Inhalte dem Signifikanten *sueño* zugewiesen. Historisch ist der Fall offenkundig: die lateinischen Wörter *somnus* „Schlaf" und *somnium* „Traum" (das auch übrigens schon „Torheit" bedeutete) sind im Spanischen zusammengefallen – vom Wortsignifikanten – nur von diesem – her gesehen, denn natürlich vermag jeder Hispanophone, jene beiden sachlich (gerade in ihrem Zusammenhängen) so klar geschiedenen Inhalte klar zu unterscheiden. Hier geht es um Homonymie: zwei Inhalte haben gleichsam zufällig – kontingent – denselben Signifikanten; es geht nicht um Polysemie, den Fall also, in dem einem und demselben Wort (es ist der Normalfall) mehrere Bedeutungen zugeordnet sind, die aber – nun gerade nicht kontingent – unter sich zusammenhängen, das heißt: vom Sprachbewußtsein als zusammenhängend erfahren werden. Die Hispanophonen präzisieren gelegentlich, auch alltagssprachlich, wenn Unklarheit entstehen könnte, *el sueño que sueño* und *el sueño que duermo,* also: der „sueño", den ich träume, und der „sueño", den ich schlafe. Wieder ein Beleg für Metasprachliches im Alltagssprachlichen! Fritz Schalk zitiert in seiner schönen Abhandlung „Somnium und verwandte Wörter in den romanischen Sprachen" (Köln, Opladen 1955, S. 8) den modernen Lyriker Pedro Salinas: „Dormir el mundo, el sol, / Las hormigas, las horas, / todo, todo dormido, / en el sueño que duermo / Menos tú, tú la única, / viva, sobrevivida / en el sueño que sueño…" Natürlich ist dies unübersetzbar: „Die Welt schlafen, die Sonne / Die Ameisen, die Stunden / alles, alles geschlafen, / in dem sueño, den ich schlafe / Außer du, du, die einzige, lebend, überlebend / in dem sueño, den ich träume…" Dies zeigt, daß auch im Spanischen beim Verbum, im Unterschied zum Substantivum, die Signifikanten

auseinandergehen: *dormir* „schlafen" und *soñar* „träumen",
und dies beweist die Homonymie der beiden Substantive. In
den übrigen romanischen Sprachen sind die Signifikanten auch
schon beim Substantivum verschieden: italienisch *il sonno*
„Schlaf", *il sogno* „Traum"; portugiesisch *o sono* „Schlaf", *o
sonho* „Traum"; katalanisch *el son* „Schlaf", *el somni* „Traum";
im Französischen haben wir gar zwei auf interessante Weise
differenzierende Wörter für den Traum: *le rêve* und *le songe, le
sommeil* dann für „Schlaf" (hierüber, freilich keineswegs vollständig und auch nicht überall zutreffend, Fritz Schalk in dem
genannten Aufsatz). Auf historisch kontingente Weise – es ist
halt so, es könnte auch anders sein – weicht hier also das Spanische nicht nur von den germanischen, sondern auch den romanischen Schwestersprachen, selbst den unmittelbar benach-
barten, dem Portugiesischen und Katalanischen, ab. Dieselben
Verhältnisse wie im Spanischen finden wir auch im Russischen:
son „Schlaf" und „Traum".

Wir kommen so zu zwei verschiedenen Bedeutungen des
Satzes. Bedeutung 1: Wenn die Vernunft einschläft, das heißt:
nicht wach bleibt, kommt es, im Inneren des Menschen und
dann unter Umständen auch außerhalb seiner selbst, also dann
auch für andere, zu Ungeheuern. Bedeutung 1 – dies ist nun
sehr wichtig – schließt den Traum keineswegs aus, sie schließt
ihn im Gegenteil gerade ein, denn das Schlafen ist die Bedingung der Möglichkeit des Träumens. Schlafen ist eben dies, daß
die Vernunft aussetzt, und das Träumen ist etwas wie ein vernunftloses, jedenfalls *partiell* vernunftloses Denken, ein Denken übrigens von dominant visuellem Charakter; träumen
heißt: etwas *sehen,* obschon das Hören, besonders das Hören
von Sprachlichem, nicht zu fehlen braucht; dominant aber ist
gewiß das „Denken" des Träumens visuell. Das altfranzösische
avison, etymologisch *ad+visionem,* also einfach „Anblick",
heißt „Traum": „Icele nuit sonja une avison oscure", „Jene
Nacht träumte er einen dunklen Traum" (Alexanderroman);
ein Beispiel erneut für Sprachkritik in dem Sinne, daß hier die
Sprache selbst gleichsam „kritisiert": sie würdigt, sie „versteht"
den Traum als ein Sehen, als Traumgesicht (vgl. S. 31 f.).

Das Schlafen des Menschen ist somit unter anderem – dies ist die Voraussetzung der Metaphorik – gerade das Schlafen seiner Vernunft. Natürlich impliziert dies eine bestimmte, eher *negative* Vorstellung des Träumens und des Traums. Das Träumen erscheint einerseits in seiner beunruhigenden und bedrohlichen Kraft als etwas Faszinierendes, mit dem zugleich Anziehenden und Abstoßenden, das zum Faszinierenden gehört oder gehören kann, andererseits aber als dominant (zumindest dominant) *negativ*. Wir sind hier weit entfernt von der in der Tradition von Anfang an hervortretenden *positiven* Einschätzung des Traums, nach welcher der Traum Möglichkeiten der Erkenntnis eröffnet, die dem Wachen nicht gegeben sind (so etwa, geradezu paradigmatisch, Pharaos Traum in der biblischen Genesis, 1. Mose, 41, oder der Traum Alexanders bei der Belagerung der Stadt Tyros: der tanzende Satyr – Deutung: sà Tyros, „Tyros ist dein"). Andererseits jedoch schließt unser Satz den positiv einzuschätzenden Traum ja nicht aus. Er redet nur von der Möglichkeit, der *Gefahr* von Ungeheuern *im* Traum und *durch* den Traum. Er sagt nicht, daß jedes Träumen zu Ungeheuern führen müsse. Insofern also wendet er sich *nicht* gegen jene Tradition; er blendet sie nur aus. Der Traum ist hier Metapher für eine von menschlichem Denken und Handeln bestimmte Welt, die sich der Herrschaft der Vernunft entzieht, sich ihr nicht aussetzt.

Ganz anders in der Bedeutung 2: Hier ist es die Vernunft selbst, die träumt, und die Ungeheuer ergeben sich aus solchem Träumen, wobei – dies ist *hier* die Voraussetzung – die Vernunft gewissermaßen auf eine nicht leicht nachzuvollziehende Weise sie selber bleibt. Das Unheil ist hier also nicht das Einschlafen der Vernunft, sondern ihr Träumen. Die Bedeutung 2 des Satzes schließt demnach das Schlafen aus; genauer (und vorsichtiger): sie redet nicht von ihm, läßt es aus dem Blick, spricht sogleich und ohne weiteres vom Träumen. Der Sinn, die Absicht von Bedeutung 1 sind offensichtlich. Alles kommt, zunächst für den einzelnen selbst, darauf an, daß die Vernunft wach bleibe; im anderen Fall ist – für den einzelnen, aber auch unter Umständen für die Gesellschaft – Vieles und Unheilvolles möglich; dafür stehen metaphorisch die „Ungeheuer" – sprachlich und im Bild. Die Metaphorik von Schlaf und Traum beruht auf der jedermann zugänglichen Tatsache, daß Traum Schlaf voraussetzt und Träume ungut sein können. Vernunft, also, immer und überall Vernunft, kein Abgehen von ihr, was ja nicht notwendig so zu verstehen ist, daß Vernunft für sich allein schon ausreiche. Es kann durchaus auch im Sinne der bloßen „condicio necessaria" gemeint sein, also: sie darf jedenfalls nicht fehlen. Bedeutung 1 impliziert keineswegs einen Absolutheitsanspruch der Vernunft; sie läßt offen. Sinn und Absicht von Bedeutung 2 sind nicht nur verschieden von denen von Bedeutung 1, sie sind *völlig anders:* Warnung vor einer sich der Wirklichkeit entfremdenden, gleichsam haltlos delirierenden, einer „durchdrehenden" Vernunft. Dies meint die Metapher vom Träumen *hier.* In welchen gedanklichen Kontext könnte die Bedeutung 2 sich einfügen?

Man mag zunächst in einem religiösen Sinne an eine Warnung denken vor einer sich selbst überlassenen, sich nicht leiten lassen wollenden Vernunft. Im Römerbrief führt Paulus eingangs aus, daß auch die Heiden, also die Nicht-Juden, die das Gesetz nicht haben, über Gotteserkenntnis verfügen oder verfügen *könnten:* „Denn was man von Gott weiß (gemeint: was *wir* von Gott wissen), ist ihnen offenbar; denn Gott hat es ihnen offenbart..." Paulus beruft sich hier auf die Welt selbst: die Betrachtung der Welt muß zur Erkenntnis der Gottheit Gottes führen. Dann heißt es: „Sie (die Heiden) wußten, daß ein Gott ist, und haben ihn nicht gepriesen als einen Gott noch ihm gedankt, sondern sind in ihrem Dichten eitel geworden, und ihr unverständiges Herz ist verfinstert. Da sie sich für weise hielten, sind sie zu Narren geworden..." (Römer 1, 19–22). Dafür, zum Beispiel, könnte das Bild des Traumes in der Bedeutung 2 des Satzes stehen: für das „eitel"-Werden des Denkens, das gerade diejenigen zu Dummköpfen macht, die sich für klug halten. In der Vulgata heißt es, möglicherweise klarer als bei Luther: „evanuerunt in cogitationibus suis, et obscuratum est insipiens cor eorum: dicentes enim se esse sapientes, stulti facti sunt". Aber eigentlich meint Paulus, recht besehen, doch gerade, daß solchen Herzen das „Licht" – also doch wohl eben Vernunft – fehle: er redet von einem „verdunkelten Herzen". Er setzt ja gerade voraus, daß auch die Heiden (und nicht allein die Juden, die „das Gesetz" haben) „unentschuldbar" seien („ita ut sint inexcusabiles"), wenn sie Gott nicht verehren. Diese Heiden verschließen sich dem Licht. Sie sind unvernünftig; daher die Verfinsterung ihrer Herzen. Bemerkenswert, daß Paulus in gleichsam aufklärerischer Metaphorik von seiner Sache spricht.

Ein anderes Beispiel. In dem Hymnus „Veni Creator Spiritus" heißt es in der dritten Strophe: „Accende lumen sensibus: / Infunde amorem cordibus: / Infirma nostri corporis / Virtute firmans perpeti". Hier wird also um Licht, und dies heißt doch wohl wieder gerade um *Vernunft* gebetet: den Sinnen möge das Licht (also Vernunft) gegeben werden und den Herzen Liebe, wodurch die auf Grund unserer Leiblichkeit gegebenen Schwächen durch die Kraft des Immerwährenden gestärkt würden. Also auch hier keine Warnung vor einer Vernunft, die auf sich selbst baute; dies wäre ja auch – unter den Voraussetzungen dieses Denkens – schiere Unvernunft. Mit diesen Hinweisen sollte nur angedeutet werden, daß sich die Bedeutung 2 unseres Satzes in die traditionell christliche Sicht, an die man zunächst denken mag, nicht ohne weiteres fügt.

Natürlich hat aber die Bedeutung 2 einen spezifischen Kontext, der sich *neuerdings* aufgetan hat: Utopiekritik, Kritik an exzessiven Systementwürfen, namentlich an solchen politischer Art, Kritik an bestimmten sich auf Vernunft, auf „kritische Vernunft" berufenden Absolutheitsansprüchen. Die Bedeutung 2 richtet sich also, wenngleich kaum im Sinne Horkheimers und Adornos, gegen die „Dialektik der Aufklärung", gegen das, was man sich angewöhnt hat, so zu nennen. Sie meint also Hegel und Marx und Lenin und Stalin, aus denen dann – wie einige verfinsterten Herzens sich selbst und anderen einzureden suchen – Hitler hervorging. Es wird argumentiert, all dies, also Hegel und die Folgen, somit Stalin und Hitler, sei unterzubringen unter „Traum der Vernunft", ja, noch mehr: diese Formel, Goyas Satz, sei dessen bündigste Kennzeichnung. Stalin und Hitler (und Hitler durch Lenin und Stalin produziert) – als Beispiele für exzessive Vernunft, für Vernunftexzeß. Es ist, muß man sagen, eine neue Sicht. Man sucht nach dem gemeinsamen Hitler-Stalin-Nenner und findet ihn eben hier: bei Francisco Goya y Lucientes, „Der Traum der Vernunft gebiert Ungeheuer".

In einer 1991 erschienenen, bewundernswert knappen Schrift von Joachim Fest *Der zerstörte Traum. Vom Ende des utopischen Zeitalters* lesen wir, bereits Kant habe von der „süßen Verlockung" gesprochen, „sich Staatsverfassungen auszudenken, die den Forderungen der Vernunft entsprechen" (S. 26; Zwischenfrage: war dies eigentlich von Kant so eindeutig negativ gemeint? Was jedenfalls wäre zu sagen gegen vernünftige Staatsverfassungen?). Fest legt dar, Thomas Morus selbst habe seine eigene „Utopia" – voller Titel: „De optimo statu rei publicae deque nova insula Utopia", 1516 – widerrufen: „er meinte, das Werk sollte besser verbrannt werden, ‚ehe die Leute, und sei es durch eigene Schuld, Schaden daran nähmen'. Als Motiv nannte er, was man später den ‚anthropologischen Grundirrtum' aller utopischen Konzepte genannt hat, ‚daß die Menschen nun einmal sind, wie sie sind'. Er fürchtete jenes Mißverständnis, das mit der Aufklärung um sich griff, wonach die Utopien nicht, wie etwa die Zehn Gebote auf moralischem Felde, als Maßstab und Belehrung zum richtigen Tun, sondern als politische Handlungsmaxime verstanden werden können. Ihn beunruhigte schon die Einsicht, die 300 Jahre später bei Goya in einem berühmten Kupferstich Ausdruck fand, daß die träumende Vernunft Ungeheuer gebäre. Die Aufklärung hat immer ein Doppelgesicht gezeigt. Sie vermachte der Welt die Begriffe und Regeln, wonach ein Gemeinwesen als ein System geordneter und kontrollierter Freiheit entwickelt werden kann. Zugleich aber hat sie den Trugschluß vorbereitet, daß die planende Vernunft alles bewerkstelligen könne: die Neue Ordnung und den Neuen Menschen" (S. 92). Vernunftexzeß also im Sinne eines unumschränkten rationalen Machbarkeitswahns, eines Omnipotenztraums – der Vernunft. Nur: wäre dergleichen vernünftig? Gibt es Unvernünftigeres als solchen Traum?

Man sieht: unser Satz steht in großem, aktuellem, wahrhaft postmodernem Zusammenhang – und zwar in seiner Bedeutung 2. Er ist da beinahe ein Glaubensbekenntnis, ein ernüchtertes vernunftskeptisches Credo. Thomas Morus soll also, 300 Jahre vor Goya, bereits gewußt haben, was dieser gar nicht gesagt hat... Lassen wir die eigentümliche Voraussetzung beiseite, Jahwe habe seine Gebote auf ein gleichsam politikfreies „moralisches Feld" bezogen. Lassen wir auch beiseite, daß Fest mit dem letzten Satz seiner Schrift, ohne dies zu wollen, seinerseits eine Utopie (und zwar eine gewaltige) formuliert: man müsse „auf einen Zustand setzen, der keine Utopie und doch nicht erfüllt ist: eine Welt, in der Menschen ohne politische Erlösungsversprechen und doch wie Menschen leben können". Ist nicht gerade dies auch eine Utopie? Ist es nicht, angesichts aller grausigen Wirklichkeit und aller grausigen Gefährdung der noch nicht grausigen Wirklichkeit, ein ungeheurer „Traum der Vernunft", auf eine Welt zu setzen, in der „Menschen wie Menschen" – sei es nun mit oder ohne „politische Erlösungsversprechen" – leben können?

Aber es sollte hier nur der nicht unerhebliche und alles andere als inaktuelle Zusammenhang angedeutet werden, in welchem die Bedeutung 2, die neuerdings unserem Satz gegeben wird, steht. Übrigens muß sie nicht immer in solchem Zusammenhang stehen. Sie tut es nicht, zum Beispiel, bei Margret Stuffmann im Katalog zur Ausstellung, 1981, im Städelschen Kunstinstitut. Auch dort lautet die Übersetzung, ohne jeden Kommentar, an dem es sonst keineswegs fehlt, so als wäre eine andere gar nicht möglich: „Der Traum der Vernunft erzeugt Ungeheuer". Beruhigend und erheiternd ist es, festzustellen, daß ausgerechnet im „Osservatore Romano", was Goya meinte, richtig herausgestellt wird. Hier hält man sich an die aufklärerische Bedeutung 1. In einem Aufsatz von Adam Michnik in „Le Monde" (1992) findet sich folgendes Zitat aus dem soliden Blatt des Vatikans: „Le spectre de l'intolérance rôde sur l'Europe. Il ne faut pas prendre à la légère même la plus menue manifestation du racisme, les synagogues profanées où les exhibitions de croix gammées... Trop de signes annoncent une pro-

153

chaine nouvelle éclipse de la raison. Tout particulièrement en Europe, où les expériences tragiques de l'histoire auraient dû nous apprendre à tous que, lorsque la raison dort, les démons naissent", „wenn die Vernunft schläft, erwachen die Dämonen". Man sieht: der Satz Goyas ist so präsent, daß er nicht einmal unter Namensnennung oder auch nur mit Anführungszeichen zitiert würde... Aber hier wurde er verstanden. Was spricht, von Goyas Intention her gesehen, gegen die Bedeutung 2?

Erstens die graphische Gestaltung der Radierung selbst. Sie deutet darauf hin, daß der Mann eingeschlafen ist: er träumt, insofern er *schläft,* und die Ungeheuer hinter und neben ihm stehen für die Inhalte seines Traums. Er ist nicht so dargestellt, als wäre es seine Vernunft, die hier träumte. Hätte Goya solches Träumen gemeint, wäre seine Darstellung ungeschickt. Was vorliegt im Bild, ist ein Schlaftraum, nicht das Phänomen, das wir Tagtraum nennen. Ein Tagtraum wäre besser und eigentlich ausschließlich geeignet, etwas darzustellen wie das Träumen der Vernunft. Wir bestreiten ja nicht, daß es etwas gebe, das so bezeichnet werden kann. Ein Denken, das sich träumend abhebt von der Wirklichkeit, das sucht, aus Bestandstükken der Wirklichkeit sich „Ideales" auszumalen. Der Tagtraum unterscheidet sich, nach Sigmund Freud, vom Schlaftraum dadurch, daß in ihm die Inhalte des Träumens nicht für die Wirklichkeit selbst genommen werden (*Vorlesungen zur Einführung in die Psychoanalyse,* 1916–1917, Studienausgabe Frankfurt 1969, S. 114f.). Freud redet auch von „Phantasien": „man halluziniert in ihnen nichts, sondern stellt sich etwas vor; man weiß, daß man phantasiert, sieht nicht, sondern denkt." Für den Schlaftraum, in der Tat, ist ja gerade dies kennzeichnend: seine Inhalte werden halluzinierend für die Wirklichkeit selbst genommen, es wird nicht unterschieden – hierin zeigt sich das Aussetzen der Vernunft – zwischen diesen Inhalten und der Wirklichkeit; es ist nicht schlechthin das Aussetzen des Denkens, wohl aber der Vernunft. Es fehlt, was Freud die „Realitätsprüfung" nennt. Diese ist im Tagtraum möglich und weithin gegeben, im Schlaftraum nicht. Unser Argument ist hier also, daß Goyas Bild klar auf einen Schlaftraum deutet. Dasselbe gilt für die beiden Vorzeichnungen, die der Graphik vorausgingen (S. 141–142). Schlafträumende Vernunft ist also per se unvernünftig: „Realitätsprüfung", die Unterscheidung von Wirklichem und bloß Vorgestelltem („Idealem", wie Goya sagt) ist erstes, unabdingbares Erfordernis von Vernunft. Deutung 2 unterstellt Goya ungeschickte graphische Darstellung: in dieser Positur geschieht nicht das Tagträumen der Vernunft. Wohl aber führt, wie man weiß, das Schlafen in solch unbequemer Positur leicht zu Träumen dieser Art.

Zweitens. Es gibt aber doch auch ein sprachliches Argument. Es ist nämlich nicht ganz zutreffend zu sagen, rein sprachlich seien, aufgrund der beiden Bedeutungen von *sueño*, sowohl Bedeutung 1 als auch Bedeutung 2 möglich. Wollte ein spanisch Sprechender Bedeutung 2 zum Ausdruck bringen, würde er dies nicht so sagen. Im Grunde ist die Behauptung, rein sprachlich seien beide Bedeutungen möglich, Produkt einer Analyse von außen, es ist die Analyse eines Fremdsprachigen. Der spanisch Sprechende würde die Bedeutung 2 etwa so ausdrücken: *en el sueño de la razón hay monstruos,* „im Traum der Vernunft sind (gibt es) Ungeheuer", oder auch: *el sueño de la razón está poblado de monstruos,* „den Traum der Vernunft bevölkern Ungeheuer". Im übrigen ist es – zugegeben – gar nicht so leicht, einen Hispanophonen, wenn er nicht Philologe ist, zu einer klaren Stellungnahme zu bringen. Dies liegt eben an der Nichtunterscheidung, von den Signifikanten her gesehen, der beiden Wörter. Und dann, natürlich, vor allem inhaltlich daran, daß, wie gesagt, in *jedem* Fall Traum, eigentlicher Traum, „el sueño que sueño", im Spiele ist, weil ja der Schlaf dessen Voraussetzung ist. Insofern ist die Bedeutung 1 die komplexere, wenngleich sie als die banalere, weniger aufregende erscheint.

Drittens. Die genannten beiden Vorzeichnungen zeigen ebenfalls einen schlafenden Mann. Es ist kein Zweifel, daß es sich um den Autor selbst handelt. Dieser erscheint in den definitiven ‚Caprichos' zweimal: erstens direkt, auf dem ersten Blatt, das mit dem berühmten Bild mit Hut (Zylinder!) und dem entschlossen skeptischen Ausdruck (Ayala-Kommentar:

„de gesto satírico"), dann zweitens eben – indirekt, nicht explizit – in unserer Darstellung, auf der das Gesicht nicht zu sehen ist. Unter einer, nämlich der zweiten Vorzeichnung (S. 142), heißt es direkt: „Der träumende Autor. Seine Absicht ist es lediglich, schädliche Allerweltsansichten zu verbannen und in diesem Werk ‚Caprichos' das solide Zeugnis von der Wahrheit fortzuführen", „El autor sonando. Su yntento solo es desterrar bulgaridades perjudiciales y perpetuar con esta obra de caprichos el testimonio solido de la verdad." Dies steht unter der Zeichnung; *in* ihr, an der Stelle, wo in der definitiven Graphik unser Satz steht, lesen wir: „Ydioma universal. Dibujo y Grabado pr F^{CO} de Goya ano 1797". Man wird zugeben, daß beide Texte, so undeutlich sie sind, nichts enthalten, was die Übersetzung von *sueño* durch „Traum" – also „Traum der Vernunft" – rechtfertigte. Im Gegenteil: es ist von Wahrheit die Rede und davon, daß unter den Gemeinplätzen gegen die *schädlichen* vorgegangen werden soll. Nicht leicht zu sagen ist, was mit „Universalsprache" gemeint ist: die Zeichnungen, die für sich selber und unabhängig von der Sprache sprechen? Die weite, ubiquitäre Verbreitung jener Gemeinplätze, von denen der Text unter der Zeichnung spricht? Der Gedanke einer – der Vernunft und nicht den Launen des geschichtlich Kontingenten gehorchenden – Universalsprache ist freilich ein Lieblingsgedanke des achtzehnten, des „philosophischen" Jahrhunderts, der sich im siebzehnten Jahrhundert vorbereitete. Er gehört zum Universalismus des französisch geprägten „siècle des lumières" und dann der Revolution.

Heranzuziehen wären hier auch die beiden genannten frühen Kommentare. Sie bringen nicht viel weiter, legen aber keinesfalls die Übersetzung „Traum" nahe: „Die von der Vernunft im Stich gelassene Phantasie bringt unglaubliche Ungeheuer hervor, mit ihr vereint jedoch ist sie die Mutter der Künste und der Ursprung ihrer Wunder" (P), „Die von der Vernunft verlassene Phantasie erzeugt Monstren, vereint mit ihr ist sie die Mutter der Künste" (A). Hier klingt ein neues Motiv an: Phantasie ist positiv, solange sie begleitet ist von Vernunft. Die Kommentare geben also einen interessanten Hinweis auf die Entstehungsbedingungen, in Goyas Sicht, von Kunst (oder aber diese Sicht wird ihm durch die Kommentare unterstellt): Phantasie ist notwendig, ohne Vernunft aber wird sie bedenklich. Offen bleibt, ob die „unglaublichen Ungeheuer", die die Phantasie ohne Vernunft erzeugt, etwa, rein künstlerisch gesehen, zu rechtfertigen seien. Freilich ist der Gedanke „rein künstlerisch" für Goya wohl kaum schon denkbar. Ins Visier gerät hier aber doch, ansatzweise, etwas wie die Autonomie des Künstlerischen, der (nach einem Wort Max Webers) „Eigensinn des Ästhetischen" (Hans Egon Holthusen nahm dies auf als Titel eines Buchs: *Vom Eigensinn der Literatur. Kritische Versuche aus den achtziger Jahren,* Stuttgart 1989). Der Traum würde in dieser Deutung metaphorisch stehen für die Produkte einer nicht mehr durch Vernunft begleiteten oder gezügelten Phantasie.

Kurz: all diese Texte sprechen für die Bedeutung 1. Dasselbe gilt für die Vorlage Goyas, nämlich „Alfabeto in sogno" von Giuseppe Maria Mitelli aus Bologna, 1683, das Hanna Hohl (als Vorlage Goyas) entdeckte: „sie (die Tiere) symbolisieren nun zugleich den ,Schlaf' der Vernunft und den ,Traum' als Inspiration und visionäre Schau", es gehe um die „Antinomie von ,fantasía' und ,razón', ,sueño' und ,razón'" (H. Hohl, Giuseppe Maria Mitellis „Alfabeto in sogno" und Francisco de Goyas „Sueño de la razón" in: *Museum und Kunst,* Beiträge für A. Hentzen, Hamburg 1970, S. 115).

Viertens. Schließlich ist überhaupt der aufklärerische Kontext von Goyas Denken zu sehen. Im Werbetext für die ,Caprichos' selbst tritt dies überdeutlich hervor, und es fehlt auch nicht der explizite Hinweis auf „Aufklärung", „ilustración", auch wenn dies Wort hier eher durch „Bildung" zu übersetzen ist: sein Ziel sei es, sagt Goya, „den Augen Formen und Verhaltensweisen vorzulegen, die bisher nur im menschlichen Geist existierten, insofern dieser verdunkelt und verwirrt war durch die Abwesenheit von Bildung (Aufklärung) oder erhitzt durch die Entfesselung der Leidenschaften", „exponer a los ojos formas y actitudes que solo han existido hasta ahora en la mente humana, obscurecida y confusa por la falta de ilustración o acalorada con el desenfreno de las pasiones". Obwohl dieser Text ohne Zweifel im Blick auf die Zensur geschrieben ist, bringt er zum Ausdruck, was Goyas Absicht war, nämlich „Kritik der menschlichen Irrtümer und Laster", „censura de los errores y vicios humanos". Man kann für die Zensur schreiben und dennoch seine Meinung sagen. Im übrigen sind jene Äußerungen gar nicht so sehr dazu angetan, die Zensur zu beruhigen. Sie haben sie ja auch, wie wir wissen, nicht beruhigt. Man kann das Gewicht dieser Äußerung nur dadurch beiseite schaffen, indem man postuliert, Goya habe hier in die Irre führen wollen (so André Stoll und übrigens auch schon Fritz Schalk, der ebenfalls – vorsichtig und ohne zu argumentieren – für „Traum der Vernunft" votiert; merkwürdig, daß ihn, den Philologen, dies so wenig interessiert). Paßt aber solche Irreführung zu Goya? Wäre es geschickt, wenn Goya hier (wegen der Zensur) so getan hätte, als sei er *für* Aufklärung, während er doch tatsächlich *gegen* sie war? Was konnte er sich von der Zensur versprechen, wenn er sich ihr gegenüber als Aufklärer ausgab? Warum sollte er, wenn er wirklich *gegen* die Aufklärung war, dies verbergen? Vor allem: ist Goya wirklich ein Aufklärungskritiker? Gewiß ist er nicht eindeutig einzuordnen. Wenn er aber einzuordnen ist, dann doch wohl in Richtung Liberalismus, Rationalität und eben „ilustración". Noch fast dreißig Jahre nach dem Erscheinen der „Caprichos", im Jahr 1827, erklärte die Professorenschaft der Universität Cervera – es ist eine herrliche, geradezu unwahrscheinliche Formulierung, und sie ist typisch für den geistigen Kontext, in dem Goya lebte –: „Ferne sei von uns die gefährliche Neuheit zu denken", „Lejos de nosotros la peligrosa novedad de discurrir" (Gaceta de Madrid, 3. Mai 1827; zit. bei Antonio Tovar, *Universidad y educación de masas*, Barcelona 1968, S. 40; Tovar erklärt hier zu Recht: „Die Aufklärung wirkte wenig in die spanische Gesellschaft hinein, und sie entfaltete sich in signifikanten Minderheiten, die aber wirklich winzig waren", „en minorías significantes, sí, pero minúsculas").

Fünftens. Eine vermittelnde These legt sich, wie meist in solcher Lage, nahe: Goya habe hier Zweideutigkeit gewollt. Er habe hier mit *einem* Satz zwei verschiedene, ihm in gleicher

Weise wichtige Wahrheiten ausdrücken wollen. Es ist eine „theoretische" Möglichkeit, sie ist aber in diesem Fall unwahrscheinlich. Man müßte, um sie zu erhärten, entweder Äußerungen Goyas selbst oder solche aus seiner Umgebung anführen können, die in die Richtung von Bedeutung 2 gehen. Aber muß man hier nicht weiter gehen? Man muß hier doch sehen und sagen, daß Goya die Bedeutung 2 nicht nur nicht gemeint hat, sondern daß er sie – von seinen Voraussetzungen her – schlechterdings nicht verstanden hätte. Wo finden wir denn, bei ihm selbst, in seiner Umgebung, Äußerungen, die voraussetzten, daß die Vernunft einerseits ganz sie selber bleiben – denn eben darum geht es – und doch träumen könne? Wie kann Vernunft träumen? Unter den *hier,* bei Goya, in *seinem* Bewußtsein, gegebenen Voraussetzungen wäre doch zu sagen: eine träumende Vernunft ist ein Widerspruch in sich selbst; Vernunft hört auf, Vernunft zu sein, wo sie träumt; Vernunft ist gerade die Abwesenheit des Träumens. Nur so konnte Goya dies – von seinen Voraussetzungen her – sehen. Vernunft ist ihm der hellwache, überaufmerksame Luchs in seinem Bild.

Goya sagt in diesem „Capricho", was in rätselhaften Versen noch entschieden später Eichendorff, der Romantiker, sagt, und zwar in dem schönen, merkwürdigen Gedicht „Zwielicht", das mit dem Vers „Dämmerung will die Flügel spreiten" anhebt, dann Unruhe und tödliche Bedrohung evoziert – „Hast ein Reh du lieb vor andern, / laß es nicht alleine grasen" – und mit drei Sätzen endet, die wie eine Warnung sind des Romantischen vor sich selbst: „Was heut müde gehet unter, / hebt sich morgen neugeboren. / Manches bleibt in Nacht verloren – / hüte dich, bleib wach und munter!" Man kann diese Worte nur schwer von Schumanns Musik (op. 39) wieder lösen, mit der sie sich verbunden haben in uns und die gerade an dieser Stelle im Sinne solcher Warnung insistiert... Darum also geht es: die Ungeheuer, die Dämonen, Produkte unseres Träumens, Tiere des Dunkels, sollen bleiben „in Nacht verloren". Das heißt: sie sollen verschwinden mit dem Tag, dem Erwachen, mit der Vernunft. Von der anderen Richtung her sagt Faust (im Zweiten Teil, Fünfter Akt, Szene „Mitternacht"): „Wenn auch Ein Tag uns klar vernünftig lacht / in Traumgespinst verwickelt uns die Nacht…"

Ein Beispiel zumindest für einen Schreckenstraum in eigentümlich präziser Schilderung findet sich auch schon im Alten Testament, im Buch „Hiob"; hier lesen wir in der ersten Rede des Elifas (4, 12–16): „Zu mir hat sich ein Wort gestohlen, / geflüstert hat es mein Ohr erreicht. / In Grübeln und bei Nachtgesichten, / wenn tiefer Schlaf die Menschen überfällt, / kam Furcht und Zittern über mich / und ließ erschaudern alle meine Glieder. / Ein Geist schwebt an meinem Gesicht vorüber, / die Haare meines Leibes sträuben sich. / Er steht, ich kann sein Aussehen nicht erkennen, / eine Gestalt nur vor meinen Augen, / ich höre eine Stimme flüstern…". Also: eine undeutliche Gestalt und eine undeutliche Stimme.

Sechstens schließlich eine schlichte, alltägliche, gleichsam nur eben vernünftige Überlegung. Unter einer träumenden Vernunft kann man sich gewiß etwas denken. Man träumt wachend, noch wachend oder gerade wieder wachend; man stellt sich, unter Wahrung des Vernünftigen, etwas vor: eine normale Phantasie (es muß ja nicht unbedingt eine erotische sein; diese ist aber wohl ein gutes Beispiel). Bei solcher Phantasie nun kommt es schwerlich zu Ungeheuern. Warum sollte vernünftige Phantasie sich Ungeheuer ausmalen? Solch willkürliches, vernunftgesteuertes und gezügeltes Phantasieren (denn es soll ja nach Bedeutung 2 die Vernunft sein, die träumt) hat doch Erfreuliches zum Gegenstand! Die Ungeheuer jedoch kommen von selbst, sie „erscheinen", sind plötzlich da, wenn die Vernunft sich entzieht, wie – unvermeidlich – im Schlaf. Schlaf ist Schlaf der Vernunft. Solcher Schlaf manifestiert sich im Traum, der ein vernunftloses, sich auf Halluziniertes beziehendes Denken ist. Und eben darum wird Schlaf für Goya zur Metapher – und in seiner Radierung zum Bild – für Vernunftlosigkeit *außerhalb* des Schlafs. Die Deutung von *sueño* als „Schlaf" schließt ja dann keineswegs aus, daß dieser Schlafende zum Beispiel ein Melancholiker oder ein Verzweifelter sei. Sie schließt auch die unterstellte Kritik am rationalen Machbarkeitswahn nicht aus, denn auch dieser ist ja „Schlaf der Ver-

nunft"... Gibt es Unvernünftigeres als die Überzeugung, die
Vernunft könne alles? Der vorgebliche Vernunftexzeß ist ja
doch dessen genaues Gegenteil: er ist Tiefschlaf der Vernunft.

Trotz aller Argumente aber *gegen* die Übersetzung von
Goyas Satz im Sinne der Bedeutung 2 und trotz aller Argumente *für* eine Übersetzung im Sinne der Bedeutung 1 muß
schließlich doch gesagt werden, daß die Deutung ein wenig
offen bleibt: völlige Sicherheit haben wir nicht. Wir können
Goya nicht fragen. Und übrigens können wir, vernünftig träumend, nicht einmal völlig sicher sein, ob wir von ihm eine un-
zweideutige Antwort erhielten. Es ist sogar die Frage, ob wir
ihm unsere Frage verdeutlichen könnten, ob er sie überhaupt
verstünde...

Vor allem aber ist die Deutung in einem prinzipielleren Sinne
offen. Es könnte ja sein, daß die Bedeutung 2, ganz unabhängig
von dem, was Goya meinte, legitim wäre. Und hier ist zu sagen: sie *ist,* so verstanden, legitim. Dann hätte Goya *objektiv*
etwas gesagt, das er *subjektiv* gar nicht sagen wollte. Auch mit
dieser Möglichkeit ist hier (wie in jedem anderen Falle) zu
rechnen. Bedeutung 2 gehörte dann zu dem, was wir (abkürzend) die O-Bedeutung nennen: die „objektive" Bedeutung
(was hier nur soviel heißen kann wie „unabhängig vom Autor"). Die Übersetzung und Interpretation im Sinne der Bedeutung 2 ist also nur dann falsch, wenn sie postuliert, dasjenige zu treffen, was Goya subjektiv meinte. Erhebt sie diesen
Anspruch nicht (was sie aber leider tut), kann sie nicht zurückgewiesen werden. Das heißt: sie könnte nur durch den
Nachweis zurückgewiesen werden, daß ihr überhaupt kein vernünftiger Sinn, keinerlei Wirklichkeitsgehalt zukäme. Was offenkundig nicht der Fall ist. Man kann die Philosophie Hegels
oder ein Atomkraftwerk oder das vormalige System, die „Philosophie" MAD („Mutually Assured Destruction" – eine groß-
artige, ebenso enthüllend profunde wie heitere Abkürzung!)
oder gewisse gentechnische Projekte oder auch das Projekt
des Kommunismus (dessen Wirklichkeit schon weniger) als
„Träume der Vernunft" bezeichnen (bei *Mein Kampf* fiele es
schwerer, und die Judenvernichtung war kein Vernunftexzeß,

auch nicht Exzeß an instrumenteller Vernunft). Die darin implizierte jeweilige Deutung wäre kaum erschöpfend, vielleicht auch nicht profund; aber sie wäre gewiß vertretbar: man könnte – bei wacher Vernunft – darüber reden.

Es ist aber bemerkenswert, daß diejenigen, die die Bedeutung 2 für Goyas Satz postulieren, ohne weiteres voraussetzen oder zu zeigen sich bemühen, daß *er selbst* ihn so – nur so – gemeint habe. Warum sagt man nicht: was immer Goya gemeint haben mag, *ich* jedenfalls nehme seinen Satz und die Radierung, zu der er gehört, in *diesem* Sinn, ich halte ihn so, nämlich in der Bedeutung „Traum der Vernunft", für sinnvoller, richtiger und – gerade heute – *wichtiger.* Warum zieht man sich nicht darauf zurück? Es geht, ist zu vermuten, um Legitimationsbeschaffung gerade für diese Deutung. Man sucht einen *Propheten,* einen frühen Rufer in der Wüste optimistisch seichter, vernunfttrunkener Aufklärung, und glaubt, ihn gefunden zu haben in Goya, der in seiner späten, „schwarzen" Periode (wie anders war seine frühere!) nun wirklich *visionäre* Züge zeigt und in der Tat alles andere als eben bloß ein Aufklärer war. Er war Maler und Graphiker – vor allem übrigen gewiß, aber er war doch offensichtlich einer, dem das Gedankliche wichtig war. Wenn er aber irgendwo eingeordnet werden soll, dann, wir sagten es, noch am ehesten bei der Aufklärung, bei der liberalen Kritik am Bestehenden, wenngleich ohne politische Konsequenz (aber die fehlte ja eigentlich auch bei Kant und erst recht bei Lessing und gar bei Descartes!). Wenn aber Goya in gewissem Sinne Aufklärer war, so war er bereits einer, wie Thomas Mann ihn wünschte – nach 1945. In seinem bedeutenden Vortrag „Nietzsches Philosophie im Lichte unserer Erfahrung", der zeigt, daß dieser literarische Autor auch etwas hatte vom *Denker,* und der in der Nietzsche-Rezeption nach 1945 für viele wegweisend wurde (zum Beispiel für Mazzino Montinari), sagt Thomas Mann in der pathetischen „peroratio": „Er (Nietzsche) muß es sich gefallen lassen, ein Humanist genannt zu werden, wie er es dulden muß, daß man seine Moral-Kritik als letzte Form der Aufklärung begreift. Die überkonfessionelle Religiosität, von der er spricht, kann ich mir nicht anders vorstellen als gebunden an die Idee des Menschen, als einen religiös fundierten und getönten Humanismus, der, vielerfahren, durch vieles hindurchgegangen, alles Wissen ums Untere und Dämonische hineinnähme in seine Ehrung des menschlichen Geheimnisses." Wir wollen keineswegs sagen, daß diese Worte zuträfen auf Goya. Sicher aber wußte dieser spanische Aufklärer – lange vor der Zeit, auf die Thomas Mann zurückblickt, und wohl mehr als jeder andere zu *seiner* Zeit – vom „Unteren und Dämonischen" im Menschen, ja, mehr noch, denn dies ist für Goya zu vornehm humanistisch, zu blumig ausgedrückt, er wußte vom Gräßlichen, Abgründigen, auch durch und durch Widerlichen, das zum Menschen, und *nur* zum Menschen gehört: „Straße der Enttäuschung", „Calle del desengaño".

In *einem* jedoch sind wir uns einig mit denen, die Goya die Bedeutung „Traum der Vernunft" unterstellen und insistieren, *er selbst* habe seinen Satz so gemeint. In dem Punkte nämlich, daß es – gegenüber den selbstgefälligen, leider so wenig heiteren, so wenig spielerischen Spielereien, die im Schwange sind –, daß es auch – zumindest *auch* (denn die Möglichkeit der „objektiven" Bedeutung bleibt ja offen) – darauf ankommt, in Erfahrung zu bringen, was ein Autor sagen wollte, dann zumindest, wenn er einen Gedanken äußerte, daß es also wichtig ist, ihn zu *verstehen*. Goya wollte etwas mitteilen, etwas, das ihn *bedrängte*. Wie die Ungeheuer den Schlafenden (und Träumenden), der er selbst ist. Darin müssen wir ihn ernst nehmen, denn er wollte es mitteilen, warnend, auch noch *uns*.

Postscriptum: Eine dezidiert andere Meinung vertritt mein Freiburger Kollege Wilhelm Hennis in einem bemerkenswerten Aufsatz (aus dem gewiß ein Buch wird) „Die Vernunft Goyas und das Projekt der Moderne. Ein Versuch zum Verständnis des ‚Traums der Vernunft' (Capricho 43)" in: Jahrbuch des italienisch-deutschen historischen Instituts in Trient, XIX (1993), Bologna (il Mulino), S. 357–388.

8. Sprache als Übersetzung

In Thomas Manns *Doktor Faustus* (1947) findet sich als eine der bedeutsamen Nebenfiguren ein literarischer Übersetzer. Ein literarischer Übersetzer also als literarische Figur. Gibt es dafür andere Beispiele? Natürlich gibt es – aber dies ist etwas anderes – Stellen, in denen das Übersetzen literarisch zum Thema wird, wie es etwa bei Cervantes geschieht, oder dann natürlich – es ist ein „locus classicus" – dort, wo sich Goethes Faust als Übersetzer betätigt. Es ist die Stelle, nach welcher sich, unmittelbar anschließend, „des Pudels Kern" enthüllt: Mephisto ist also, während Faust so sehr frei, beinahe gewalttätig übersetzt – „Im Anfang war die Tat" –, schon anwesend. Und was Faust da in sein „geliebtes Deutsch" überträgt, den Einsatz des Prologs des Johannes-Evangeliums, ist ja nun auch kein beliebiger Text.[1] Übrigens steckt hinter der Wendung „Das heilige Original / In mein geliebtes Deutsch zu übertragen" mehr als der bloße Wechsel des sprachlichen Mediums: Faust meint (genauer: Goethe läßt ihn meinen), die Übertragung solle herausstellen, was dieser Satz eigentlich und sinnvollerweise überhaupt nur sagen wollen kann.[2]

Thomas Manns Übersetzer heißt Rüdiger Schildknapp. Gibt es für einen Übersetzer einen passenderen Namen? In dieser Figur führt Thomas Mann erstens die Schwierigkeiten des Übersetzens vor, zweitens jedoch – und vor allem – die Schwierigkeiten der psychischen Situation des Übersetzers. Die Figur Schildknapps darf auch verstanden werden als Frage an den literarischen Übersetzer: findest du dich in dieser Figur wieder? Ist in ihr etwas eingefangen von den Schwierigkeiten, dem Leiden und prekären Glück deiner Existenz?

Thomas Mann hat, wie man weiß, wenig erfunden. Er hat beobachtet, nicht nur – und nicht zuerst – im Sinne des Genauen, sondern im Sinne eines komplexiven Schauens. Er selbst äußert sich apologetisch darüber in einer späten Rede über Gerhart Hauptmann (1952), den er bekanntlich im *Zauberberg* in der Figur Mynheer Peeperkorns portraitiert hat: „Glauben Sie doch nicht, daß ich ihn belauert und heimtückisch beschlossen hatte, ihn abzukonterfeien. So geht dergleichen nicht vor sich, nicht so kleinlich und schlecht. Man ‚beobachtet' nicht mit einem Blick, der sich an der Wirklichkeit zum *Schauen* bricht."[3]

Auch Rüdiger Schildknapp ist keine Erfindung, sondern hat seine Vorlage in der Wirklichkeit. Bis in die Namensgebung hinein hat sich Thomas Mann an sie gehalten. Rüdiger Schildknapp „ist" der Übersetzer und Schriftsteller Hans Reisiger, der mit Thomas Mann befreundet war; „Reisi" gehörte zu den Intimen. Zwischen den Namen *Reisiger* und *Schildknapp* ist semantische Nähe: ein Reisiger ist etwas ähnliches wie ein Schildknapp, nämlich ein „berittener Söldner" (so definiert *Das große Wörterbuch der deutschen Sprache, Duden,* dies spätmittelhochdeutsche Wort). Aber Thomas Mann geht noch näher an den wirklichen Namen heran, wenn er (im Roman) über Schildknapp sagt: „Aus seinem Namen schloß er, daß seine Vorfahren reisige Begleiter von Edlen und Fürsten gewesen wären…" (S. 169; nach der Fischer-Taschenbuchausgabe, 1971). Sodann wiederholt der Vorname Rüdiger den proparoxytonalen Rhythmus (Betonung auf der drittletzten Silbe) des Nachnamens Reisiger. Thomas Mann blieb übrigens sehr oft, wenn er eine Vorlage hatte, in lautlicher oder, wie in diesem Fall, semantischer Nähe zum wirklichen Namen, und dies ist kaum bloß Spiel, sondern – bei einem realistischen Erzähler – wohl etwas wie literarische Rumpelstilzchen-Superstition. Zum Realismus hat sich gerade der späte Thomas Mann entschieden bekannt: „Wir mögen stilisieren und symbolisieren, soviel wir wollen – ohne Realismus geht's nicht. Er ist das Rückgrat und das, was überzeugt."[4] Golo Mann merkt zu den Namen im Werk Thomas Manns an: „War das Modell ihm näher vertraut, so mochte er häufig nicht einmal auf den Namen verzichten, das heißt, er erfand Namen, die denen der intendierten Figuren ähnlich waren, weil Person und Namen ihm innerlich verbunden schienen."[5]

Hier soll es aber allein um Rüdiger Schildknapp gehen, nicht um dessen Verhältnis zu Hans Reisiger. Es ist jedoch wichtig, gerade für unser auf den Übersetzer zielendes Interesse, daß sich Thomas Mann Schildknapp nicht „ausgedacht", sondern daß er sich, in dieser literarischen Figur, an einer unmittelbar erlebten wirklichen Person orientiert hat. Eben dies gibt dieser Figur – gerade für unser Interesse – eigene Schwere. Die Figur hat, wie wir sie antreffen, ihren „Sitz im Werk"; sie hatte aber zuvor – und damit auch noch im Werk – ihren „Sitz im Leben". Der *Doktor Faustus* ist, wie man weiß, eine fiktive Biographie: der Gymnasialprofessor Serenus Zeitblom erzählt, gegen Ende des zweiten Kriegs, sich immer wieder auf diese Zeit beziehend, das Leben seines kurz zuvor verstorbenen Freundes, des „deutschen Tonsetzers" Adrian Leverkühn. Rüdiger Schildknapp wird im Kapitel XX, gegen Ende des ersten Drittels des Romans, eingeführt. Dieses Kapitel berichtet von der Wiederbegegnung des Erzählers mit Leverkühn nach einjähriger Trennung. Die Freunde hatten gemeinsame Jahre auf dem Gymnasium ihrer Heimatstadt Kaisersaschern, dann als Studenten in Halle an der Saale verbracht. Nach seinem Militärjahr trifft Serenus den Freund in Leipzig wieder, wo dieser mittlerweile sein Studium fortsetzt. Folgen wir, im Hinblick auf unser eingeengtes Interesse, dem vorbedacht lockeren und sprunghaften Gang des Kapitels, denn es ist nicht gleichgültig, in welchem Zusammenhang Schildknapp zuerst erscheint.

Adrian empfängt den Freund kühl, wie es seine Art war. Sogleich ist die Rede von Musikalischem, von Beethovens Opus 132, einem der späten Streichquartette, das in Leipzig am Abend von Serenus' Ankunft gespielt werden soll.[6] Indirekt klingt das Thema „Übersetzung" sogleich an; freilich geht es um das Verhältnis von Sprache und Musik: Adrian redet von der Schwierigkeit, Musikalisches sprachlich zu bezeichnen; Übersetzen also eines Musikalischen – hier des vierten Satzes jenes Quartetts – in Sprache. Adrian bemerkt: „Es ist nur ärgerlich – wenn du es nicht erfreulich nennen willst –, daß es in der Musik – wenigstens in dieser Musik – Dinge gibt, für die im ganzen Bereich der Sprache beim besten Willen kein wirklich charakterisierendes Beiwort, auch keine Kombination von Beiworten aufzutreiben ist. Ich habe mich dieser Tage damit geplagt – du findest keine adäquate Bezeichnung für den Geist, die Haltung, die Gebärde dieses Themas..." (S. 160).

Danach kommt die Rede auf „die Leute im ‚Café Central'", mit denen sich Adrian zu treffen pflegt. Von diesen, sagt Adrian distanziert, sei „Schildknapp, der Dichter und Übersetzer, noch das Wohltuendste" (S. 161). Ein eigentümliches Neutrum: „das Wohltuendste". Adrian charakterisiert Schildknapp so: er versage sich eigentlich immer, wenn man etwas von ihm wolle; Grund hierfür sei ein „nicht gerade superiores Selbstgefühl"; er habe, fügt er hinzu, einen „sehr starken oder vielleicht auch etwas schwächlichen Unabhängigkeitssinn". Die Formulierung ist undeutlich: das Sich-Versagen Schildknapps kann ebensowohl durch starken wie schwachen Unabhängigkeitssinn erklärt werden. Sonst, schließt Adrian ab, sei Schildknapp „sympathisch, unterhaltlich und übrigens geldlich so knapp gestellt, daß er selber sehen müsse, wie er durchkomme" (S. 161). Das Adjektiv „knapp" spielt natürlich homonymisch auf den zweiten Bestandteil des Familiennamens an. Also: sympathisch, unterhaltsam und arm.

Wir erfahren auch sogleich, was Adrian damals von Schildknapp wollte: die Einrichtung eines Opernlibrettos nach Shakespeares „Love's Labour's Lost". Später, da sich Schildknapp in der Tat versagt, besorgt dies Serenus. Zur Zeit der Wiederbegegnung Adrians und Serenus' befaßt sich Adrian mit Liedkompositionen aus einer „mittelmeerischen Blütenlese": „provençalische und catalonische Lyrik des 12. und 13. Jahrhunderts" (auch bei Thomas Mann also das inkorrekte Adjektiv „catalonisch": die historische Gegend heißt deutsch *Katalonien*, das Adjektiv lautet *katalanisch*). Provenzalisches demnach, Katalanisches, dann Italienisches (vor allem aus Dantes „Commedia"), Spanisches und Portugiesisches. Es handle sich hier, bei den Texten, die Adrian vertont, wie Serenus anmerkt, „um ziemlich glückliche deutsche Übersetzungen". Entscheidend ist, daß es Adrian, auch insofern „Übersetzung", als Komponist um die „Vermählung [der Musik] mit dem Wort" geht. Es folgen Bemerkungen zu jenen Liedern und ein Ausblick auf das (damals erst geplante) „geschlossene Wort-Ton-Werk" der genannten Shakespeare-Komödie. Und wieder äußert sich Adrian explizit zur „Übersetzung" von Musik in Sprache und, umgekehrt, von Sprache in Musik: „Musik und Sprache, insistierte er, gehörten zusammen, sie seien im Grund eins, die Sprache Musik, die Musik eine Sprache, und getrennt berufe immer das eine sich auf das andere, ahme das andere nach, bediene sich der Mittel des anderen, gebe immer das eine sich als das Substitut des anderen zu verstehen" (S. 163). Bei „Love's Labour's Lost" weigert sich Adrian – gegen den Widerstand des Freunds –, einen ins Deutsche übersetzten Text zu vertonen. Diesmal muß es das Original sein: „weil er das als das einzig Richtige, Würdige, Authentische empfand, auch weil es ihm um der Wortspiele und des alten englischen Volksverses, des Doggerel-Reims willen geboten schien" (S. 164). Leverkühn begnügt sich hier nicht mit übersetzten Texten, sondern will das Original, weil es ihm auf die Materialität der originalen Fassung ankam. Da ist also, was die „Übersetzung" des Sprachlichen ins Musikalische angeht, Radikalisierung. Man sieht: das Thema „Übersetzung" ist *vor* dem Portrait des Übersetzers, das nun folgt, schon ausgiebig da.

Dies Portrait umfaßt rund sechs Seiten. Der fiktive Biograph kündigt es als „vorläufige Skizze" an und bemerkt danach, im folgenden Kapitel, besorgt, es sei „mit anfechtbarer Breite ausgeführt" (S. 176). Kein Leser, am wenigsten ein philologischer, wird dies finden. Übrigens sieht ein so scharfsinniger und kenntnisreicher Beobachter wie Joachim Kaiser gerade in der Differenziertheit dieses Portraits etwas wie einen Einwand. Dergleichen sei dem Gymnasialprofessor eigentlich gar nicht zuzutrauen: „Doch wenn eben dieser Oberlehrer dann im Verlauf des Romans über Thomas Mannsche Differenziertheit und Psychologie verfügt, wenn er Figuren wie den Schildknapp ungeheuer sinnfällig und treffend zu durchschauen und zu charakterisieren vermag, dann scheint die Einheit der Figur (die des Serenus Zeitblom) nicht nur strapaziert, sondern zerstört."[7] Indessen: warum sollten dem psychologischen Differenzierungsvermögen eines Gymnasiallehrers Grenzen gezogen sein?

Schildknapp stammt aus Schlesien, er ist Sohn eines Postbeamten, von dem Zeitblom mitteilt, daß seine Stellung „sich über das Subalterne erhob, ohne in den eigentlich höheren, Akademikern vorbehaltenen Verwaltungsdienst, in die Regierungsrat-Sphäre weiterführen zu können" (S. 166). Also: weder unten noch oben, sondern in einer unbefriedigenden Mitte; oben wäre der Wunsch befriedigt, unten hätte er sich gar nicht entfaltet. So ist Rüdigers Vater durch „soziale Verbitterung" geprägt, die sich, da er ein kultivierter Mann ist, als „feinere Leidigkeit, ausdrucksvolle Selbstbemitleidung" zeigt (S. 167). Schildknapp junior gibt erheiternde Beispiele für die Äußerungen des „sozialen Inferioritätsleidens des Familienhauptes". Es ergibt sich nun, zwischen Sohn und Vater, das klassische Arrangement: der Vater sucht, „wenigstens in dem Sohne noch Regierungsrat" zu werden, der Sohn, eben weil er sich von diesem Wunsch bedrängt sieht, verweigert sich, bringt es nicht einmal bis zum Assessorexamen; er „ergibt sich der Literatur": „er schrieb Gedichte in freien Rhythmen, kritische Aufsätze und kurze Erzählungen in reinlicher Prosa..." (S. 167). Schwer abzuschätzen, was in dem Ausdruck „reinliche Prosa" an Abwertung (bloß Zeitbloms?) steckt. Nun aber kommt es, im Leben Rüdigers, zum entscheidenden Bruch: er „verlegt" sich, wie Serenus sich ausdrückt, auf das Übersetzen, „namentlich aus seiner Lieblingssprache, dem Englischen" (S. 168). Zwei negative Gründe werden für diesen Wechsel genannt: er übersetzt „teils unter wirtschaftlichem Zwang, teils auch, weil seine Produktion nicht eben übermächtig sprudelte" (S. 167); der positive Grund ist Liebe zur englischen Sprache, zu allem Englischen überhaupt. Daß derlei zusammengehört – die Liebe zur Sprache und eine bestimmte Sympathie zu ihren Trägern –, sieht Thomas Mann; er sah es in Reisiger... Aber auch Schildknapps Übersetzungstätigkeit ist gespalten: er übersetzt „englische und amerikanische Unterhaltungsbelletristik", dann aber „ließ er sich auch von einem Münchener Luxus- und Kuriositätenverlage mit der Übersetzung älteren englischen Schrifttums, der dramatischen Moralitäten Skeltons, einiger Stücke von Fletcher und Webster, gewisser Lehrgedichte von Pope beauftragen" (S 168). Also: weniger anspruchsvolle und sehr anspruchsvolle literarische Texte. Übrigens bleibt Schildknapp in diesem Dienst nicht beim Übersetzen, sondern „besorgte vorzügliche deutsche Ausgaben von Swift und Richardson. Dergleichen Werke versah er mit wohlfundierten Einleitungen..." (S. 168). Auch in dem Ausdruck „wohlfundierte Einleitungen" liegt eine schwer zu situierende Herablassung. Nun aber die – für uns – entscheidende Stelle: Schildknapp „betreute die Übertragung mit viel Gewissenhaftigkeit, Stilgefühl und Geschmack, bis zur Versessenheit bemüht um die Genauigkeit der Wiedergabe, das Sichdecken des sprachlichen Ausdrucks und mehr und mehr den intrigierenden Reizen und Mühen der Reproduktion verfallend" (S. 168).

So also sehen es der fiktive Erzähler und wohl auch der Autor: aus dem zuerst gegebenen kleinen Finger wird die ganze, werden schließlich beide Hände, die „intrigierenden Reize und Mühen der Reproduktion" werden Schildknapps ganzer Inhalt, sie werden sein Schicksal, in welchem sich – auf literarischer Ebene – das seines Vaters wiederholt. Serenus spricht denn auch von ähnlicher „Seelenlage". Rüdiger fühlte sich zum „hervorbringenden Schriftsteller" berufen und wurde zum „vermittelnden Literaten". Ebensowenig wie der Vater wird er, mutatis mutandis, Regierungsrat. Unbewußte Vaterwiederholung bei bewußter Gegnerschaft zu ihm: dies ist Rüdigers Schicksal. Bitterkeit, „Inferioritätsleiden" also auch bei ihm: „Er sprach bitter von dem notgedrungenen Dienst an fremdem Gut, der ihn verzehrte und durch den er sich auf eine ihn kränkende Weise abgestempelt fand" (S. 168). Und diese Bitterkeit, eine psychologisch äußerst treffende Anmerkung, „stimmte ihn absprechend kritisch gegen die Beiträge anderer". Auch dem akademischen Bereich ist dies Phänomen nicht fremd. Adrian, schließt Zeitblom, habe den Klagen Schildknapps geglaubt, „ich aber", fügt er hinzu, „vielleicht zu hart urteilend, vermutete in seiner Verhinderung immer einen im Grunde willkommenen Vorwand, mit dem er sich selbst über den Mangel eines genuinen und durchschlagenden Schaffensimpulses täuschte".

Aber damit ist das Portrait nicht zu Ende. Rüdiger, präzisiert Serenus, sei „bei all dem" keineswegs „griesgrämlich" gewesen, vielmehr bis zur Albernheit lustig, ein „echter Humorist" (S. 171), der es verstand, Komik aus „den unscheinbarsten Dingen" herauszuholen. Sein Humor aber war angelsächsischen Typs. Überhaupt seine Liebe zum Englischen, zu dieser Sprache und zu ihren Trägern, die ja seine Übersetzungsarbeit mit ausgelöst hatte und sie fortdauernd motivierte. „Allen Söhnen Albions", die in seine Nähe kamen, schloß er sich sogleich an und „redete in vollkommener, wahlverwandtschaftlicher Anpassung ihre Sprache mit ihnen, talking nonsense nach Lust und Liebe…" (S. 168). Also auch hier: Übernahme nicht nur des Formalen der Sprachbeherrschung, sondern auch des inhaltlich Typischen. Schildknapp spricht nicht nur englisch, sondern spricht gerade bis ins Inhaltliche hinein, wie Engländer sprechen. Übrigens bleiben die Amerikaner hier ganz – und bemerkenswerterweise – aus dem Spiel. Natürlich ist Schildknapp auch – dies hat mit der sehr zusammengesetzten Erscheinung, die man Sprachbegabung nennt, entschieden zu tun – ein begnadetes parodistisches Talent. Er ahmt die Engländer nach nicht nur im Englischen, sondern „wußte sehr komisch ihre eigenen Versuche im Deutschen nachzuahmen, ihren Akzent, ihr allzu korrektes Verfehlen des umgangssprachlichen Ausdrucks, ihre Ausländer-Schwäche für das sehr schriftliche Pronomen ‚jener, jenes', wie sie also sagten: ‚Besichtigen Sie jenes!', wenn sie nur sagen wollten: ‚Sehen Sie das da!'" (S. 168). Bemerkenswert präzis spielt hier Thomas Mann auf den Unterschied zwischen Schrift- und Sprechsprachlichkeit an: es gibt in der Tat „schriftliche" Sprachelemente.

Es ist nach alledem selbstverständlich, daß Schildknapp wie ein Brite, ein Brite der Oberschicht versteht sich, aussieht: „unverleugbar gentlemanlike war das Gesamtbild, das er bot." Überhaupt: er sieht gut aus, „elegant und sportlich herrenhaft", unbeeinträchtigt durch die stets gleichbleibende „schon recht mitgenommene" Kleidung (hierin erinnert Rüdiger stark an

Lodovico Settembrini im *Zauberberg*). Da sind, so Serenus, „markante Gesichtszüge von geradezu edlem Charakter", wäre da nicht „eine etwas zerrissene und zugleich weichliche Mundbildung" gewesen, die Serenus „bei Schlesiern öfters beobachtet" haben will (S. 169). Bei Frauen hatte Rüdiger, der damals um die dreißig, also älter als Adrian und Serenus war, Glück. Jedoch: „Seinem Glück bei Frauen entsprach [...] nicht ganz das Glück, dessen sie sich bei ihm erfreuten..." (S. 169).

Hier kommt etwas Entscheidendes – gerade auch mit seiner Übersetzungsarbeit Zusammenhängendes – herein. Rüdiger liebt überall, also auch bei den Frauen, das Potentielle. Zeitblom präzisiert: „in ihrer Gesamtheit genossen sie seine ganze Verehrung, die so sehr dem Geschlecht als solchem, den Glücksmöglichkeiten der ganzen Welt galt, daß der Einzelfall ihn unaktiv, sparsam, zurückhaltend fand" (S. 169). So sehr also verwirrt und betäubt Schildknapp die Freude am Möglichen, daß er sich nie entschließt; geblendet von Möglichkeit, sie genießend, kommt er nicht zur Wahl, zu schließlich ergriffener, damit produzierter Wirklichkeit. Wiederum sagt es Serenus so anmutig wie genau: „es war, als scheute er vor jeder Bindung ans Wirkliche zurück, weil er einen Raub am Potentiellen darin sah. Das Potentielle war seine Domäne, der unendliche Raum des Möglichen sein Königreich – darin und soweit war er wirklich ein Dichter" (S. 169). Nur eben, daß der Dichter, aus dem ihm Möglichen wählend und also auch Verzicht leistend, Wirklichkeit, fiktive Wirklichkeit, die Wirklichkeit eines fiktiven Werks schafft.[8] So ist die alltägliche Wendung „man sollte" – Serenus: „die Formel für ein wehmütiges Erwägen von Möglichkeiten" – Schildknapps „häufigste Redensart" (S. 170). Der Zusammenhang solcher Liebe zum Möglichen, zum schieren „Glückspotential der Welt" (S. 171), mit der zurückschreckenden Unfähigkeit, sich literarisch ins Eigene zu wagen, liegt auf der Hand. Insofern versagt sich Schildknapp gerade auch sich selbst. Auch sein prekärer „Unabhängigkeitssinn" gehört hierher. Er ist prekär, denn so frei, wie er will und meint, daß er es sei, ist Rüdiger keineswegs. Zwar ist da, gegen den Vater gewandt, „Verabscheuung des Staatsdienstes und freie Berufswahl", aber er ist doch „auch wieder vieler Herren Diener und hatte manches vom Krippenreiter" (S. 170).

Das Portrait gewinnt dann an Häme. Rüdiger läßt sich, hören wir, „viel einladen in Leipziger Häuser, auch in reiche jüdische, obgleich man antisemitische Äußerungen von ihm hören konnte" (S. 170). Er mag aber auch die Deutschen nicht. Er war, sagt Serenus (hier klingt Nietzsche an), „von ihrer völkergesellschaftlichen Inferiorität durchdrungen", so daß er „es eher noch oder lieber gleich mit den Juden hielt" (S. 170). Genauso, in der Tat, äußerte sich mehrfach Nietzsche: nur als Juden seien Deutsche allenfalls erträglich... Rüdiger läßt sich auch gern, besonders von Damen, beschenken und versteht es, solche Geschenke unschuldig zu provozieren. Schließlich – hier zum Beispiel zeigt sich das sehr Vorbedachte der scheinbar so lockeren Anlage des Portraits – Rückkehr zum zuerst über Schildknapp Gesagten, zu seiner Unzuverlässigkeit: wenn man ihn braucht, ist er nicht zu haben.

Das Verhältnis zwischen Rüdiger und Adrian, das Serenus, da die beiden sich beständig sehen, mit leichtem, aber gezügeltem Neid betrachtet, denn der Gymnasialprofessor ist objektiv, kennzeichnet Serenus so: Rüdiger, sagt er, „liebte Adrian sehr, war ihm aufrichtig anhänglich". Adrian hingegen war, was Rüdiger anging, „voller Duldsamkeit gegen seine Schwächen" und dankbar „für sein sympathisches Gespräch: Nie habe ich ihn soviel lachen, und zwar Tränen lachen sehen, wie beim Zusammensein mit Rüdiger Schildknapp" (S. 171). Ein eigentümliches Detail, bestürzend gedeutet, am Ende: Rüdigers Augen hatten „genau die gleiche Farbe wie diejenigen Adrians". Die Augenfarbe beider – später nennt der Erzähler Schildknapp einfach den „Gleichäugigen" – war demnach indifferent: also, folgert Serenus, beruhte „Adrians lachlustige Freundschaft für Schildknapp [...] auf einer ebenso tiefen wie heiteren *Indifferenz*". Beide, selbstverständlich, „redeten einander alle Zeit mit Nachnamen und mit ‚Sie' an": das „Kindheits-Du", schließt Serenus – und damit schließt auch das Kapitel –, „hatte ich doch vor dem Schlesier voraus".

Hier endet das Portrait. Im folgenden wird nur noch, leitmotivisch und leicht variierend, darauf zurückgegriffen. Denn Schildknapp ist – als passiver, nicht in das Geschehen eingreifender Begleiter – fast immer dabei: wir trafen ihn zuerst in Leipzig, 1906; dann zieht er, diesmal doch einen Entschluß fassend, nach München, kurz nachdem sich, 1910, Adrian dort, nämlich in der Rambergstraße, niedergelassen hatte; in München war ja auch Rüdigers Verleger für seine Übersetzungen „aus älterer englischer Literatur". Er wohnt, nahe beim Freund, ebenfalls in Schwabing, gleich hinter der Universität, in der Amalienstraße: „dort saß er nun, ausnehmend luftbedürftig von Natur, den ganzen Winter bei offenem Fenster, in Mantel und Plaid gehüllt, an seinem Tisch und rang, halb haßerfüllt und halb in leidenschaftlicher Verfallenheit, von Schwierigkeiten umgeben und Zigaretten verdampfend, um den genauen deutschen Gegenwert für englische Wörter, Phrasen und Rhythmen" (S. 201). Schildknapp verbringt dann auch mit Adrian ein gutes Jahr, Sommer 1911 bis Herbst 1912, in dem „sabinischen Bergnest" Palestrina im Haus der Familie Manardi, wo Serenus mit seiner Frau die beiden Junggesellen besucht (die Schilderung im Kapitel XXIV ist ein wiederum stark philologisch ausgerichtetes Kabinettstück). Auch in Palestrina obliegt Schildknapp, stellt Zeitblom fest, „den verzehrenden Schwierigkeiten der Übersetzungskunst". Gelegentlich aber erholt er sich von ihnen in Rom, indem er dort, etwa „bei den Trappisten von Quattro Fontane, Eukalyptusschnaps trinkend" mit jungen Engländern „nonsense" redete (S. 220).

Kurz: Schildknapp ist immer dabei, auch noch bei jenem quälenden letzten Treffen bei dem schon wahnsinnigen Adrian; Serenus und er – da versagt sich Schildknapp nicht – bringen den Kranken nach Nymphenburg „in die geschlossene Nervenheilanstalt des Doktor von Hösslin", und noch auf der allerletzten Seite des Romans wird Rüdiger erwähnt, denn er gehört zu den wenigen, die sich, August 1942, am offenen Grab Leverkühns versammeln: es ist also da doch, bei allem Versagen – aber Serenus spricht es nicht aus –, Treue; Treue auch hier. Denn als Übersetzer war er deren Verkörperung ohnehin.

Auf wenigen Seiten, darf man sagen, gelingt Thomas Mann

ein ebenso rundes wie auch differenziertes, keineswegs bloß karikierendes Bild: wirklich ein Blick in eine Seele. Diese Seele – und sogar die ihr zugehörende Physis – sind durchgehend durch Gespaltenheit gekennzeichnet: verbittert und doch lustig; unzuverlässig und doch, auf *seine* Weise, anhänglich und treu; gut aussehend, jugendlich straff und doch, im Gesicht, erinnern wir uns, „Neigung zu verfrühter Runzelbildung, vorzeitigem Verwittern" (S. 171), ganz abgesehen vom schlesischen Greisenmund des Dreißigjährigen; sportlich erscheinend, doch eigentlich gar keinen Sport treibend, „ein Blender" insofern; den Vater ablehnend und ihn wiederholend, unabhängig und doch vielfach gebunden; ein wenig antisemitisch, aber Freund jüdischer Damen; beträchtliches Glück bei Frauen, sich aber auf keine einlassend; arm und doch „dabei", auch gerade am Tisch der Reichen; Übersetzer *und* Dichter, letzteres jedoch – dies ist der eigentliche Zwiespalt, die Wunde – mehr und mehr der bloßen Absicht, dem verfehlten Ziel und Lebensplane nach; gespalten schließlich auch noch als Übersetzer: einerseits zeitgenössische „Unterhaltungsbelletristik", andererseits Anspruchsvolles und Schwieriges aus älterer Zeit.

Natürlich ist Rüdiger Schildknapp in seiner literarischen „Einbettung" zu sehen. Adrian Leverkühn brauchte, wie er vom Autor angelegt war, einen Freund eben dieser „wohltuenden" Art: einen, der da und doch nicht da war, nämlich nicht störend und belastend, sondern aufheiternd. Und doch tritt diese Figur für den Leser – dies geschieht manchen literarischen Nebenfiguren (Polonius, Sancho Panza, Célimène, Famulus Wagner, Monsieur Homais) – aus dem Werk heraus. Und für den philologischen, den sprachwissenschaftlich deformierten Leser tritt Schildknapp als *der* Übersetzer heraus. Selbstverständlich ist an ihm vieles für den Übersetzer kontingent: die Unzuverlässigkeit, die Entschlußunfähigkeit dieses „Roué des Potentiellen" (S. 221), auch natürlich sein gutes Äußeres und das gehobene Schnorrertum. Interessant aber ist das Spezifische, das die Figur in die Nähe des Typus bringt: das Dienen; dessen besondere Reize und Schwierigkeiten (beides gehört zusammen); die zu solchem Dienen gehörende „Versessenheit"; das Verzweifelte und Verzehrende seines Ringens mit Worten und um Worte; das Übersetzen als Schicksal.

Thomas Mann – oder jedenfalls Serenus Zeitblom – sieht im literarischen Übersetzer einen Gescheiterten: einen, der ursprünglich und eigentlich anderes wollte und irgendwann hängenblieb im zugleich reizvollen und enervierenden Gestrüpp eines Seitenpfads. Ein Übersetzer, so kommt es heraus, ist einer, der Herr, Ritter (Regierungsrat) sein wollte – und eigentlich noch immer sein will – und sich als Diener, als Knappe eines anderen (als Inspektor) wiederfindet. Es ist ein Schicksal.

Richtig an diesem Übersetzerportrait ist ein Doppeltes. Zunächst: der literarische Übersetzer muß in der Tat Diener sein können. Er ist Diener zweier Herren, des Autors und der neuen Leser, die er dem Autor zuführen will, der neuen Leser und deren Sprache, die auch die seine ist. Also sind es eigentlich drei Herren: erstens der übersetzte Autor, genauer: dessen Text; zweitens die neuen Leser, an die sich der Übersetzer richtet; drittens die Sprache, in die übersetzt wird.

Die Sprache, „in die übersetzt wird" ... Diese Formulierung, durch die Alltagssprache selbst vorgegeben, ist unzutreffend: man übersetzt nicht einen Text in eine andere Sprache, sondern man reproduziert mit den spezifischen Mitteln der *eigenen* Sprache das von einem anderen mit den spezifischen Mitteln einer *anderen* Sprache Produzierte. Man muß sich klarmachen, was beim Übersetzen eigentlich übersetzt wird. Nicht also eine Sprache wird in eine andere übersetzt, sondern: etwas in *einer* Sprache wird in etwas in einer *anderen* verwandelt. Es wird auch nicht der *Sinn* des Texts übersetzt, das also, was er *meint;* ein überaus gängiges Mißverständnis (auch gerade unter Linguisten). Übersetzt vielmehr wird der Text selbst, und zwar auch, so gut es angeht, in seinen materiell sinnlichen Qualitäten. Es ist also falsch zu meinen, ein Etwas am Text oder im Text, eben sein Sinn, werde übersetzt. Es ist schon deshalb falsch, weil ein Text, wir sagten es, nicht ein Etwas ist, das – neben anderem – auch noch Sinn hätte (vgl. S. 130). Vielmehr: der Text *ist* Sinn. Dieser sinnverkörpernde (nicht: sinnhabende)

Text ist Gegenstand der Übersetzung, und die Übersetzung schafft eine neue – im Idealfall wirkungsgleiche – Verkörperung. Ziel also – illusionäres Ziel, das aber doch Richtpunkt bleiben muß – ist die Gleichheit des Reproduzierten mit dem Produzierten, so als hätte der Autor selbst und sogleich das Reproduzierte produziert. Hier zeigt sich die Radikalität des Dienens, ob einem nun dies Wort gefällt oder nicht ... Der Übersetzer muß sich selbst wie unsichtbar machen: „bis zur Versessenheit bemüht", sagte Zeitblom, „um die Genauigkeit der Wiedergabe" (S. 168). Gleichheit der Reproduktion muß hier meinen: Gleichheit des im Text faktisch Gesagten in seinem Was und in seinem sinnlich-materiellen Wie; denn übersetzt, noch einmal, wird nicht, was der Text *meint,* sondern er selbst. Die Unmöglichkeit der Erreichung jener Gleichheit liegt erstens daran, daß sich die Mittel beider Sprachen semantisch vielfach nicht genau decken („das Sich-Decken des sprachlichen Ausdrucks", S. 168), zweitens daran, daß immer wieder die Materialität *selbst* der Sprache des Originals ins Spiel kommt, von der sich die der Sprache der Übersetzung notgedrungen unterscheidet. Ein Grenzfall ist schließlich dieser: wenn im Original explizit dessen Sprache oder überhaupt Sprachgebundenes zum Thema wird, ist Übersetzung ausgeschlossen; da gibt es nur kommentierende Anmerkung. Einen impliziten oder expliziten Kommentar zum Sprachlichen des Originals selbst kann man in der Tat nicht übersetzen, nur explizit kommentieren ... Und Kommentieren ist etwas anderes als Übersetzen.

Zweitens. Übersetzen als scheiterndes Hängenbleiben. Richtig ist daran gewiß, daß der literarische Übersetzer etwas vom literarischen Autor und nicht allein und primär vom Philologen haben sollte. Und andererseits ist es wohl auch wieder gut, wenn er nicht zuviel davon hat, sondern sich in einer gewissen Mitte bewegt. Wirklich „hervorbringende Schriftsteller", um Zeitbloms Ausdrücke aufzugreifen, taugen wenig zum „vermittelnden Literaten". Hugo Friedrich etwa kritisiert dies „Ich-Sein-Wollen" im Falle Rilkes als Übersetzer der Sonette der Louise Labé: „er wandte *seine* Sprache auf das Fremde an. Er ist gleichsam gegen seine eigene Person nachgiebig, nicht gegen die übersetzte Dichterin. Er vermittelt weit mehr eine Variation seiner selbst als einen Spiegel des Originals." In der Tat macht Rilke aus beinahe jedem Vers der französischen Dichterin einen Rilke-Vers: er übersetzt *proprio spiritu.* Zum Beispiel, aus dem zweiten Sonett, der überaus schlichte Vers (nach einer Aufzählung der Schönheiten des fraglichen Mannes): „Tant de flambeaux pour ardre une femelle!" Also einfach: „Soviele Fakkeln, um ein Weib zu verbrennen"; daraus macht Rilke dies: „ein brennlich Weib und lauter Flammenschwinger". Es ist großartig, aber es ist Rilke.[9]

Richtig an Zeitbloms Portrait ist auch, daß zum Übersetzen wahlverwandtschaftliche Liebe des Übersetzers zur fremden Sprache, dann aber auch – überaus wichtig – zu ihrer „Welt" insgesamt gehört. Aber gerade diese Liebe führt unvermeidlich, wie bei Schildknapp, zu jenen „intrigierenden Reizen und Mühen der Reproduktion" und dazu, daß man ihnen „verfällt". Man liebt das im geliebten fremden Medium Gesagte und möchte es hereinholen ins Eigene: Übersetzen als „Erobern", wie Nietzsche in der *Fröhlichen Wissenschaft* (Nr. 83) sagt. Aber Nietzsche meint in diesem interessanten Passus ein „Erobern" in anderem Sinn. Das Ringen des Übersetzers ist jedoch von dem frustrierenden Wissen begleitet: eigentlich geht dies nicht. Gewiß gibt es die „glücklichen Funde", von denen Elmar Tophoven, ein Meister des Fachs, eindrucksvoll berichtet.[10] Nie aber kommt der Übersetzer zu dem Gefühl, zu dem ein Pianist gelangt: jetzt kann ich das, ich habe es technisch ,drauf' und weiß, wie Beethovens Opus 101 oder Liszts h-Moll-Sonate zu spielen sind. Auch der Pianist reproduziert, aber er erreicht den Punkt, wo er sagen darf: so – nur so – muß es sein; jedenfalls für mich (übrigens braucht dies kein fester Erwerb zu sein – der Unterschied, etwa, zwischen Glenn Goulds früher und später ,Einspielung' der Goldberg-Variationen zeigt es ergreifend: beide sind auf verschiedene Weise vollkommen). Ganz anders der Übersetzer: eben weil das Verhältnis von Original und Übersetzung, bei Bestehen gewisser Analogien, nicht dem von Partitur und Spiel entspricht. Er kommt nie, mit sich selbst zufrieden, sich selbst gar genießend, zu Rand. Und dennoch setzt er, weil er schon einmal dabei ist, sein Ringen fort: „halb haßerfüllt und halb in leidenschaftlicher Verfallenheit, von Schwierigkeiten umgeben". Gilt dies nicht aber auch, wird man fragen, für den originalen, den „hervorbringenden Schriftsteller"? Ja, aber in anderer Weise, denn eben: er schafft Eigenes, er produziert, er produziert etwas, das vorher nie war, während der Übersetzer produziert, was bereits in jeder Hinsicht da ist – nur eben im Medium einer anderen – nicht in dem seiner eigenen Sprache; er reproduziert.[11]

Als Leser von Übersetzungen müssen wir schlicht, aber nachdrücklich sagen, daß uns ein Übersetzer nicht willkommen wäre, der sich nicht bereit zeigte zu dienen, nämlich seinem Autor (und dann uns, den neuen Lesern) durch eine „getreue" Übersetzung. Wobei gewiß hinzuzufügen ist, daß es sich da um einen Diener sehr besonderer Art handelt: einen Diener, der erobert, der die Schliche seines Herrn vielfach durchschaut und auf seine Weise im Medium der *neuen* Sprache herrscherlich herrscht: der Diener, somit, in *seinem* Feld, als Herr, *il servo padrone.* Ich meine also, etwas von diesem Zwiespalt dürfe und müsse im guten Übersetzer lebendig sein, etwas von Leporellos kecker Klage, mit der vokal der „Don Giovanni" beginnt: „Sich abmühn bei Tag und bei Nacht...", „Notte e giorno faticar...", und dann, überaus direkt: „Will auch einmal Edelmann sein und nicht mehr dienen", „Voglio fare il gentiluomo, e non voglio più servir."

Selten macht man sich klar, was hinter einer Übersetzung steht: wieviel an vielfältigem, dem Text und der eigenen Sprache intensiv hingegebenen Suchen und Finden, wieviel an Zweifel, Verwerfung, erneutem Suchen und erneutem Finden, das dann oft bloß die Rückkehr zum zunächst Gefundenen ist. Dies alles natürlich ist beim *eigenen* Schreiben nicht anders. Der Unterschied liegt darin, daß der nichtübersetzende Schriftsteller seinen Text noch nicht hat, genauer: daß er für ihn keine *Vorlage* hat, allenfalls ist da etwas noch Unbestimmtes, das ihm vorschwebt, während der Übersetzer über einen festen Text als Vorlage für seinen eigenen verfügt, einen Text, der verpflichtet – nachprüfbar. Gewiß ist jedes Schreiben etwas wie ein Übersetzen. „Übersetzen ist so *gut* Dichten", sagt Novalis in einem Brief an August Wilhelm Schlegel, „als eigene Werke zustande bringen – und schwerer, seltener. Am Ende ist alle Poesie Übersetzung." Dies ist kühn gedacht, und gewiß ist es auch nicht einfach falsch. Nur muß man, wenn *jedes* Schreiben Übersetzen ist, dann sogleich zwei Arten von Übersetzen unterscheiden: solches mit festem Text als Vorlage, dem genau, nämlich mit dem Ziel der Wirkungsgleichheit, in der neuen Sprache, *entsprochen* werden muß, und solche mit noch undeutlichem, sich selbst erst suchendem Text.

Schließlich – auch hierin ist Schildknapp Paradigma: das literarische Übersetzen als Existenzweise, als Schicksal. Gewiß gilt dies auch für anderes. Es gilt aber für das literarische Übersetzen in akuter und melancholischer Form, denn der Übersetzer ist Diener (vielfach unwillig, bei aller Verehrung und halb rebellierend) und weiß zugleich, daß sein Dienst unzulänglich ist, und weiß auch, daß dies nicht allein an den beiden Sprachen, an ihrer Differenz im Materiellen und im Semantischen, sondern auch an ihm selber liegt. Da er es *gut* machen kann, kann er es auch *schlecht* machen. Es ist so, und er weiß, daß es so ist.

Ein Gedanke, der Rüdiger Schildknapp nicht kommt und den keiner ihm nahelegt (auch Zeitblom, von dem er zu erwarten wäre, äußert ihn nicht): man *braucht* den Übersetzer, auch gerade den literarischen, man braucht ihn *dringend*. Er ist notwendig, es geht nicht ohne ihn. Und für den Fall, daß er an Schildknapps Bitterkeit partizipiert, sollte man ihm dies inständig sagen: eine einzige meisterhafte Seite, die gut übersetzt wurde, wiegt stärker als hundert Seiten eigener mittelmäßiger Produktion.

Philosophisch anthropologisch gesehen, übrigens, ist das Übersetzen womöglich die *menschlichste* aller Tätigkeiten. Der Mensch sei, heißt eine alte Auskunft, das „Sprache habende Tier". In Wirklichkeit ist diese Bestimmung ungenau und auch nicht ganz zutreffend. Der Mensch ist das Tier, das *mehrere* Sprachen spricht oder doch zu erlernen imstande ist. Dies heißt nun aber korollarisch: der Mensch ist das Tier, das *übersetzt*. Kein Tier übersetzt. Im Übersetzen zeigt sich die radikale Geschichtlichkeit unserer Sprache, die eben nicht als Sprache, im *Singular,* sondern nur in der Vielfalt, in der historisch gewordenen Varietät gegeben ist. Es gibt nur Sprachen; keine Sprache. Jeder weiß es; kaum einer macht sich den Sachverhalt klar. Was die Erzählung der biblischen Genesis vom sogenannten „Turmbau" in Babylon berichtet (wir sagen „sogenannt", denn es geht da nicht bloß um den Turm, sondern auch – und vor allem – um die große Stadt), ist faktisch, ohne daß die Erzählung dies wüßte, der Versuch, die Geschichtlichkeit der Sprache zu erklären. Die Übersetzung – als Möglichkeit und als Notwendigkeit – ist das Produkt Babylons; sie ist aber gerade auch ein Stück *Überwindung* des Babylonischen; sie ist ein antibabelisches Element. Und wir finden den Übersetzer, auch schon den *professionellen,* in der Tat schon in der Genesis: Joseph, als mächtiger Minister des Pharao, redet mit seinen Brüdern, die noch nicht wissen, wer er ist, damit sie nicht merken sollen, daß er sie versteht, über einen Dolmetscher. Es gab also bereits an Pharaos glanzvollem Hof angestellte (und sicher unzureichend entlohnte) Übersetzer...

CODA

Golo Mann schrieb über Hans Reisiger im Jahr 1964, als dieser achtzig wurde: „Wie gut erinnere ich mich noch an den Vierzigjährigen: schlank und braungebrannt (das ist er beides heute noch), elegant, gleichgültig, welche Kleider er trug, ein großer Skiläufer, eine entschieden sportliche Erscheinung. Zuerst hielt ich ihn für einen Engländer. Mein Vater, sonst so oft in sich gekehrt, taute auf, sobald Hans Reisiger da war. Die beiden konnten zusammen lachen, daß es eine Freude war; sich unterhalten in ernsten Gesprächen wie mit allerlei Anekdoten, Scherzen, Nachahmungen und Reimen; sogar zusammen Karten spielen."[12] Da erkennt man Rüdiger Schildknapp Zug um Zug... Aber es gibt, offensichtlich, auch Unterschiede. Wieder Golo Mann: „Er haßte im Grunde die großen Städte. Aufs Land, ins Gebirge zog er sich zurück, um in kargen Gasthof-Stuben seine Bücher zu schreiben." Also doch nicht immer die Nähe reicher Häuser.

Vor allem: er hat nicht bloß übersetzt; das Übersetzen, so sehr es ihn beschäftigte und so Bedeutendes er darin leistete, drängte ihn von eigener literarischer Arbeit nicht ab: etwa, 1930, *Unruhiges Gestirn*, ein Roman über Richard Wagners Jugend, oder 1939 der Roman *Ein Kind befreit die Königin,* der die Gefangenschaft der Maria Stuart zum Gegenstand hat, und vor allem 1952 *Aeschylos bei Salamis.* Als Übersetzer machte er sich besonders um das Werk Whitmans verdient. Golo Mann: „Was Hans Reisiger als Vermittler, Übersetzer sowohl wie Erklärer, angelsächsischer Literatur für den deutschen Sprachkreis geleistet hat, steht in unserem Jahrhundert einzig da."

Golo Mann rühmt an ihm, daß er „die Feengabe der Freundschaft" besessen habe. In der Tat brachte er es fertig, gleichzeitig mit Thomas Mann *und* Gerhart Hauptmann befreundet zu sein: „Er konnte zuhören wie kein anderer, wenn ihm aus einer werdenden Arbeit vorgelesen wurde, konnte, was bei Kollegen so selten ist, künstlerische Absichten verstehen, konnte eingehen, kritisieren, ermuntern." Höhepunkt seiner Freundschaft mit Thomas Mann waren gewiß die zwanziger Jahre. In einem Geburtstagsgruß zum Siebzigsten, 1954 (*Gesammelte Werke, X*), schreibt Thomas Mann über Reisiger, er habe ihn 1906 in Berlin zuerst getroffen. Nun, 1906 trifft Serenus Zeitblom den Übersetzer zum ersten Mal... Peter de Mendelssohn weist in seiner Biographie ziemlich schlüssig nach, daß Thomas Mann Reisiger frühestens 1913 getroffen haben kann: ein eigentümlicher Gedächtnisfehler bei einem so nahestehenden Freund, noch dazu in einer gedruckten Geburtstagsadresse! Offenbar war für Thomas Mann die Wirklichkeit des Romans stärker geworden als die biographische. Noch nach 1933 trafen sich Thomas Mann und Reisiger immer wieder in der Schweiz, bis Thomas Mann Europa verließ. Von den Vereinigten Staaten aus verschaffte Thomas Mann Reisiger einen Ruf nach Berkeley; Reisiger lehnte ab (vielleicht auch daher fehlen die Amerikaner im Umgang Rüdiger Schildknapps; er übersetzt ja auch nichts Amerikanisches). Reisiger lebte seit 1933 in Tirol, ab 1938 in

Berlin (also doch wieder die große Stadt). Über die Ablehnung des Rufs war Thomas Mann verstimmt. War, umgekehrt, Reisiger wegen Schildknapp verstimmt? Begeistert konnte er nicht sein. Er hat aber großzügig reagiert: hier Einwände zu erheben, soll er, wie Golo Mann mir brieflich mitteilte, gesagt haben, sei, wie wenn jemand in einem prächtigen Bauwerk einwendete „hier zieht's".

Natürlich mag man fragen, wie Thomas Mann zu diesem nicht unbedenklichen Konterfei imstande war. Zunächst gab es da die genannte Verstimmung. Sodann muß man sich vergegenwärtigen, daß der *Faustus* in den letzten Kriegsjahren im fernen Kalifornien geschrieben wurde. Thomas Mann habe damals, sagt Golo Mann, unter dem Eindruck gelebt, er werde alle diese Menschen – Reisiger ist ja nur *eine* von vielen Vorlagen – nie mehr wiedersehen. So war der *Faustus* psychologisch wohl auch der Versuch, etwas als definitiv verloren Empfundenes in der Erinnerung zu wiederholen, wiederzuholen. Im übrigen, trotz zahlreicher Vorlagen, ist der *Faustus* natürlich alles andere als der Typ des „Schlüsselromans". Am 23. Oktober 1945 schrieb Thomas Mann an Emil Preetorius („Pree") der im *Faustus* auch vorkommt: „Haben sie irgendeine Möglichkeit des Kontaktes mit Hans Reisiger? Dann lassen Sie ihn doch wissen, daß ich nie etwas von ihm gehört habe. Er will mir nämlich geschrieben haben." Und am 14. Dezember 1946 (offenbar war die Kontaktaufnahme gelungen) schreibt er, also noch *vor* Abschluß des Romans, an Tochter Elisabeth: „Reisi ist von seiner Unterbringung [im Roman nämlich] benachrichtigt." Im Jahr 1949, anläßlich Thomas Manns erster Rückkehr nach Deutschland, sahen sich die Freunde wieder. Der Briefband 1948 bis 1955 (Frankfurt 1965) enthält nicht wenige Briefe an Reisiger (leider sind die Briefe *vor* der Trennung fast alle verloren): alle sind freundschaftlich wohlgelaunt („Lieber, guter Reisi"). Am 21. September 1952 bittet ihn Thomas Mann, nun schon von Zürich aus (er war wieder nach Europa zurückgekehrt), um „ein paar Tips, Notizen, Winke, Ideen, Erinnerungen, tatsächliche Angaben" zu Gerhart Hauptmann, über den Thomas Mann, anläßlich dessen neunzigsten Geburtstag, zu sprechen hat. Reisiger muß postwendend geantwortet haben, denn bereits am 26. September bedankt sich (ein wenig „casual", mag man finden) Thomas Mann: „Prächtig, guter Reisi! Vorzüglich! Sie sind ein ghost-writer, um den die Truman und Eisenhower mich beneiden können" und schließt: „Sie haben sich höchst freundschaftlich bewährt." Da denkt man unwillkürlich an Schildknapps Sich-Versagen, seine Unzuverlässigkeit. In der genannten Geburtstagsadresse kommt Thomas Mann auf Schildknapp zurück; er bezieht sich auf das Wiedersehen in Frankfurt 1949: „Ein jeder hatte dem anderen dies und das zu verzeihen: ich ihm, daß er mich im Stich gelassen, die Berkeleyprofessur ausgeschlagen hatte und mir dadurch ins Unwirkliche entglitten war (eine bemerkenswerte Formulierung: das Ausschlagen eines Freundschaftsdiensts verunwirklicht); er mir, daß aus dieser Unwirklichkeit in meinem Roman von Deutschlands Höllenfahrt eine zwar humoristisch gewinnende, dem Leben aber gar nicht verantwortliche Phantasiefigur geworden war. Wahrhaftig, er hatte mehr zu verzeihen als ich, und wie er's tat, ist und bleibt schlechthin bewundernswert."[13] Damit ist gewiß nicht alles erklärt. Aber es kann hier ja nicht um „Erklärung" gehen. Immerhin mag dies wenige „Material" schon abhalten vor allzu schnellem, allzu sicherem Urteil. Die wirkliche Wirklichkeit ist *komplexer,* unabsehbarer als die in einem Literaturwerk hergestellte... Reisiger, der 1884 geboren wurde, also neun Jahre jünger war als Thomas Mann, starb 1968, vierundachtzigjährig, in Garmisch.

Übrigens ging Hans Reisiger viele Jahre nach seinem Tod noch einmal ein in einen Roman: in den Roman *Ein Fremdling* von Hermann Lenz (Frankfurt 1983). Hier heißt Reisiger *Siebenmorgen (‚Sibi')* und ist nun um die siebzig, also vierzig Jahre älter als im *Faustus.* Er redet da oft von seiner Freundschaft mit „Tommy" und betont, er selbst „stapfe wacker weiter wie ein Ackergaul im translation field" (S. 100). Da erkennen wir etwas wieder von seinem spezifischen Witz. Der Roman *Ein Fremdling* gehört zu der autobiographischen Eugen Rapp-Serie von Hermann Lenz. Vielleicht lüften Rapp und Lenz Reisigers persönliches, von Mann und Zeitblom gehütetes Geheimnis:

Lenz-Rapp fällt, in der Erinnerung, knapp dreißig Jahre später ein, daß bei einer Gelegenheit „Siebenmorgen die Schublade seines Hotelzimmertischs aufgemacht hatte, worin die Fotografie einer Frau in ovalem Silberrahmen gelegen war... In ihrem Gesicht war ihr Sohn zu erkennen, dieser siebzigjährige Junggeselle. Vielleicht hatte der um seiner Mutter willen nicht heiraten wollen und sich davor gefürchtet, ihr untreu zu werden..." (S. 101). So wäre also dem „vermittelnden Literaten" nicht allein der unglückliche Vater, der nicht Regierungsrat werden konnte, zum Schicksal geworden, sondern auch, in anderer Weise und nachhaltiger noch, die Mutter, deren Bild in ovalem Silberrahmen er mit sich führte sein unruhiges Leben lang.

Hermann Lenz, nun nicht mehr als Rapp, sondern direkt, in einem Brief an mich: „Ja, T. M. hat ihn von innen her gekannt; ihm ist nichts verborgen geblieben, während ich nur den ermüdeten und empfindsamen Einzelgänger kennengelernt habe, mit dem ich mich verwandt fühlte. Mein Porträt kann keine neuen Charakterzüge aufdecken; aber die Fotografie der Mutter in der Tischschublade kommt, soviel ich den ‚Doktor Faustus' kenne, bei T. M. nicht vor. Reisiger zeigte mir das Bild im Hotelzimmer und lächelte, halb verlegen, halb komplizenhaft, etwa im Sinne von: wir wissen schon, was los ist..." (24. Februar 1984).

1 Goethe, *Faust, Erster Teil*, Studierzimmer, v. 1220–1237. E. Trunz kommentiert ein wenig bieder, aber zu Recht: „Fausts Art des Übersetzens, seine Umwandlung des biblischen Ausdrucks ist sehr bezeichnend für sein Wesen. Er gibt sich nicht dem Gegenstand hin, sondern er will sein eigenes Denken bestätigt sehen..." (Hamburger Ausgabe, III, S. 509; hier weitere Angaben; so auch A. Schöne, *Goethe: Faust, Kommentare*, Frankfurt 1994, S. 247: „Ganz und gar in eigener Sache dolmetschend"). Faust folgt hier sicher nicht Luthers Grundsatz *non esse scripturas sanctas proprio spiritu interpretandas;* er interpretiert „proprio spiritu", oder: Goethe läßt ihn so interpretieren.

2 Eine skurril aberrante, auch wohl von vornherein wahrheitsunwillige Interpretation des Passus findet sich bei F. A. Kittler, *Aufschreibesysteme 1800/1900*, 2. Auflage, München 1987. Im 1. Kapitel dieser Freiburger Habilitationsschrift wird diese Stelle als Verbeamtung gedeutet: dem (geisteswissenschaftlichen) Beamten, der sich dem Staat ver-

schreibt, wird eine (gezügelte) Interpretationsfreiheit zugestanden; es wäre also, was sich hier, nach Kittler, zeige, die Verbeamtung der Hermeneutik.

3 Thomas Mann, *Gerhart Hauptmann, Rede gehalten am 9. November 1952.* Frankfurt/Main 1953, S. 38.

4 Zit. bei J. Kaiser, *Erlebte Literatur, Vom ‚Doktor Faustus' zum ‚Fettfleck', Deutsche Schriftsteller unserer Zeit.* München/Zürich 1988, S. 45.

5 Golo Mann, *Mein Vater Thomas Mann.* Lübeck 1970, S. 12.

6 Hierzu Thomas Manns Eintrag in *Die Entstehung des Doktor Faustus. Roman eines Romans:* „Eine herrliche ‚Matinée' (nachmittags) des Busch-Quartetts in Town Hall sei nicht vergessen – mit vollendeter Wiedergabe von Beethovens Opus 132, diesem höchsten Werk, das ich, wie durch Fügung, in den Jahren des Faustus ein übers andere Mal, gewiß fünfmal, zu hören bekommen habe" (Frankfurt/Main 1949, S. 58). Der langsame Satz dieses Quartetts, „Danksagung eines Genesenen in lydischer Tonart", wurde bei Th. Manns Beerdigung gespielt (F. Mann, *Professor Parzival, Autobiographischer Roman.* München 1985, S. 10).

7 Kaiser (cf. Anm. 4), S. 44.

8 Ernst Jünger kennzeichnet jenes Verzichten einmal so: „Die eigenen Bücher nimmt man deshalb so ungern zur Hand, weil man sich ihnen gegenüber als Falschmünzer erscheint. Man ist in der Höhle des Ali Baba gewesen und hat nur eine lumpige Handvoll Silber zutage gebracht." (*Das abenteuerliche Herz*, 2. Fassung, Die Kiesgrube).

9 Hugo Friedrich, *Zur Frage der Übersetzungskunst.* Heidelberg 1965, S. 20; *Die Sonette der Louize Labé, Lyoneserin 1555.* Übertragen von Rainer Maria Rilke, Frankfurt/Main 1954, S. 6/7.

10 Elmar Tophoven, *Möglichkeiten literarischer Übersetzung zwischen Intuition und Formalisierung,* in: Der Mensch und seine Sprache (hg. von H. Rössner). Berlin 1969, S. 125–144.

11 Diese Sicht greift der (bedeutende) Übersetzer Fritz Vogelgsang freundschaftlich an, und zwar, meinen wir, mit verdächtiger Vehemenz (*Insulare Offenheit, Laudatio auf Rudolf Wittkopf,* in: Deutsche Akademie für Sprache und Dichtung, Jahrbuch 1987, S. 48–57). Vogelgsang bestreitet der Unterscheidung zwischen Produktion und Reproduktion das Recht. Was aber, darf man (freundschaftlich) zurückfragen, nützte ein Übersetzer, der nicht gewillt wäre zu reproduzieren? Und: ist das Reproduzieren des Dichters (denn in der Tat: in gewissem Sinn reproduziert auch er) nicht ganz anderer Art, totaliter aliter? Thomas Mann zum Beispiel hat, als er den *Faustus* schrieb, auch bloß „reproduziert" (zum Beispiel Goethe, Nietzsche, Tschaikowski, Dostojewski, Adorno, Schönberg, Shakespeare…, auch Schildknapp selbst – Reisiger – ist ja Reproduktion).

12 Golo Mann, *Hans Reisiger zum achtzigsten Geburtstag,* in: Neue Rundschau 1964, S. 699.

13 Thomas Mann, *Gesammelte Werke,* Bd. X, S. 542.

9. Stil. Kleine Geschichte eines großen Worts

Am Anfang ist da etwas Pflanzliches: ein Stengel. Dies ist die erste Bedeutung des lateinischen „stilus". So hat auch dieses Wort, wie wir es häufig gerade im Lateinischen finden, ursprünglich landwirtschaftliche Bedeutung: es gilt zum Beispiel auch für „Kultur", das zunächst „Anbau" bedeutete. Dann aber ergab sich aus „stilus" ein Bild, eine Metapher: das Wort für den pflanzlichen Stengel wurde zur Bezeichnung des Griffels, der zum Schreiben diente. Dieser Griffel (aus Holz oder aus Metall oder aus Bein) hatte zwei Enden: ein spitzes, mit dem man schrieb – es wurde meist auf Wachstafeln geschrieben –, und ein breites, abgeplattetes, das dazu diente, das Geschriebene wieder glattzustreichen und also auszulöschen. Dies ist nun auch geistig bedeutsam. „Den Griffel umdrehen", „stilum vertere", sagt man lateinisch für „verbessern". So war in diesem Instrument beides vereint: das Schreiben und das Löschen. Was aber bereits für den Griffel gilt, gilt noch immer und, möchte man sagen, erst recht für den Computer: das Gelöschte ist auch hier in jeder Hinsicht gelöscht (mehr jedenfalls als das Abgewaschene beim Papyrus und das Abgeschabte beim Pergament: da gibt es keinen Palimpsest).

Warum ist die Möglichkeit des Ausstreichens, des Löschens, so wichtig? Was hat sie zu tun mit Stil? Verbessern kann man sich ja auch im Sprechen: man kann in mehreren Anläufen, nach und nach, was man sagt, mit dem zur Deckung bringen, was man sagen *will*. Aber eines kann man beim Sprechen nicht: man kann nicht so tun, als hätte man sich *nicht* verbessert. Man kann die Korrektur, die man vorgenommen hat, nicht verwischen. Zugegeben, zur Not ist dies auch beim Sprechen denkbar: man könnte sich ja, ohne irgend etwas aufzuschreiben, genau und umständlich zuvor überlegen, was man sagen möchte, und dann auch – ohne Zuhilfenahme irgendeines Schreibzeugs

– Sätze verwerfen, also schließlich doch nicht äußern, die man *zunächst* äußern wollte. Aber flüssiges, *normales* Sprechen ist so gewiß nicht möglich. Im Unterschied zum Sprechen hat man (und mit größter Leichtigkeit und bereits vom Griffel an) beim Schreiben die Möglichkeit, die Korrektur, die Tatsache, *daß* korrigiert wurde, unsichtbar zu machen: Korrekturverwischungsmöglichkeit. Daß diese Möglichkeit auch geistig, im geistigen Resultat des Schreibens Konsequenzen mit sich bringt, ist evident. Das Technische beeinflußt hier – es tut dies durchaus nicht immer – das Geistige unmittelbar. Das im Geschriebenen erscheinende Sprachliche erreicht durch verwischte, unsichtbar gemachte Korrektur eine Intensität (oder kann sie erreichen), die im Sprechen, das sich nicht auf zuvor Geschriebenes stützen kann, schlechthin unerreichbar ist. Eine Intensität, die sich dadurch noch steigert, daß sich das Schreiben – dies freilich ist eine Kunst – bereits während des Schreibaktes an der Realisierung orientieren kann, die zu einem späteren Zeitpunkt in der geplanten oder vorausgesehenen, im Erleben vorweggenommenen Situation akustisch (und, unter Umständen, optisch) geschieht. So kann das Schreiben dann auch noch zusätzlich die Vorteile des Sprechens, des Gesprochenen nutzen.

Vorteile des Gesprochenen? Wo sind sie? Nun, sie liegen vor allem im Fehlen der Defizienzen des Geschriebenen (hierüber in dem Kapitel zu Nietzsches Stillehre). Der positive Vorteil aber des Gesprochenen liegt vor allem in der *Unmittelbarkeit,* der spontanen Direktheit des Ansprechens. Und nun ergibt sich durch Schriftlichkeit die enorme Möglichkeit, den Eindruck, der etwas Bestrickendes haben kann, von Unmittelbarkeit zu schaffen, den Eindruck, daß hier etwas von sich aus fließt, während man es doch in Wirklichkeit *genauestens* vorbereitet hat. Gute Redner wissen dies. Sie wissen zum Beispiel, daß ein vollständig formulierter Text seine Gefahren hat, eben weil man dann versucht ist, nur einfach „herunterzulesen". Man muß einen solchen Text in Rede, in Ansprache, in ein eigentliches Ansprechen verwandeln durch Pausen, durch Zögern und andere Mittel, um so Nachdenklichkeit – den Eindruck von ihr – künstlich zu erzeugen. Und dies wird um so leichter fallen, je mehr der Text für sich selbst bereits, nämlich als geschriebener, Ansprache ist.

Nunmehr kommt es aber zu einer zweiten Übertragung von „stilus", die uns weit mehr interessiert: die Übertragung vom Griffel auf die Schreibart. Sie findet sich früh: bereits bei Terenz, besonders aber bei Cicero, knapp hundert Jahre später, ist sie belegt. Für das Wort „stilus" werden dann die Bedeutungen „Schreiben", „Schreibart", „Literatur" und sogar „Sprache" angegeben. Die letztere Bedeutung zeigt – Derrida (wenn er es wüßte) müßte sich freuen – ein ausgesprochen skriptistisches, graphozentrisches Verständnis von Sprache. Der Ausdruck „graecus stilus", „griechischer Stil", konnte stehen für das einfache Umstandswort „graece", also „auf griechisch". Und „transferre in latinum stilum", „in lateinischen Stil bringen", heißt schlicht „ins Lateinische übersetzen". „Stilus" heißt also durchaus nicht nur „Schreibart", sondern das Wort hat eine weitere Bedeutung, so daß die Bedeutung „Schreibart", die uns interessiert, fast wieder als eine Einengung erscheint. Im übrigen haben wir auch andere Ausdrücke im Lateinischen zur Bezeichnung dessen, was wir heute „Schreibweise" oder eben „Stil" nennen würden. Solche Ausdrücke sind „elocutio", also etwa „Diktion", oder auch „genus dicendi", „Art des Sprechens". Dies jedenfalls müssen wir zunächst festhalten: in der Antike wird das Wort „stilus" auf nichts anderes als auf geschriebene, gelegentlich auch auf gesprochene Sprachäußerungen bezogen. Es geht dabei immer nur um Sprachliches. Ein rein literarischer Begriff. Wenn es um etwas anderes geht als um Geschriebenes, finden sich andere Ausdrücke, für die wir heute „Stil" sagen würden. Vitruv, der Architekt aus dem ersten vorchristlichen Jahrhundert, redet, wenn er etwas wie „Stil" meint, von „more ionico", „nach ionischer Art", oder auch – adverbial – einfach von „ionice".

Wir sollten aber etwas anderes hervorheben. Das Wort „Stil", ein ausgesprochen kulturelles Wort, ist in jeder Hinsicht ein Sonderfall; es gehört zu den wenigen Wörtern dieser Art des Lateinischen, die *nicht* vom Griechischen kommen, die keine griechische Vorlage haben, das Wort ist keine Lehnübersetzung, kein *calque*. „Stilus" im Sinne von „Schreibart" ist eine rein lateinische Prägung. Das Griechische hatte in gewissem Sinn gar kein Wort für „Stil", jedenfalls nicht so ein Wort. Die griechischen Wörter für Griffel („graphís" und „grapheíon"), mit denen unser Wort Griffel zusammenhängt, bedeuten nur eben „Griffel" oder auch „Pinsel"; sonst nichts. Das Griechische hatte kein Wort für Stil, es hatte zwar mehrere Wörter, die in diese Richtung zielen, etwa „léxis" oder „charaktéres" oder „hermeneía", „idéai", „prágmata". Aber dies heißt nicht, daß das Griechische hier mehr hätte. In diesem Fall wird man sagen dürfen: mehrere Wörter sind weniger als eines, in dem sich ein Inhalt wirklich zu kristallisieren vermag, wie dies bei „stilus" geschah. Die Frage, wie es mit dem Stil, der Erfassung dieses Phänomens, das die Griechen doch auch irgendwie gesehen haben müssen, im Griechischen steht, wäre genauer zu untersuchen. Übrigens meinte man irrtümlich einige Zeit hindurch, dem lateinischen „stilus" liege das griechische „stylos" zugrunde, das soviel wie „Säule" oder „Pfeiler" bedeutet (diesem naheliegenden Irrtum verdanken wir die Schreibung dieses Wortes im Französischen und Englischen mit einem Ypsilon; im älteren Französischen schrieb man noch etymologisch richtig *stile*, aber nicht, weil dies die Absicht war, sondern weil die Schreibung zunächst dem Lautlichen folgte).

Verfolgen wir das Wort „Stil" durch die Jahrhunderte. Erzählen wir dieses Wort! Im Mittelalter fehlt, jedenfalls im Lateinischen, die Verwendung von „stilus" im Sinne von „Schreibart". Die Bedeutung fehlt in den Wörterbüchern von Du Cange und Migne; hier findet sich nur die allgemeine Bedeutung *consuetudo* und *mos*. Anders war es in der Volkssprache, vor allem in der italienischen. Im Mittelalter entstand im 13. Jahrhundert bereits, also noch vor dem für die italienische Literatur so bedeutsamen 14. Jahrhundert, dem Trecento, die Schule des „neuen süßen Stils", „dolce stil nuovo". Dante hat diese Schule bereits vorgefunden; einer seiner allerengsten Freunde, der Dichter Guido Cavalcanti, gehörte ihr zu. Im lateinischen Mittelalter kam nun aber eine neue Bedeutung von „stilus" auf: das

Wort meinte hier die Art der Anlage von Gerichtsakten oder von Akten überhaupt – Du Cange: „formula, methodus conficiendi acta forensia" –, und diese Bedeutung von Stil findet sich dann auch in den Volkssprachen, etwa im Französischen. „Stil" meint die Vorgehensweise, im juristischen Sinne, besonders in der Anlage der Akten. Wir sind aber immer noch im Bereich des Geschriebenen. Im „lateinischen Mittelalter", mit Ernst Robert Curtius zu sprechen, wird also *stilus* nicht im Sinne von „Stil" verwendet, sondern im Sinne von „Aktenanlage" oder, allgemeiner, von „Gewohnheit"; in der „Volkssprache" Italiens aber unter Gebildeten hieß das entsprechende Wort etwas wie „Schreibart" und „Redeart" oder „Dichtungsart". Übrigens zeigt gerade dieser Fall eines der Probleme des berühmten Titels von Curtius...

Wann nun erfolgte die Übertragung auf andere Künste? Sie ergibt sich in massiver Form tatsächlich erst im 17. Jahrhundert. Hier findet sich das Wort (und wurde dadurch ein anderes) zunächst im Blick auf die bildenden Künste, dann, ziemlich gleichzeitig, im Blick auf die Musik. Der früheste Beleg für diese Verwendung, die Übertragung also von ‚Schreibart' auf ‚Machart' in den bildenden Künsten, findet sich, wie es scheint, im Katalanischen, und zwar bei dem Autor Anselm Turmeda, der von 1352 bis 1430 lebte; Joan Coromines (kastilisch: Juan Coprominas) zitiert in seinem etymologischen Wörterbuch des Katalanischen (1982) die Stelle, in der die Rede ist von ‚Türen, die in neuem Stil gemacht worden sind' („portes fetes per novell stil"). Als erster Beleg für die kunstwissenschaftliche Übertragung von *stile* wird von Ian Bialostocki Giovanni Paolo Lomazzo genannt, in dessen 1584 erschienenem *Trattato dell' arte della pittura*. Dies ist also nun eine neue, eine *dritte* Übertragung, eine wiederum skriptistische Verallgemeinerung: von der „Schreibart" allgemein auf die „Machart" in den bildenden Künsten und in der Musik. Die enorme Verspätung der Übertragung von „Schreibart" auf „Machart" allgemein überrascht. Das große Cinquecento in Italien, das so Unvergleichliches entstehen sah, kannte *Stil* nicht. Natürlich aber gab es andere Ausdrücke, gegen die sich nun „Stil" bald durchsetzen sollte.

Zum Beispiel „Art" oder „Geschmack" oder „Gewohnheit" oder „Charakter": „maniera", „gusto", „usanza", „costume", „genere", „caràttere"; in der Musik speziell finden sich auch „Art" oder „Praxis" („modo" oder „pratica"). Das letztere Wort verwendet Claudio Monteverdi in einem seiner Madrigalbücher (im fünften). Es wäre interessant, den Unterschied herauszuarbeiten, der zwischen diesen Wörtern liegt und dem neu hinzugekommenen „Stil": Es ist klar, daß „Art und Weise", „maniera", etwas mehr Technisches, Handwerkliches meint als der über das Technisch-Handwerkliche hinausreichende Begriff „Stil" (wir verdanken hier einiges den Hinweisen einer sogenannten „Zulassungsarbeit" von Theodor Weller „Die Geschichte des Wortes ‚Stil' mit besonderer Berücksichtigung des Französischen").

Blicken wir zurück: erstens eine Übertragung von etwas Pflanzlichem auf etwas Technisches; zweitens die Übertragung vom Instrument, dem Griffel, auf das Produkt: das mit dem Instrument Geschaffene wird mit dem Namen des Instruments selbst bezeichnet – vom Griffel somit zur Schreibart; drittens dann die Ausweitung, sehr spät einsetzend, sechzehnhundert Jahre nach Cicero, auf die „Machart" in den bildenden Künsten und in der Musik, die ja etwas Geschriebenes ist oder jedenfalls sein kann.

Heute natürlich, jeder weiß es, geht die Ausweitung noch sehr viel weiter. Wir beziehen das Wort nicht mehr nur auf die bildenden Künste, auf die Malerei, die Graphik, die Bildhauerei, auf die Architektur und nicht mehr nur auf Musikwerke, und hier in gleicher Weise nicht nur auf deren Komposition als auch auf deren Aufführung, ihre akustische Realisierung, wenn also ein Musikstück, wie es umständlich, aber eigentlich ganz zutreffend heißt, „zu Gehör gebracht wird" (auch in der Art dieses zu Zu-Gehör-Bringens kann es, bekanntlich, Stil geben). Wir beziehen uns mit diesem Begriff, weit über das Künstlerische hinaus, auf Tätigkeiten des Menschen überhaupt, wie wir sie antreffen in der Lebenswelt: es gibt den Arbeitsstil, den Verhandlungsstil, den Führungsstil, dann den Umgangsstil, auch den Fahrstil, den Laufstil eines Joggers oder den Springstil eines Skispringers, schließlich gibt es den Lebensstil, dem sich neuerdings der „lifestyle" hinzugesellt hat. Auch das „Styling" wollen wir nicht vergessen. Auffallend ist an dem allem, daß wir Stil offensichtlich nur Dingen zuerkennen, die entweder Erzeugnisse oder Tätigkeiten des Menschen sind. Zum Stil gehört eine Absicht, sei diese nun bewußt oder unbewußt (es gibt natürlich unbewußte Absichten); insofern gehören zum Stil gewiß auch unbewußte Elemente. Es ist also so, daß unsere Sprache in dem Wort „Stil" auf nicht ausdrückliche Weise einen Unterschied setzt zwischen Mensch und Tier. Allenfalls dem Menschen sehr nahestehende und in gewissem Sinn vermenschlichte Tiere, wie etwa dem Pferd oder dem Hund, würden wir diese Kategorie – aber auch hier nur zögernd – zugestehen.

Wir müssen nun aber weiter ausgreifen und das Wort selbst, zumindest ein Stück weit, verlassen, wenn wir der *Sache* näherkommen wollen, die das Wort bezeichnet und die uns *eigentlich* interessiert. Dies braucht uns nicht daran zu hindern, darüber zu staunen, was aus dem schlichten Griffel oder Stift der Römer geworden ist.

Wir finden das Wort – synchronisch gesehen, in der Gegenwart – in drei ganz verschiedenen Ausformungen, die aber miteinander zusammenhängen. Zunächst die Verwendung des Wortes *Stil* im Sinne von etwas, das sich bei einem einzelnen, einem Individuum zeigt: Individualstil. Dann finden wir Stil in bezug auf eine besondere Gattung, wenn es um Sprachliches geht: diese oder jene literarische Gattung hat, als etwas gerade ihr Entsprechendes und Zugehörendes, einen bestimmten Stil. Also: Gattungsstil. Wir wissen, welcher Stil angemessen ist für eine Tischrede (schlimme Sitte!), zum Beispiel bei einer Hochzeit, oder für einen wissenschaftlichen Vortrag (hierzu der Beitrag „Stil in der Wissenschaft") und so fort. Wir haben eine bestimmte Erwartung, wann immer wir solche Äußerungen hören, und messen, was wir hören, an ihr. Wir lassen durchaus auch Abweichungen zu, aber eben: sie sind für uns Abweichungen; was voraussetzt, daß wir eine bestimmte Erwartung *haben*, denn nur auf Grund solcher Erwartung können wir Abweichungen, die glücklich oder unglücklich sein können, feststellen. Schließlich: Stil als Epochenstil. Ganze Epochen haben einen bestimmten Stil, und wir haben auch hier Erwartungen, die erfüllt oder nicht erfüllt sein können.

Sodann ist synchronisch etwas Weiteres zu beobachten. Unabhängig vom bisher Gesagten verwenden wir das Wort „Stil" heute – und schon seit längerem – in zwei sehr verschiedenen Weisen, die aber doch auch wieder zusammenhängen. Erstens im Sinne eines Sich-Einfügens: der einzelne fügt sich ein in ein Vorgegebenes – als Gattung oder, allgemeiner, als Textart (die Linguisten haben sich das eigentümliche – technisch kommerziell konzipierte und von daher hier verfehlte – Wort „Textsorte" angewöhnt); Stil ist in diesem Fall Erwartungserfüllung, besteht geradezu in dieser. So können wir sagen: er hat den Stil, der hier gefordert ist, nicht getroffen. Zweitens reden wir von Stil – und daran vor allem denken wir *heute* bei dem Begriff – im Sinne eines Sich-Ausfügens. Stil ist hier – umgekehrt im Vergleich zum vorhergehenden Fall – gerade das Sich-Abheben von einem Vorgegebenen; er erscheint hier gerade nicht als Erwartungserfüllung, sondern als Erwartungsbesiegung. Stil, so hat Roman Jakobson definiert (es ist aber nur *eine* Seite, und auch diese keineswegs ganz), ist „besiegte Erwartung", „defeated expectancy". In diesem Sinne entspricht Stil so etwas wie der persönlichen Eigenprägung. Einfügung also und Ausfügung, englisch mit den handlichen Ausdrücken „opting in" und „opting out". Aber diese beiden Möglichkeiten – Einfügung und Ausfügung – können auch *miteinander* da sein: indem man sich nämlich *einfügt* in ein Vorgegebenes, kann man dies in einer Weise tun, die sich auch wieder *ausfügt,* also gerade auch Individuelles zeigt.

Hier haben wir nun erneut einen bemerkenswerten Wandel. Von der Antike bis weit in die Neuzeit, bis ins 18. Jahrhundert hinein und darüber hinaus, ist Stil durchweg im Sinne eines Sich-Einfügens verstanden worden: Stil als etwas einem Konventionellen, Typischen Entsprechendes. Das Individuelle, das sich hier natürlich auch zeigte, ist innerhalb dieser Sicht eher als Schlacke, als etwas Negatives empfunden worden (so sagt man uns – aber war es wirklich so?). Der Wandel vollzog sich im 18. Jahrhundert, in dessen zweiter Hälfte, in der so vieles neu begann. Stil wird von nun an mehr und mehr – und in der Romantik erst recht – zum Individualstil, was sich bis heute, und sich verstärkend, fortgesetzt hat. Von nun an dominiert das Element Ausfügung eindeutig und verdrängt das andere, das Jahrhunderte hindurch dominiert hatte: die Einfügung. Aber eben: diese ist nur in den Hintergrund gedrängt, sie hat keinesfalls völlig an Bedeutung verloren und ist immer noch da.

Im 18. Jahrhundert haben wir nun aber eine zusätzliche Wandlung der Stilauffassung. Sie hängt zusammen mit dem Aufkommen einer historischen Sicht, dem Durchbruch des historischen Bewußtseins. Es ist, man kann es schwerlich anders sagen, ein geistesgeschichtlicher Wandel von enormer Bedeutung. Die historische Sicht ist uns so natürlich, daß uns diese Bedeutung wie auch der Wandel selbst kaum mehr zu Bewußtsein kommen. Der ganze Bildungsbegriff, die Auffassung des Menschen überhaupt werden in jener Zeit (und sich fortsetzend im 19. Jahrhundert) historisiert: umfassende Vergeschichtlichung. Alles, was sich im Menschlichen vorfindet, muß geschichtlich verstanden werden. Und dies heißt auch: jede Erscheinung hat ihr historisches Recht, muß an dem gemessen werden, was historisch möglich war in der Zeit, in die sie fällt. Es ist etwas, wir sagten es, das noch der Aufklärung ganz und gar fremd war (vgl. S. 90/91).

Und es ist alles andere als überraschend, daß ein Begriff wie derjenige des Stils an dieser geistesgeschichtlichen Veränderung partizipieren mußte: Stil hat für uns, unumkehrbar, wie es scheint, dies historisch relativierende Element. Das heißt: wir urteilen auch hier nicht mehr nach absoluten Kriterien, sondern gestehen jedem Stil sein eigenes, jeweils historisch bedingtes Recht zu. Wir sind in der Lage, was frühere Zeiten nicht konnten, uns *einzuleben* in die verschiedensten Stile und dabei jeweils ästhetische Befriedigung zu erfahren. Wir tun sogar etwas, im Sinne jener Historisierung, das frühere Zeiten nicht nur nicht taten, sondern überhaupt nicht verstanden hätten: wir stellen, etwa in Bauwerken, die ursprüngliche Stilreinheit wieder her („Stilreinheit" ist ja ein durch und durch historischer, historisches Bewußtsein voraussetzender Begriff), uns stören Barockelemente in gotischen Kirchen, während diejenigen, die sie hineingebracht haben, sie ja eben hineinbrachten, weil sie das Vorgefundene – von *ihren* historischen Voraussetzungen her, von denen sie aber nichts vermuteten – störte.

Vielleicht ist dies nirgends so deutlich wie in unserem Verhalten zur Musik. Während frühere Zeiten die eigene Musik, die jeweils neueste, hören und schon die von gestern und vorgestern nicht mehr hören wollten, ergeht es uns heute gerade umgekehrt: wir wollen alte Musik hören, aufgeführt in möglichster Stilreinheit (es stört uns zum Beispiel der „romantisierte" Bach, aber auch dieser kann dann doch schon wieder – so weit sind wir längst – *historisch* akzeptiert werden). Sicher aber sind wir, die übergroße Mehrheit der Freunde der Musik, eher zurückhaltend, wenn es um die neue und neueste Musik geht. Wir genießen in der gleichen, jeweils „historischen" Weise den gregorianischen Gesang, den gewaltigen Monteverdi, dann Bach, Beethoven, Brahms, Bruckner und Debussy und Bartók – ja, und hier (oder etwas vorher schon oder auch etwas später) hören viele, auch wenn sie es vielleicht ungern zugeben, mit dem Genießen auf; dann wird das Erleben, das Hören allenfalls „interessant"...

Die Historisierung des Stilbegriffs fällt nun aber, genau gesehen, mit dem Aufhören *eigenen* Stils zusammen. Man hat nicht zu Unrecht gesagt, die Barockzeit und die des Rokoko hätten, in ihren Bauwerken, als letzte wirklichen Stil gehabt. Wirklichen Stil in dem Sinne, daß sie sich nicht an andere Stile historisierend anlehnten, wie dies mit den Stilen im 19. Jahrhundert geschieht, im Klassizismus, in der Neugotik und so fort. So erklärt Wilhelm Pinder über die Zeit von 1750 bis 1830: „Es ist die Zeit des letzten noch naiven und ganzheitlichen Stiles (des Rokoko, das noch keiner Selbstrechtfertigung bedurfte) und des ersten vom Bildungsbewußtsein geforderten (des Klassizismus); zugleich die Zeit der ersten Siege der stilfreien Technik." Im ganzen dürfte dem schwerlich zu widersprechen sein: Barock und Rokoko – als letzte (im positiven Sinn) *naive*, nicht historisch relativierte, wie immer nachempfundene Stile. Wir erleben nun auch, daß der Stilbegriff, in der Zeit danach, wieder eher zurückkehrt zu dem, was in den Zeiten vor dem 18. Jahrhundert als „Machart" oder „Geschmack" bezeichnet wurde, er erhält nun wieder eher etwas Technisches, Handwerkliches, Manierartiges – dies oder jenes ist so und so gemacht: Impressionismus, Expressionismus, Pointillismus, Tachismus, Kubismus.

So, nämlich *handwerklich,* sahen es jene Zeiten, die Stil in unserem „historischen" Sinn nicht kannten. Man sah da die Dinge von der *Machart* aus oder auch von dem her, was das Publikum *erwartete:* „maniera" oder „gusto", der Gesichtspunkt, in diesen beiden Begriffen konkretisiert, der Produktion und der der Rezeption... Nehmen wir das berühmte *Italienische Konzert* von Bach; es heißt in seinem vollen Titel: *Zweyter Theil der Clavier-Übung, bestehend in einem Concerto nach italiänischem Gusto und einer Ouverture nach französischer Art vor ein Clavizymbel mit zweyen Manualen.* Dies meint offensichtlich: da ist ein Konzert, wie Italiener es erwarten, wie es ihnen gefällt, sodann, „dies kann ich auch", eine Ouvertüre nach der Art, wie französische Komponisten sie zu machen pflegen, und dies mache ich hier. Man erkennt darin deutlich das Element „Machart", aber auch das Element „Einfügung": Bach fügt sich ein in ein italienisches und in ein französisches Muster, was ja keineswegs ausschließt, daß sich hierin auch das individuelle Sich-Ausfügen zeigt. Bach, dem es an Selbstbewußtsein nicht fehlte – wer hätte je größeres Anrecht darauf gehabt? –, Bach zeigt nämlich (dies ist seine Voraussetzung, sein Anspruch), indem er dem jeweils gegebenen „gusto" entspricht, wie er – ganz persönlich er – diese Entsprechung zu Wege bringt (aber es geht hier natürlich nicht um persönliches Selbstbewußtsein, sondern um etwas Technisches: eine Machart, eine im neutralen Sinn zu nehmende Manier).

Was die erwähnte Historisierung, die historisch relativierende Auflösung des Stilbegriffs angeht, so war es Nietzsche, der wohl als erster das latent Nihilistische erkannte, das im historischen Bewußtsein liegt oder liegen kann. Dieses Bewußtsein ist nicht nur positiv zu sehen; es schwächt und lähmt. Es ist das

Thema der zweiten *Unzeitgemäßen Betrachtung,* die *Vom Nutzen und Nachteil der Historie für das Leben* handelt, wobei vom Nutzen allerdings so gut wie gar nicht die Rede ist. Und in *Jenseits von Gut und Böse* lautet ein Abschnitt (es ist Nr. 223): „Der europäische Mischmensch – ein leidlich hässlicher Plebejer, Alles in Allem – braucht schlechterdings ein Kostüm: er hat die Historie nöthig als die Vorrathskammer der Kostüme. Freilich bemerkt er dabei, dass ihm keines recht auf den Leib passt, – er wechselt und wechselt. Man sehe sich das neunzehnte Jahrhundert auf diese schnellen Vorlieben und Wechsel der Stil-Maskeraden an; auch auf die Augenblicke der Verzweiflung darüber, dass uns ‚nichts steht' –. Unnütz, sich romantisch oder klassisch oder christlich oder florentinisch oder barokko oder ‚national' vorzuführen, in moribus et artibus: es ‚kleidet nicht'! Aber der ‚Geist', insbesondere der ‚historische' Geist, ersieht sich auch noch an dieser Verzweiflung seinen Vortheil: immer wieder wird ein Stück Vorzeit und Ausland versucht, umgelegt, abgelegt, eingepackt, vor allem *studirt:* – wir sind das erste studirte Zeitalter in puncto der ‚Kostüme', ich meine der Moralen, Glaubensartikel, Kunstgeschmäcker und Religionen, vorbereitet wie noch keine Zeit es war, zum Karneval grossen Stils, zum geistigsten Fasching-Gelächter und Übermuth, zur transscendentalen Höhe des höchsten Blödsinns und der aristophanischen Welt-Verspottung. Vielleicht, dass wir hier gerade das Reich unsrer *Erfindung* noch entdekken, jenes Reich, wo auch wir noch original sein können, etwa als Parodisten der Weltgeschichte und Hanswürste Gottes, – vielleicht dass, wenn auch Nichts von heute sonst Zukunft hat, doch gerade unser *Lachen* noch Zukunft hat!" Die vorausahnende Modernität Nietzsches machen Stellen wie diese – gerade auch indirekt „stilistisch" in ihrer grellen Brillanz – deutlich. Daß der Nihilismus im Stilistischen – man hat alle Stile und daher selbst eigentlich keinen – mit einer Stilisierung, einer *Verstilung* alles Inhaltlichen einhergeht, zeigt diese Stelle auch. Da ist, in einem bestimmten, das Inhaltliche vergleichgültigenden Sinne Ästhetisierung...

Heute gebrauchen wir, auch dies ist festzuhalten, das Wort

Stil sowohl in einem positiven als auch in einem neutralen Sinn, ähnlich wie wir das Wort *Kritik* negativ und neutral verwenden. Der positive Begriff liegt vor, wenn das Wort *Stil* allein, ohne Adjektiv, erscheint: *Das hat aber Stil, Das ist einfach stillos!* Die neutrale Verwendung liegt vor, wenn ein Zusatz dabei ist, zum Beispiel: *Das ist schlechter Stil!* Oder: *Das ist kein guter Stil!* Analog im Französischen: *avoir du style, manquer de style* oder dann: *un style fleuri / soutenu / saccadé.* Übrigens ist die alte Bedeutung ‚Griffel‘, ‚Schreibgerät‘ im Französischen bis heute erhalten: „une longue table couverte en toile cirée assez grasse pourqu'un facétieux externe y écrive son nom en se servant de son doigt comme de style…“. Man kann sich also französisch seines Fingers noch immer „als eines Stils“ bedienen. Diese Stelle aus Balzacs *Père Goriot* zitiert der „Robert“. Auch *style* im Sinne von ‚Blütengriffel‘ wird verwendet: „partie allongée du pistile […] entre l'ovaire et le ou les stigmates“ (Robert). Bei Proust (*Sodome et Gomorrhe* I, 1921, S. 256) findet sich das folgende Beispiel für diese Verwendung, in der der Autor das Wort in Anführungszeichen setzt: „de même la fleur femme qui était ici, si l'insecte venait, arquerait coquettement ses ‚styles‘ et pour être mieux pénétrée par lui ferait imperceptiblement, comme une jouvencelle hypocrite mais ardente, la moitié du chemin“. Ferner wird *style* auch noch im Sinne von ‚Zeitrechnung‘, ‚Kalender‘ gebraucht: „Il partit pour sa première campagne le 8 mai, nouveau style, de l'année 1700“ (Voltaire, *Histoire de Charles VII, Roi de Suède*, 2. Buch). Reizvoll ist die erotisch im Grunde überaus direkte und geradezu anschauliche Proust-Stelle, denn sie spielt mit der Gegenwart auch der *anderen* Bedeutung von *style.*

Wichtiger ist die Bedeutung der derivationellen Fortführung des Wortes *Stil,* nämlich die von *Stilisieren* und *Stilisierung.* Hier haben wir erneut die Dominanz des Sich-Einfügens. Stilisierung ist der Versuch, sich einzufügen, sich als etwas zu *geben,* wobei diese Einfügung gleichzeitig, psychologisch, den Sinn eines Sich-Ausfügens haben kann. Wieder ist hier also beides beieinander: *er stilisiert sich* (absolute Verwendung) oder *er stilisiert sich zum Märtyrer, Helden, coolen Macher* etc. Und hier ist nun noch in neuester Zeit, wir sagten es, das *Styling* hinzugekommen, ein Wort, das in den Kontext industrieller Fertigung, kommerziell und modisch rassiger Formgebung gehört und sich auf Kleidung, Aufzug und Aufmachung überhaupt, vor allem auf Autos, Motorräder und andere schnittige Geräte moderner Lebenswelt bezieht. Auch hier somit das Miteinander von Einfügung und Ausfügung.

Blicken wir zurück, ist festzuhalten: eine Übertragung zunächst, als Grundlage; eine Metonymie, und danach zwei Ausweitungen; schließlich zwei entscheidende Wandlungen. Die Übertragung, also, vom Instrument auf das Produkt; das mit dem Instrument Geschaffene wird mit dem Namen des Instruments selbst bezeichnet: vom ‚Griffel' zur ‚Schreibart'. Dann die erste Ausweitung: von der ‚Schreibart' eines – vorzugsweise – literarischen Texts zur ‚Machart' in bildenden Künsten und Musik. Die zweite Ausweitung ist die von der ‚Schreibart', der ‚Machart' zu anderen Tätigkeiten des Menschen, die ganz kunstfern sein können. Es bleibt aber doch eine unbestimmte, vage Referenz auf das Künstlerische oder doch Kulturelle, selbst bei *Fahrstil* oder *Organisationsstil* fehlt sie nicht ganz. Schließlich die beiden entscheidenden und spezifisch modernen, auf die zweite Hälfte des 18. Jahrhunderts zurückgehenden Wandlungen: die Individualisierung, die Dominanz des *opting out* gegenüber dem *opting in*, die Umkehrung also des Verhältnisses, das vorher war – und mehr als dies, denn es ist eigentlich nicht bloß die Umkehrung einer Dominanz. Dann die Historisierung. Hier handelt es sich um einen übergreifenden Vorgang: es ist selbstverständlich, daß die allgemeine Vergeschichtlichung, die den gesamten Bildungsbegriff, das Weltverständnis insgesamt erfaßte, die Auffassung von Stil nicht unberührt lassen konnte.

Bemerkenswert bleibt die ursprüngliche Verbindung zwischen Schriftlichkeit und Stil. Die Frage, ob das Entstehen der Rhetorik, in der ersten Hälfte des 5. vorchristlichen Jahrhunderts, mit dem Aufkommen der Schriftlichkeit etwas zu tun habe, drängt sich auf. Sie wurde noch nicht gründlich untersucht. Für Walter J. Ong, dem wir ein seinerzeit pionierhaftes Buch über die *Schriftlichkeit,* englisch „Literacy", verdanken (eine vorlaufende Synthese), ist der Fall klar: Rhetorik als reflektierende, organisierte Disziplin war und mußte eines der Produkte der Schrift sein, „was and had to be a product of writing" (*Orality and Literacy: The Technologizing of the Word,* 1982, S. 9). Und dies muß man sich in diesem Zusammenhang ja klarmachen: es wäre keine Kleinigkeit, denn die Entstehung der Rhetorik bedeutet nichts Geringeres als die Entstehung der Kunstprosa, der Prosa mit Stil; das ist nicht mehr nur, was Molières Monsieur Jourdain, ohne zu wissen, was er tut, von sich gibt...

Aber ganz unabhängig von dieser interessanten *historischen* Frage erscheint es von der Sache her plausibel, daß Schriftlichkeit Stil produziert. Erstens ist dem Schreiben eine weit größere Planungsmöglichkeit eingeräumt. Da diese Möglichkeit eingeräumt ist, wird sie oft auch genutzt, und so haben wir einen weit höheren Planungsaufwand beim Geschriebenen. Entsprechend wird dem *Lesen* mehr Aufwand zugestanden und – damit ineins – auch abgefordert als dem höheren Aufnehmen von Mündlichem. Man kann auch sagen: die Defizienzen des Geschriebenen erfordern eine viel umfassendere Versprachlichung als sie im Gesprochenen nötig ist, und die höhere Planungsmöglichkeit erlaubt sie. Zweitens ist da eine rein technische Möglichkeit von enormer Bedeutung, die eingangs angedeutet wurde: die Korrekturverwischungsmöglichkeit, welche die Schriftlichkeit erlaubt. Und wiederum: da sie sie erlaubt, *erfordert* sie beinahe ihren Gebrauch; da man verbessern *kann* – dies zeigt drastisch und anschaulich das Schreiben mit einem Computer, der das Verbessern so ungeheuer erleichtert –, *tut* man es auch... Von hierher ist es verständlich, daß die unterschiedlichen, allein schon medial gesetzten *Rahmenbedingungen* des Schreibens zu dem Phänomen führen müssen, das wir in unserer gebildeten Alltagssprache *Stil* nennen. Denn *Stil* ist kein Terminus, sondern ein Wort, ein alltagssprachlicher Prädikator.

Der historisch etymologische Zusammenhang zwischen Stil und Schriftlichkeit ist klar. Aber abgesehen von diesem Zusammenhang erscheint es – rein synchronisch – als sinnvoll, als plausibel in hohem Maß, daß wir das eigentümliche Wie, das der Stil ist, gerade mit dem Ausdruck bezeichnen, der erst nichts anderes als den Griffel meinte, und zwar einen, den man umdrehen konnte – *stilum vertere* – zur Löschung des Geschriebenen, so daß es verschwunden war für immer. Thukydides wollte, wie man weiß, seinen „Peloponnesischen Krieg" als „ein Besitztum für immer", ein „ktema es aeí"; vielleicht war dies gerade auch nur möglich auf Grund des Verschwindenlassens für immer, das Griffel und Wachs ermöglichten. Also, etymologisch gesehen und auch systematisch nicht unberechtigt: Stil ist der Griffel, *le style, c'est le style même.*

10. Graf Buffon über den Stil oder
‚Stil ist der Mensch selbst‘

Es handle sich, so Buffon, nur um „einige Gedanken über den Stil"; keinerlei Anspruch also auf Vollständigkeit. Die Rede bei seiner Aufnahme in die „Académie française", gehalten am 25. August 1753, ist nahezu die einzige Arbeit des überaus fleißigen Grafen außerhalb der riesigen *Histoire Naturelle* (36 Bände, erschienen zwischen 1749 und 1788). Diese „Naturgeschichte" wird in Frankreich seit jeher, charakteristischerweise, ohne weiteres zur Literatur gerechnet – eben wegen ihres Stils („ihm gebührt das Verdienst, das Gebiet unserer Literatur erweitert zu haben, indem er ihm eine neue Provinz, die Naturgeschichte, hinzufügte", so Marcel Braunschvig „Professeur de Première au lycée Louis-le-Grand", in seinem vormals viel benutzten Literatur-Handbuch „Notre littérature étudiée dans les textes" – welch ein Titel!). Seit langem hat man in Frankreich bekanntlich einen weiteren Literaturbegriff, der sich weniger am Stofflichen oder „Fiktionalen" oder (im speziell deutschen Sinne) „Dichterischen" orientiert, sondern am geglückten Umgang mit Sprache, am Stil. Die Berühmtheit der „Rede über den Stil", „Discours sur le style", hängt gerade mit Buffons Ruhm als Meister des Stils zusammen; hinzu kommt der enorme, übrigens auch verlegerische Erfolg der *Histoire Naturelle* bis weit ins 19. Jahrhundert hinein. Der *Discours* war ebenfalls ein solcher Erfolg. Während jedoch Buffons Stil auch Tadel fand (so zum Beispiel bei den Enzyklopädisten, auch etwa bei Condorcet), wurde seine Rede über den Stil viel bewundert, sogar später von den Romantikern, dann von Baudelaire und Flaubert, dem so sehr kritischen; Barbey d'Aurevilly erklärte schlicht, diejenige Buffons sei „die einzige Aufnahmerede, die die Nachwelt nicht vergessen hat".

Sie ist berühmt, auch weit über den französischen Bereich

hinaus, wegen *eines* Satzes, und Buffon ist heute der Mann dieses Satzes, den viele kennen, die von seiner „Naturgeschichte" nie gehört haben: „Stil ist der Mensch selbst" („Le style, c'est l'homme même"). Der Satz wurde im romantischen und modernen Sinn – und hierin ist die moderne Sicht noch immer romantisch (oder die romantische ist bereits modern) – mißverstanden: Stil als Ausdruck des (schöpferisch) Individuellen, als persönliche Eigenprägung, als ,opting out' (Ausfügung aus einem Vorgegebenen, nicht Einfügung in ein solches, ,opting in', was Stil auch meinen kann). Buffons Rede ist schön geschrieben im Sinne der sprachlichen Reinheit, sie ist auch elegant, andererseits ist sie ohne Zweifel zu wortreich, durchaus kein Muster an Klarheit; mit seinem Thema kommt der Autor offensichtlich nicht zu Rande. Wohl auch darum ist dieser Text durch wirksame, produktiv ausdeutbare Offenheit gekennzeichnet; auf eigentümliche Weise übersteigt er die gedanklichen Möglichkeiten seines Verfassers. Dies gilt namentlich für jenen einen hochberühmten Satz. Ein witziger Sprachwissenschaftler, Pierre Guiraud, hat den Sachverhalt indirekt an prominenter Stelle einmal so umrissen: „Was immer Buffon auch sagen mag, Stil ist der Mensch selbst", „Quoiqu'en dise Buffon, Le style c'est l'homme même" (Motto seines Buch „La Stylistique", 1954).

Buffon denkt im *Discours* primär an wissenschaftliche Darlegung, die er im Sinn seiner Zeit als ,Philosophie' bezeichnet („Die Philosophie beschreibt und malt die Natur..."). Gegen Ende des Textes redet er freilich auch von der Dichtung, die male *und* verschönere, welches letztere die Philosophie, die Wissenschaft also, nicht tue, und von der Geschichte, die den Menschen, *nur* den Menschen, male, und zwar so, wie er tatsächlich ist (also ohne ihn, wie die Dichtung, zu verschönern). Somit Philosophie oder Wissenschaft, dann Dichtung, deren Aufgabe im Verschönern liegt, und Geschichte, die etwas Drittes ist neben Wissenschaft und Dichtung. Primär denkt Buffon, was ja nicht selbstverständlich ist, an die *schriftliche* Darlegung („Nur gut geschriebene Werke werden der Nachwelt weitergereicht...", 503; wir zitieren nach der Ausgabe *Œuvres philoso-*

phiques de Buffon, Texte établit et présenté par J. Piveteau, Paris 1954).

Buffon schlägt sich herum, ohne sich dies selbst zu verdeutlichen, mit dem Dilemma, das sich bis heute beim Thema ‚Stil' sogleich und unlösbar einstellt: Inhalt und Form. Einerseits setzt Stil die Getrenntheit oder doch die gedanklich analytische Trennbarkeit beider voraus (Stil ist das, was zum Inhalt, der schon da ist, hinzukommt); andererseits gehört das Inhaltliche, ein Stück weit zumindest, doch selbst zum Stil. Letzteres betont Buffon mehrfach: zum schönen Stil gehören „Inhalte, Gedanken, Gründe" (500); Stil ist also nicht nur Zierat, „ornamentum"; „kleine Gegenstände" reichen nicht aus (503); schön ist der Stil nur durch die „Wahrheiten", die das Geschriebene enthält (freilich sind dann wieder die Stil-Wahrheiten andere als die, die „den Kern des Themas ausmachen"). Der Graf ist sich darüber im klaren, daß Stil etwas anderes ist als nur eben „Wahrheiten" über „große Gegenstände". Und so ist er für ihn doch wieder primär das zum Gedanklichen Hinzukommende, das diesem – vom Autor her – hinzugefügt wird. „Der Stil ist nur die Ordnung und die Bewegung, die man in seine Gedanken bringt" (500). Aber wiederum: die Gedanken müssen schon da sein und gehören als solche doch bereits zum Stil als dessen notwendige (nicht aber schon hinreichende) Bedingung. Dies zeigt besonders Buffons nicht ganz deutliche Insistenz auf einem ersten „allgemeineren und festeren" Plan, den er zwar als „Grundlage" des Stils, aber noch nicht als diesen selbst, betrachtet: dieser erste Plan, in den nur die leitenden Gesichtspunkte und die Hauptgedanken eingehen sollen, diene der Umreißung des Themas. Er leite die Schreibschritte des Autors. Buffon verweist hier – es ist bemerkenswert für uns heute (denn schwerlich kämen wir auf solchen Gedanken) – auf die Natur: ihre Werke seien darum so perfekt, weil sie, „ohne je von ihm abzuweichen, einem ewigen Plan" folge (501). Eine Analogisierung von Autor und Natur, die denken läßt an die Metapher vom „Buch der Welt" oder „Buch der Natur". Liege einem Autor ein solcher den Gedanken Substanz gebender Plan vor, der Frucht langen Nachdenkens sei, mache das

Schreiben „Vergnügen". Aus dem Vergnügen kommen dann „Wärme" und „Leben": „der Ton hebt sich, die Gegenstände erhalten Farbe, das Gefühl, das sich der gedanklichen Helle hinzugesellt, macht diese noch größer..." (502). Im Namen des Natürlichen warnt Buffon vor gesuchten Geistreicheleien, vor Angestrengtheiten. Positive Stilqualitäten sind für ihn (hier zeigt sich – negativ – sein Wortüberschuß): Kraft, Festigkeit, Strenge, Ernst, Gleichmäßigkeit, Dichte; dann Klarheit (Helle) und Genauigkeit; sodann Wärme, Lebendigkeit, Frische; außerdem Natürlichkeit und Einfachheit; schließlich Redlichkeit, nämlich „Aufrichtigkeit mit sich selbst". Zum guten Schreiben gehören demnach in gleicher Weise „Denken" und „Fühlen" – zwei inhaltliche Qualitäten –, dann aber das „Wiedergeben", also etwas Formales; somit, von den psychischen Vermögen her gesehen: „Geist", „Seele" und „Geschmack", welch letzterer das „Wiedergeben", „bien rendre", zu leiten hat. Es gibt (wieder das Dilemma!) einerseits den „Kern des Stils" („le fond"), andererseits aber den „Ton des Stils"; letzterer „ist nur die Angemessenheit im Blick auf das Thema" (503). „Begabung" („génie") ist notwendige, nicht jedoch auch schon hinreichende Voraussetzung des Stils; Regeln nützen, helfen aber nicht ohne Begabung; Beispiele lehren besser.

Von einem Werk bleibe, wenn es bleibt, sein Stil, und hier nun fällt unser Satz: der Stil nämlich kann dem Werk nicht weggenommen werden, da er „der Mensch selbst ist": die Inhalte jedoch – Buffon zählt auf: „Reichtum an Kenntnissen", „Merkwürdigkeit" der mitgeteilten „Tatsachen", „Neuheit der Entdeckungen" – all dies kann dem Werk (damit seinem Autor) abgezogen werden; nicht aber der Stil, der eins ist mit dem Autor, ihm – nur ihm – zugehört. Somit: wenn die Werke, deren Inhalte sich durch diese Qualitäten auszeichnen, „ohne Geschmack, Adel und Genie geschrieben sind", wenn sie nur von „kleinen Dingen" handeln (wieder dieser Widerspruch, insofern Inhaltliches hier doch hinzukommt), gehen sie unter: „nur gut geschriebene Werke werden der Nachwelt weitergereicht...". Guter oder schöner Stil – dies geht sehr weit – als Garant, letztlich als einziger, für den Ruhm. Und die Schönheit des Stils liegt in dessen Wahrheiten: es gibt spezifische Stil-Wahrheiten, und diese sind für den „Geist des Menschen vielleicht kostbarer als die, die möglicherweise sogar den Kern des Themas bilden" (508). Leider äußert sich Buffon nur zur „Kostbarkeit" dieser Stil-Wahrheiten, ohne zu sagen, an was er dabei eigentlich denkt.

Wirkungsgeschichtlich zählt in der Rede vor allem jener Satz, den jeder mit Buffon verbindet. Dieser Satz wurde anders verstanden als Buffon ihn meinte. Buffon dachte letztlich, trotz allen Hin und Hers, im Ernst doch bloß an das den Inhalten „stilistisch" vom Autor her Hinzugefügte, keineswegs dachte er an eine Stilbestimmung in dem Sinne, daß dieser wesentlich Ausdruck der Persönlichkeit sei (so interpretierte bereits Hamann, 1776; hierüber Jürgen Trabants schöner Aufsatz „Die Schäferstunde der Feder: Hamanns Fußnoten zu Buffons Rede über den Stil", in: W. Erzgräber und H.-M. Gauger, Stilfragen, Tübingen 1992, S. 107–128). Aber auch die Rede insgesamt wirkte. Sie tat dies zumindest in Frankreich sehr stark, und zwar als kluge und suggestiv offene Zusammenstellung wichtiger Gesichtspunkte und Gemeinplätze. Als solche besitzt sie noch heute ihren Wert und ihren Reiz. Das Stilistische im Sinne des Literarischen berührt sie kaum. Stil bleibt das Hinzugefügte: etwas ist schon da; dem wird nun etwas hinzugefügt; Stil als Hinzufügung, als Einkleidung von etwas, das schon da ist und auch anders einkleidbar wäre (dies eben gehört zur Metapher vom „Kleid"). Auch sieht Buffon nichts von den Spontanqualitäten eines Stils. Stil ist für ihn das Produkt angestrengter Arbeit, die dann freilich auch – im Sinne des Natürlichen – zuletzt noch die Anstrengung unsichtbar machen muß, die zu ihm führte: „die Kunst", „das Kunstfertige", „die Kunstanstrengung verheimlichen", „celare artem", wie die alte Formel lautet. Wer nachgedacht hat, sich herumgeschlagen hat, wie man sagt, mit dem Problem des Stils, versteht Buffon sogleich: denn die Frage nach dem Was und dem Wie, ihrem komplexen Neben- und Ineinander, ist in bezug auf den Stil noch immer, wie für ihn, *unser* Problem.

11. Das Was und das Wie. Zum Begriff des Stils

Stil ist ein ärgerlicher Begriff. Weder in der Sprachwissenschaft noch in der Literaturwissenschaft ist er hoch angesehen. Wo macht er Schwierigkeiten? Zunächst ist er schwer zu fassen. Das heißt: es ist schwer, diesen allgemeinsprachlichen, ja, alltagssprachlichen Begriff so zu präzisieren, daß man im Blick auf Texte (und diese interessieren uns hier) wissenschaftlich oder auch nur rational mit ihm arbeiten kann. Die Versuche, die unternommen wurden, etwa im Genfer und Prager Strukturalismus oder bei Michael Riffaterre, sind bei allem Interesse, das sie verdienen, nicht befriedigend. Entweder ist der Begriff zu diffus (oder bleibt es), oder aber er ist zu eng, so daß er nur einen Teil der Erscheinung trifft, die wir Stil nennen und Elemente ausblendet, die wir gerade im Auge behalten müssen. Dies ist aber nur die eine Seite der Irritation: die Schwierigkeit, zu einem für die Analyse brauchbaren Begriff von Stil zu kommen; mit ihr könnte man sich abfinden; es gibt viele alltags- und bildungssprachliche Begriffe, mit denen man wissenschaftlich kaum arbeiten kann. Die andere Schwierigkeit ist, daß sich dieser Begriff doch immer wieder einstellt. Dies heißt: es geht nicht mit ihm, ohne ihn geht es aber auch nicht.

Andere Schwierigkeiten kommen zu dieser ersten – in sich bereits komplexen – hinzu. Eine zum Beispiel liegt in folgendem. Stil ist eine mögliche Eigenschaft von Texten, von Sprachäußerungen überhaupt (konzentrieren wir uns hier auf Stil im Sprachlichen). Dieser Begriff liegt nun aber auf irritierende Weise quer zu den anderen Begriffen, von denen aus man Sprachäußerungen zu beurteilen pflegt. Zählen wir, rekapitulierend, auf. Man kann Sprachäußerungen beurteilen unter dem Gesichtspunkt ihrer Korrektheit, ihrer „Grammatikalität", wozu dann aber auch in einem weiteren Sinne die Richtigkeit in der Verwendung der Wörter, der „Lexeme", gehört. Man kann sie beurteilen unter dem Gesichtspunkt der sprachlichen „Reinheit"; es ist der puristische Gesichtspunkt: gehören die verwendeten Wörter tatsächlich zu der Sprache, in der geschrieben oder geredet wird? Der Gesichtspunkt mag, jedenfalls im Bereich des Deutschen, antiquiert erscheinen, aber er hat seine Rolle nicht ausgespielt, und ein begrenztes Recht darf ihm auch zugestanden werden. Zudem – und dies genügt, wie wir feststellten, für die Sprachwissenschaft –: er ist noch da und wird angewendet. Sodann der Gesichtspunkt der Klarheit: sind die Gedanken in den Sprachäußerungen, die Gegenstand sind, faßlich ausgedrückt, so daß sie leicht greifbar werden? Dann der Gesichtspunkt der Wahrheit: ist das Ausgesagte, falls es sich tatsächlich um Aussage handelt, wahr (denn nur „aussagende Rede" unterliegt diesem Kriterium)? Von dem der Wahrheit ist der Gesichtspunkt der Wahrhaftigkeit sehr verschieden: er geht auch über die „aussagende Rede" hinaus. Ist also – weiteres Kriterium – die Äußerung wahrhaftig, oder ist sie es nicht? Überzeugt sie in dieser Hinsicht? Dann der schwierige Gesichtspunkt der Schönheit: sind die Äußerungen sprachlich schön oder unschön? Der Gesichtspunkt der Angemessenheit schließlich; er entspricht dem *aptum* der klassischen Rhetorik: sind die Äußerungen ihrer jeweils vorauszusetzenden Absicht angemessen? Man kann ferner nach der sprachlichen Komplexität fragen: sind die Äußerungen einfach oder komplex in ihrem syntaktischen Aufbau? Wobei sich übrigens zeigt, daß einfache Äußerungen unklar und komplexe klar sein können. Dann die Wortwahl: eher normale, durchschnittliche Wörter oder seltene, eben – „gewählte"? Endlich Eigenprägung: ist die Sprachäußerung spezifisch geprägt durch ihren „Produzenten", ist sie charakteristisch auffallend? In dieser Liste läßt sich der Begriff Stil nicht leicht unterbringen. Man kann ihn auch nicht einfach hinzusetzen, denn Stil kann einerseits mit den Eigenschaften, die sich unter diesen Kriterien herausstellen, etwas zu schaffen haben; andererseits sind jene Eigenschaften aber doch neutral in bezug auf den möglichen Stil einer Äußerung, eines Textes. Der Gesichtspunkt „Eigenprägung" kommt der Kategorie Stil am nächsten. Er deckt sich aber keineswegs mit ihm, denn beim Stil kann es auch um das Gegenteil gehen: nicht nur darum, Eigenheit zu zeigen, sondern umgekehrt: um Einfügung, Einfügung in etwas Vorgegebenes, in eine Erwartung. Stil also ist etwas alle diese Kriterien, die *alle* mit ihm zu tun haben können, Übergreifendes.

Eine dritte, damit zusammenhängende Schwierigkeit liegt darin, daß die Eigenschaften, die Elemente von Stil sein können, schwer ablösbar sind von den übrigen Eigenschaften von Sprachäußerungen, und andererseits Stil gerade solche Ablösbarkeit zur Voraussetzung hat.

Wenn wir, viertens, Stil, wie dies häufig geschieht, als etwas wie Abweichung, einen *écart*, oder, wie Jakobson in einer berühmten Formulierung sagt, als „besiegte Erwartung", „defeated expectancy" bestimmen, kommen wir in die Schwierigkeit, dasjenige umreißen zu müssen, von dem abgewichen wird, also die Normalität, den „Nullgrad", wie es bei Roland Barthes heißt. Dies ist schwierig bis unmöglich, und gerade darauf käme es an. Außerdem ist Abweichung beim Stil wirklich nicht alles. Diese Bestimmung ist ein Beispiel für ungute Verengung.

Fünftens sind die den Stil konstituierenden Eigenschaften zum Teil bewußt, zum Teil aber unbewußt. Dies gilt zunächst vom „Produzenten" her betrachtet. Da ist immer Intentionalität, aber diese muß nicht bewußt, sie kann auch unbewußt sein. Aber auch die Wirkungen des Stils auf den „Rezipienten" sind teils bewußt, teils unbewußt. Bewußtheit, also, und Unbewußtheit, im Einzelfall keineswegs leicht trennbar, sowohl in den Intentionen als auch in den Wirkungen.

Sechstens schließlich ist ärgerlich an der Kategorie, daß sie sich, wenn es um Sprachäußerungen geht, vorzugsweise auf das Sprachliche richtet, sich aber doch nicht *nur sprachlich* fassen und kennzeichnen läßt. Stil ist auch in sprachlichen Äußerungen, wo er also ganz unvermeidlich stets im Verein mit Sprachlichem erscheint, keineswegs ein rein sprachliches Phänomen.

Man kann hier also zunächst nur Falschheiten zusammenstellen: Aussagen über Stil oder Verhaltensweisen ihm gegenüber, die falsch sind. Es wäre falsch, auf den Stilbegriff, wenn es um Texte geht, schlicht zu verzichten; es wäre aber auch falsch, ihn einfach vorauszusetzen. Es wäre falsch, sich diesen Begriff aus einer Reihe von Merkmalen – wir haben deren Kriterien genannt – einfach zusammenzusetzen, denn er ist nichts Zusammengesetztes; es wäre aber auch falsch, bei der Beurteilung von Stil von den Merkmalen, die sich aus jenen Kriterien ergeben, abzusehen. Obwohl nicht zusammengesetzt, ist der Stil doch auch nicht etwas gleichsam Kompaktes. Natürlich kann man einzelne Elemente in ihm ausmachen. Es ist nur so, daß er mehr ist als die einzelnen Elemente, die man in einem Text ausfindig machen kann. Es wäre falsch, Stil als einfach ablösbar von den übrigen Qualitäten zu betrachten; es wäre aber auch abwegig, eine gewisse Ablösbarkeit zumindest, schlicht zu negieren. Es wäre falsch, Stil als spezifische Abweichung zu bestimmen; es wäre aber auch falsch zu sagen, er sei etwas ganz anderes als Abweichung, denn er hat ohne Zweifel mit ihr zu schaffen. Natürlich wäre es falsch, Stil mit dem bewußt ins Werk, in den Text Gesetzten zu identifizieren; es wäre aber auch falsch, das Bewußte an ihm zu übersehen: es gibt den bewußten Stilwillen, der dann freilich – unbewußte Nebenwirkungen – auch anderswohin führen kann. Ein Autor hat sich hier keineswegs in der Hand. Es wäre natürlich falsch zu meinen, Stil in Texten sei vom Sprachlichen unabhängig, es ist aber auch falsch – und dies ist unter Sprachwissenschaftlern die gängige Meinung – vorauszusetzen, der Stil eines Texts (oder der eines Autors) sei ein sprachliches, ein *rein sprachliches* Phänomen, denn gerade dies, nämlich rein sprachlich, ist er – auch in einem Text – keineswegs.

Klar ist unter diesen Umständen eigentlich nur, daß es das Wort „Stil" gibt, ein Wort mit einer komplexen, lehrreichen Geschichte, die wir versucht haben zu erzählen (Kap. 9). Ein Wort aber auch, das wir faktisch gebrauchen und dessen faktischen Gebrauch wir untersuchen können in synchronischer, auf die Gegenwart gerichteter Perspektive. Wann reden wir von Stil? In welchen Zusammenhängen gebrauchen wir dieses Wort? Welches sind die Bedingungen seines Gebrauchs?

Versuchen wir, ansatzweise, zu systematisieren, denn eine umfangreiche und detaillierte Untersuchung wäre hier vonnöten. Wir reden, wenn es um Sprachliches geht, von Stil im Sinne des Individualstils: jemand schreibt einen bestimmten, für ihn charakteristischen Stil. Wir beziehen uns aber auch, mit diesem Begriff, auf eine Qualität, die bestimmten Textarten entspricht, also: Gattungsstil, wenn wir „Gattung" in einem weiteren als dem literarischen Sinne nehmen. Es geht da um Traditionen des Sprechens und – vor allem – des Schreibens insgesamt, um „Diskurstraditionen".

Stil somit als Individualstil und als Textartenstil (Stil einer Diskurstradition). Es sind zwei sehr verschiedene Verwendungen: im zweiten Fall fügt sich der einzelne in ein Vorgegebenes ein, eben in eine Textart; Stil ist hier Erwartungserfüllung und besteht geradezu in dieser; man muß da den Stil „finden" als etwas Vorgegebenes; im ersteren Fall hingegen meinen wir, daß sich der einzelne gleichsam *ausfügt*; hier ist Stil wirklich etwas wie „Erwartungsbesiegung", freilich – vom Rezipienten her gesehen (und diese Sicht setzt der Begriff voraus) – im strengen Sinn nur bei *erster* Bekanntschaft, denn wir erwarten bald, einmal darauf eingestellt, die charakteristische Abweichung, die „Eigenprägung", die wir schon kennen und in die wir uns „eingelesen" haben; dann wird auch hier, aber in anderer Weise, Erwartung erfüllt und also gerade nicht „besiegt". Sie kann aber auch, wenn der Autor dann anders schreibt, erneut „besiegt" werden... Übrigens muß man sich in einen bestimmten Stil in solch individuellem Sinn, wenn es um dessen Aufnahme geht, oft wirklich erst mit einer gewissen Anstrengung einarbeiten, und wie im Inhaltlichen ist es ratsam, einem Autor eine bestimmte, also keineswegs unbefristete Vorgabe an Bereitschaft, ja wirklichem Wohlwollen zu gewähren. Man sollte nicht zu schnell abweisend reagieren, denn eben dies ist eine Gefahr der „Erwartungsbesiegung": der Sieg des Texts (und seines Autors) kann so sein, daß man nicht weiterliest. Zwar gibt es auch beim Stil das Analogon zur „Liebe auf den ersten Blick", zum „coup de foudre", aber dies Phänomen ist da doch eher Ausnahme: das Interesse, die Anmutung durch Anmut – nicht ohne Grund stellen sich hier Wörter mit erotischer Aura ein – zeigen sich oft erst nach einigem „Umgang".

Zurück jedoch zu Einfügung und Ausfügung oder, mit den genannten englischen Ausdrücken, „opting in" und „opting out". Bemerkenswert ist nun, daß beide Formen von Stil sich verschränken können, daß – genauer gesagt – das „opting out" sich innerhalb eines „opting in" vollziehen kann und eigentlich vollziehen *muß*.

Zunächst jedoch ist hier zu sehen, daß Stil in jedem Fall stets *innerhalb* von etwas ist. Er ist – noch vor jeder Diskurstradition – unvermeidlich innerhalb einer ihm vorgegebenen Sprache: er realisiert sich im Zuge einer Sprachäußerung (mit Saussure: eines „parole"-Akts) innerhalb der Realisierung von Sprache als Besitz einer Gemeinschaft (Saussure: „langue"). Er unterliegt insofern, da zur Sprache Norm gehört oder genauer: da sie eigentlich Norm *ist*, einem Korrektheitsrahmen. Stil ist Freiheit (insofern er überhaupt Freiheit ist) innerhalb von Bindung. Dieser durch die Sprache selbst gesetzte Rahmen ist aber so selbstverständlich, daß er eigentlich, wenn von Stil geredet wird, verborgen bleibt. Gleichwohl ist er da, und so haben wir, noch vor dem Rahmen der jeweiligen Diskurstradition, den einer Sprache, eines Sprachbesitzes. Hierfür ein Beispiel.

Der siebzehnjährige Sigmund Freud schreibt am 16. Juni 1873 an den Freund Emil Fluss, dem er von seinem Abituraufsatz berichtet: „Mein Professor sagte mir zugleich – und er ist der erste Mensch, der sich untersteht, mir das zu sagen –, daß ich hätte, was Herder so schön einen idiotischen Stil nennt, das ist ein Stil der zugleich korrekt und charakteristisch ist." Hier ist nun in der Erläuterung – „korrekt und charakteristisch" – beides beieinander, obschon es in „idiotisch" selbst gar nicht liegt: die Einfügung im Blick auf Korrektheit (es ist der „Korrektheitsrahmen" des Sprachbesitzes selbst, aber auch – möglicherweise – der einer bestimmten Diskurstradition) und die Ausfügung, dergestalt, daß gerade *innerhalb* von Korrektheitserfüllung das Eigene hervortritt. Also: charakteristische Korrektheit, sich ausfügende Einfügung; man fügt sich in ein Vorgegebenes ein (den Sprachbesitz, die jeweilige Diskurstradition), tut dies aber in sich ausfügender, individualisierender oder, in Herders etymologisierender Wortverwendung, in „idiotischer" Weise.

Von der Antike an, wir haben es in unserer knappen Geschichte von „Stil" angedeutet, bis weit in die Neuzeit hinein ist Stil stets im Sinne eines Sich-Einfügens verstanden worden: Stil im Sinne eines einem Konventionellen Entsprechens, Stil, im geglückten Fall, als geglücktes Antworten; Stil somit als Antwort. Das Individuelle, das sich hier auch zeigte, sei da eher als Schlacke empfunden worden. Es ist, was üblicherweise gesagt wird, und es stimmt gewiß kontrastiv zum *heutigen* Stilerleben – der Tendenz nach. Immerhin sagt aber zum Beispiel schon Martin Luther, er habe stets als er selbst erkannt werden wollen in seinen Schriften: „Denn ich hab es so gemacht, daß ich habe bemerkt sein wollen, und wer es liest, wenn jemand meine Feder und Gedanken gesehen hat, sagen muß: Das ist der Luther" (Brief an Justus Jonas in Halle, 6. November 1542, in: *Martin Luther aus rechter Muttersprache*, hg. von Walter Sparn, Frankfurt a.M. 1983, S. 21). Sagt der Reformator hier spezifisch Modernes, Neuzeitliches? Natürlich ist hier der besondere Kontext dieses Briefs zu berücksichtigen (es geht um Polemik). Bemerkenswert, daß Luther hier „Feder", was wir ja noch immer tun (ohne die Metapher noch zu empfinden), im Sinne von „Stil" verwendet: es ist im Grunde, etymologisch gesehen, das Wort „Stil" noch einmal. Und bemerkenswert ist auch, daß Luther nicht nur von seiner „Feder" redet, sondern auch von seinen „Gedanken" („wenn jemand meine Feder und Gedanken gesehen hat…"): er bezieht also (wir müssen sogleich davon reden) *Inhaltliches* (nicht nur Formales) in das Charakteristische, die „Lutherizität" seines Schreibens mit ein; es geht nicht bloß um die „Feder" … Von Montaigne, einige Jahrzehnte später, gibt es eine schöne Äußerung, die in eben diese Richtung geht: „J'ay naturellement un style comique et privé, mais c'est d'une forme mienne". Hier haben wir beides: auf natürliche Weise, von sich aus, ohne Anstrengung, so sieht es Montaigne (so, jedenfalls, sagt er es), habe er den für sein literarisches Vorhaben vorgeschriebenen „niederen Stil", das „genus humile", von ihm als „comique et privé" beschrieben (wobei er „comique" natürlich nicht im modernen Sinne meint: der „niedere" Stil war für die Komödie vorgesehen); er habe aber diesen Stil – man könnte es schwerlich einfacher sagen – auf eine charakteristische, nämlich ihm, Montaigne *eigentümliche* Weise: „une forme mienne" (*Essais,* I, Kap. 40). Dies ist nun gewiß Ausfügung, und zwar wiederum – innerhalb von Einfügung. Sicherlich könnte man uns hier sagen: dies ist eben schon modern... Ist dies aber ein schlagendes Argument?

Stil also als Einfügung und – in der Neuzeit und in der Moderne erst recht – als Ausfügung, dann die spezifische Verschränkung beider Weisen von Stil, wobei der „Korrektheitsrahmen" des Sprachbesitzes vorab gesetzt ist. Freilich darf dieser Rahmen unter bestimmten Bedingungen gerade „stilistisch" durchbrochen werden, allerdings dann auch wieder nur innerhalb eines „Rahmens". Es bleibt also – dies gehört offenbar notwendig zum Stil – bei der Rahmenbedingung. In anderen Worten: Rahmen, Rahmenbegrenztheit der Bewegung, ist die Bedingung der Möglichkeit von Stil. Die andere Bedingung natürlich ist die Möglichkeit von Bewegung überhaupt: die Möglichkeit somit eines so oder so oder so. Wo es nur *eine* Möglichkeit gibt, ist Stil unmöglich. Gerade im Sprachlichen läßt sich dies exemplarisch zeigen: Stilistisches kann es sprachlich nur geben, wo sprachlich gewählt werden kann, zuallermindest zwischen zwei Möglichkeiten. Wo der grammatische Rahmen des Sprachbesitzes nur *eines* vorschreibt („servitude grammaticale"), kann es Stilistisches nicht geben (was natürlich nicht heißt, daß Stilistisches schon sein *muß,* wo Wahlmöglichkeit ist). Insofern also in der Tat: „qui dit style, dit choix". Es ist richtig und wichtig, wenngleich *viel* damit noch nicht gesagt ist. Kein Anlaß, sich befriedigt zurückzulehnen.

Jene beiden Weisen von Stil – Einfügung, Ausfügung – sind in gleicher Weise bedeutsam; keine von ihnen darf auf Kosten der jeweils anderen vernachlässigt werden. Und es ist wichtig, daß sie uns auch gerade geschichtlich, in geschichtlicher Differenzierung, entgegentreten. Es ist also nicht nur so, daß wir das Wort „Stil" so oder so faktisch verwenden, sondern diese doppelte Verwendung hat ihren Grund in der Sache selbst. Wir beanspruchen hier nicht nur, den Sprachgebrauch zutreffend wiederzugeben, denn der Sprachgebrauch kann ja von der

Sache her schief oder unrichtig sein, anders gesagt: wir meinen, daß der Sprachgebrauch hier sinnvoll und im Recht sei.

Gibt es zwischen beiden Verwendungen Gemeinsamkeit? Offensichtlich. Beide beziehen sich mehr auf das Formale als auf das Inhaltliche: mehr, um es schlichter und „phänomenologischer" zu sagen, auf das *Wie* als auf das *Was*. Der implizite Gedanke ist dabei der: etwas ist schon da, das Was des Gesagten; nun kommt das Wie hinzu, denn die Unterscheidung von Was und Wie setzt die Vorgängigkeit des ersteren voraus, ein Wie kann ohne Was nicht gedacht werden; eher ein Was ohne Wie. „What do you read, my lord?", fragt Polonius den Hamlet, und als dieser (ausweichend und zweideutig zugleich) antwortet: „Words, words, words", insistiert Polonius (und wir fühlen: zu Recht, denn Hamlets Antwort ist keine Antwort, da sie für jegliche Lektüre gilt): „What is the matter, my lord?". Das heißt: Polonius fragt nach dem *Inhalt*, er möchte wissen, worum es geht in dem Buch, und dies ist ja, vernünftigerweise, die erste Frage, die in bezug auf ein Buch zu stellen ist. Er fragt nicht nach dem Stil. Später sagt Gertrud, Hamlets Mutter, auf eine recht blumige Darlegung des Polonius (und da haben wir nun die Trennung): „More matter with less art". Sie will mehr Inhalt, mehr *Mitteilung*, und „art" ist hier doch wohl (und wohl eher im Sinn der Einfügung) ein anderes Wort für „Stil".

Natürlich berufen wir uns hier nicht auf Shakespeare; wir berufen uns darauf, daß uns, was hier intelligent genau und anmutig gesagt ist, spontan *einleuchtet*: diese Sätze formulieren die Voraussetzung, die auch die des *vorwissenschaftlichen* Sprachbewußtseins ist, wenn es um Sprachäußerungen geht. Dies ist ein wichtiger, oft mißachteter Punkt: die wissenschaftliche Betrachtung darf, ja, sie *muß* hier – nicht immer, aber hier – auf dieses Sprachbewußtsein rekurrieren, denn Stil, was immer er ist, ist etwas, das sich nicht erst der wissenschaftlichen Untersuchung zeigt; er ist schon vor ihr im Sprachgebrauch als etwas Erlebtes da und ein Bestandteil der Impression des nichtsprachwissenschaftlich und/oder literarkritisch und literarhistorisch gebildeten Lesers (vgl. S. 229). Die Trennung von Was und Wie gehört nun aber – dies ist entscheidend – zu die-

sem Erleben. Sie gehört zum vorwissenschaftlichen Sprachbewußtsein.

Stellen wir – absichtlich etwas aufs Geratewohl und „aufge-
rafft", wie Kant dies nannte – einige Beispiele zusammen. Voltaire über den noch jungen Karl XII. von Schweden: „on lui fit
traduire Quinte-Curce: il prit pour ce livre un goût que le sujet
lui inspirait beaucoup plus encore que le style" *(Histoire de
Charles XII)*; der Stoff also, der Gegenstand des Quintus Curtius, zieht den Knaben stärker an als sein Stil. Oder der Kritiker Johannes Willms über „Das Echolot" (1993) von Walter
Kempowski: der Autor habe unter dem auch von ihm selbst ge-
fühlten Druck der Banalität der von ihm zusammengestellten
Texte „Auszüge aus Briefen und Tagebüchern von André Gide,
Julien Green, Paul Léautaud, Anaïs Nin oder Paul Valéry … in
seine Sammlung aufgenommen". Und er fährt fort: „So will-
kürlich diese Auswahl ‚edler Federn' (nota bene!) anmutet, so
deutlich kommt die mit ihr verfolgte Absicht zum Vorschein:
Von diesen Texten, die allesamt ein wesentlich höheres stilisti-
sches als reflexives Niveau haben (nota bene!), sollte einiger
Glanz auf die ansonsten überall vorwaltende Spracharmut und
Banalität fallen" (Süddeutsche Zeitung, 2. Januar 1994, S. 17).
Eine Unterscheidung also zwischen „reflexivem", somit auf das
Inhaltliche zielendem, und „stilistischem Niveau", das allein
das formale Wie und hier speziell das Sprachliche meint. Man
kann also – so ist es in der Tat – im Wie Niveau haben *(nur* im
Wie) und im Was *(nur* im Was) und auch in beidem zugleich.
Oder der alte Fontane an seinen Verleger über den „Stechlin":
„Zum Schluß stirbt ein Alter und zwei Junge heiraten sich; und
das ist so ziemlich alles, was auf den 500 Seiten geschieht."
Dies ist also der Inhalt, nun aber fährt der Autor fort: alles habe ihm gelegen an der „Mache", und er versieht dies Wort, das
ein interessantes, ins Handwerkliche gewendetes Synonym für
„Stil" ist, mit einem Ausrufungszeichen (zit. bei E. Heller, *Fontane und die Kunst des Romanciers*, in: Jahrbuch der Deutschen
Akademie für Sprache und Dichtung 1979, S. 69). Also wieder:
das Wie ist ihm entscheidend; man könnte wohl auch sagen: es
wird ihm zum Was. Bemerkenswert ist für unser Interesse auch

das Wort „Denkstil", weil das Wie hier gerade im Blick auf das Denken erscheint, also etwas Formales am Denken, somit eigentlich am *Inhaltlichen* meint: „Man braucht nicht viele Worte darüber zu verlieren, wie sehr alle diese Dinge ... dem durchschnittlichen Denkstil des zeitgenössischen Menschen ferngerückt sind" (J. Pieper, *Was ist ein Priester?* Informationszentrum Berufe der Kirche, Freiburg 1987, S. 12). Hier hätte der Autor auch (und wohl besser) einfach von „Denken" gesprochen; doch verstehen wir sogleich die Verschiebung ins Formale, die er vornimmt und die provozierend in dem Kompositum „Denkstil" liegt, weil es im Denken, also im Was, eigentlich gar kein Wie, sondern nur eben das pure Was geben dürfte (wir wissen aber, daß es ein Wie, etwas wie Stil in der Tat, hier gleichwohl gibt – faktisch). Doch verwenden wir ja „Stil" vielfach überhaupt im Sinne von „Art und Weise"; wir meinen damit das pure Wie. In Thomas Manns viertem Joseph-Roman „Joseph, der Ernährer" lesen wir, nachdem Joseph dem Pharao die beiden berühmten Parallel-Träume gedeutet und ihm praktische, daraus resultierende Vorschläge gemacht hat (es redet zunächst der Pharao): „,du meinst, aufhäufen soll man Speise und in die Scheuern sammeln?', fragte Amenhotep. ,In größtem Stile', sprach Joseph mit Festigkeit. ,In ganz anderem Maß, als es je geschehen ist, seit die Länder bestehen.'" Die Stelle, die reizvoll einen Einbruch ins Alltagssprachliche markiert, ist für unseren Zusammenhang auch darin sprechend, weil in ihr *Maß* synonymisch mit *Stil* verwendet wird (quod erat demonstrandum). Ein weiteres Beispiel, das aus dem Sprachlichen hinausführt, gerade deshalb aber für uns von Interesse ist. In einem Nachruf auf den jung verstorbenen Pianisten Nicolas Economou schreibt Joachim Kaiser: „Hörte man, wie brillant er Mussorgskis ,Bilder einer Ausstellung' oder die großen Schumann-Zyklen pianistisch zu meistern wußte, dann dachte man unwillkürlich: Wenn der sich doch nur ein wenig mehr um ,Stil', um ,Selbstdisziplinierung' kümmern würde – was könnte aus ihm werden! Geliebt wurde er freilich, weil er alles das gerade nicht vermochte..." (Süddeutsche Zeitung, 2. Januar 1994, S. 18). Bei einem Pianisten natürlich ist Stil mehr und *anderes* als bei einem literarischen Autor, unter andererem weil hier dem Stil, dem Wie, eigentlich kein Was wie beim Sprachlichen gegenübersteht, besser: sich mit ihm verbindet (es sei denn die „pianistische Meisterung"). Da ist das Wie beinahe alles, oder da ist alles eigentlich Wie, und also ist Stil hier das Eigentliche, dasjenige, was das Eigene zusammenhaltend organisiert. Stil ist hier in der Tat etwas wie „Selbstdisziplinierung", wie der Kritiker erläutert (bemerkenswert, daß er „Stil" und den erläuternden Ausdruck danach in Anführungszeichen setzt).

Wir finden nun aber auch (und darauf wollen wir hinaus) eine Verwendung von „Stil", in der das Wort ins Inhaltliche mehr oder weniger deutlich hinüberspielt, es eigentlich mitmeint. Der besonders literarisch und psychologisch interessante Gelehrte Henri-Frédéric Amiel, ein großer „Diarist" des 19. Jahrhunderts, sagt über Proudhon: „Ce qu'il écrit, il me semble que c'est ma pensée. Ce style d'acier me fait vibrer de bonheur. Ce qu'il marque de son fer rouge ... reste marqué" (*Journal intime*, I [1839–1851], éd. Philippe M. Monnier, Lausanne 1976, S. 568). Offensichtlich geht es bei „style" da nicht mehr nur um das formale Wie: „was er schreibt", heißt es ja zuvor, „erscheint mir als mein eigenes Denken". Und dann: „Dieser stählerne Stil..." Besonders häufig, scheint uns, findet sich solche Verwendung von „Stil" bei Nietzsche. Überhaupt ist ja „Stil" eines seiner Lieblingswörter. „Im jüdischen ‚alten Testament‘, dem Buche von der göttlichen Gerechtigkeit, giebt es Menschen, Dinge und Reden in einem so grossen Stile, dass das griechische und indische Schriftenthum ihm nichts zur Seite zu stellen hat" (*Jenseits von Gut und Böse*, Kritische Studienausgabe, 5, S. 72). Oder: in der Vorrede zur *Genealogie der Moral:* „Wie? wenn im ‚Guten‘ auch ein Rückgangssymptom läge, insgleichen eine Gefahr, eine Verführung, ein Gift, ein Narcoticum, durch das etwa die Gegenwart *auf Kosten der Zukunft* lebte? Vielleicht behaglicher, ungefährlicher, aber auch in kleinerem Stile, niedriger? ..." (5, S. 253). Oder aus den *Nachgelassenen Fragmenten* (November 1887): „Frau Cosima Wagner ist das einzige Weib grösseren Stils, das ich kennen gelernt habe; aber ich rechne es ihr an, daß sie Wagnern *verdorben* hat" (13, S. 16, „anrechnen" hier natürlich negativ gemeint). Nietzsche redet aber auch von der „Lüge des grossen Stils", deren Abwesenheit er an Bizets *Carmen* preist (6, S. 14). Wir erkennen in diesen Verwendungen von *Stil* stets die Dominanz des Wie, aber doch auch, daneben, die Gegenwart *inhaltlicher*, sich nicht in bloßer Präsentierung eines vorab Gegebenen erschöpfender Elemente. Diese Verwendung von „Stil" bezieht sich auffallend auch und gerade auf das *Was*.

Was übrigens die Trennung, im Sprachlichen, von Was und Wie betrifft, hatte Nietzsche eine radikale Position: „Den Stil verbessern – das heißt den Gedanken verbessern, und gar nichts weiter!" Und er fügt in der ihn kennzeichnenden Apodiktik hinzu: „Wer dies nicht sofort zugiebt, ist auch nie davon zu überzeugen" (in *Menschliches, Allzumenschliches*, II, S. 610; diese Äußerung findet sich auch, ohne den Zusatz, in den *Nachgelassenen Fragmenten*, Sommer 1883, X, S. 398). Eine solch extreme Position ist nicht zu übernehmen; sie ist nicht durchzuhalten; sie ist allenfalls berechtigt im Negativen, in dem, *wogegen* sie sich richtet: eine allzu einseitig auf dem *ornatus*, im Sinne eines bloß Hinzugefügten, insistierende Auffassung von Stil. Eine solche allerdings ist unangemessen.

Es gibt also – und wiederum einleuchtenderweise – eine Verwendung von „Stil", die das Inhaltliche in das Wie mit einbezieht. In der Tat kann das Wie nicht immer eindeutig vom Was getrennt werden. Hier nun gerade zeigt sich ein Spezifisches des *literarischen* Texts: die Trennbarkeit von Was und Wie ist bei ihm entschieden geringer als bei dem nicht-literarischen. Das Wort gehört beim literarischen Text in gewissem Sinn selbst schon zum Wie, wobei der literarisch-poetische Diskurs, auch in *dieser* Hinsicht, nicht völlig verschieden ist von der nicht-literarischen Äußerung: es gibt da eine Skala, einen Übergang, keinen eigentlichen Bruch. Das Spezifische des literarischen Texts liegt darin, daß in ihm die Verschränkung von Was und Wie bis zur völligen Untrennbarkeit gehen *kann*, was sich dramatisch in der Übersetzung zeigt: sie *kann* nahezu unmöglich sein, eben weil das Materielle eines Texts so zu ihm gehören kann, daß es von ihm, was zur Übersetzung unausweichlich gehört, denn Übersetzen heißt Wechseln in die Materialität einer anderen Sprache, nicht abgezogen werden kann. Hier nun aber stoßen wir erneut auf eine Eigentümlichkeit des Stils: wenn die Übersetzung nahezu unmöglich ist, liegt es nicht eigentlich am *Stil* des Originals, denn der Stil als ganzer, sein Duktus insgesamt, kann übersetzt werden. Wieder zeigt sich hierin die querliegende Unabhängigkeit dieser Kategorie: Stil ist ein Wie besonderer Art, eben weil er, beim literarischen Text, so stark auch – und gerade – durch das Inhaltliche bedingt ist, durch die „Gegenstände und Sachverhalte", um mit Karl Bühler zu sprechen, auf die er zielt. Anders im wissenschaftlichen Diskurs, der dem literarischen konträr entgegensteht: in ihm lassen sich, wieder mit Bühler zu sprechen, die Elemente der „Appellfunktion" und der „Ausdrucksfunktion" leichter und – im Idealfall – vollständig trennen von der „Darstellungsfunktion", die auf die „Gegenstände und Sachverhalte" geht. Sehr radikal, aber eigentlich zutreffend, erklärt Roman Ingarden: „In einem wissenschaftlichen Werk können [...] in den verschiedenen Schichten ästhetisch relevante Qualitäten auftreten [...] Sie brauchen aber in diesem Werk gar nicht vorhanden zu sein und stellen – falls sie doch da sind – einen im Grund entbehrlichen Luxus dar. Manchmal können sie sogar das betreffende Werk in der Ausübung der ihm eigenen Funktion stören, indem sie dem Leser die Annäherung an die im Werk zur erkenntnismäßigen Erfassung gebrachte transzendente Wirklichkeit erschweren. In einem literarischen Kunstwerk dagegen bilden diese Qualitäten [...] das bedeutendste Moment in dem zur ästhetischen Konkretisierung gebrachten Kunstwerk" (R. Ingarden, *Vom Erkennen des literarischen Kunstwerks*, Tübingen 1968, S. 156). Ingarden erfüllt hier selbst die von ihm erhobene Forderung luxusfreien Diskurses. Oder ist dies – rien n'est simple – ein Luxus besonderer Art?

Für die Trennung von Was und Wie eine charakteristische Äußerung von Sigmund Freud. Er beginnt seine eigentümlich spröde Abhandlung „Der Moses des Michelangelo" aus dem Jahr 1914 (wir wissen, wie sehr ihn diese Statue faszinierte) mit diesem Satz: „Ich schicke voraus, daß ich kein Kunstkenner bin, sondern Laie. Ich habe oft bemerkt, daß mich der Inhalt eines Kunstwerkes stärker anzieht als dessen formale und technische Eigenschaften, auf welche doch der Künstler in erster Linie Wert legt. Für viele Mittel und manche Wirkungen der Kunst fehlt mir eigentlich das richtige Verständnis" (*Gesammelte Werke*, 10, S. 172). Eine recht biedere, auch etwas hilflose Äußerung, die sicher Freuds redlichem Empfinden entspricht; Koketterie war ihm einigermaßen fremd. Freud meint also, das heißt: er gibt zu – und weiß, daß dies vom Standpunkt des „Kunstkenners" aus ein gravierender Fehler ist –, daß ihn (in unseren Worten) das Wie eines Kunstwerks – für den Kenner das Eigentliche – weniger interessiere als dessen Was, in diesem Fall somit die Auffassung des Mose durch Michelangelo, wie sie sich ausdrückt in diesem gewaltigen Werk, das allerdings wie wenig andere einlädt zu solcher „Stoffentgleisung" der Betrachtung, der Entgleisung, wenn es denn eine ist, ins *Was*. Doch wie immer: jene Trennung und Trennbarkeit setzt auch diese Äußerung voraus, und die „formalen und technischen Eigenschaften" eines Kunstwerks sind sicher Teil seines Stils. Bei Freud geht es nicht um ein *literarisches* Kunstwerk … Um ein solches geht es aber in der folgenden Äußerung von Friedrich Klingner, dem klassischen Philologen, in einer Interpretation der ersten Vergilschen Ekloge, speziell zu der Stelle „Entweder wird der Perser in der Saône trinken oder Germania (also: der Germane) im Tigris": „Das Empfinden des Tityrus […] antwortet auf diese mit stärkerer, ungehemmter Empfindung gesprochenen Worte mit gesteigertem Überschwang. Schon die Kritiker des Altertums beobachteten, daß der Stil zum Erhabenen aufsteigt. Ein Vers wie (62): ,Aut Ararim Parthus bibet aut Germania Tigrim' spannt nicht nur die Vorstellung vom kleinen Lebenskreise der Hirten und Bauern zur Weite des Weltkreises, sondern enthält auch Namen, die Würde und Schicksal Roms erleben lassen. Dieser Vers vollzieht mit seinem Fortissimo in der Dynamik des Gedichtes den Durchbruch zum Erhabenen" (*Studien zur griechischen und römischen Literatur*, Zürich/Stuttgart 1964, S. 235). Der Philologe redet hier vom

„Stil", der „zum Erhabenen aufsteigt"; er meint aber gar nichts Formales, sondern etwas Inhaltliches, nämlich, daß hier Namen erscheinen, die Saône (lat. Arar), der Perser, der Tigris und Germania, die in der Tat dem vorausgesetzten („impliziten") Leser oder Hörer den Riesenkreis des Imperiums evozieren. Aber freilich: dies Inhaltliche – denn es ist ein rein Inhaltliches – wird hier zu einem formalen, zu einem *Wie* des Redens, so daß an dieser Stelle die Kategorie *Stil* völlig angemessen erscheint.

Gustave Flaubert schwebte, wir sagten es, eine bestimmte Buch-Utopie vor, nämlich das „Buch über nichts" (vgl. S. 102). Die berühmte Stelle lautet: er wolle *„ein Buch über nichts*, ein Buch ohne irgendein Band zur äußeren Wirklichkeit; ein Buch, das für sich stünde und rein auf sich selbst, allein durch die innere Kraft seines Stils, so wie die Erde schwebt in der Atmosphäre, ohne festgehalten zu werden; ein Buch, das nahezu gar keinen Gegenstand hätte oder dessen Gegenstand zumindest fast unsichtbar wäre, wenn dies möglich ist ... Ich glaube, daß die Zukunft der Kunst in dieser Richtung liegt ... Deshalb gibt es keine schönen und häßlichen Gegenstände, und man könnte beinahe als obersten Grundsatz aufstellen, indem man sich auf den Standpunkt der reinen Kunst begibt, daß es überhaupt keinen Gegenstand gibt, weil nämlich der Stil für sich selbst bereits eine absolute Weise sei, die Dinge zu sehen", „le style étant à lui seul une manière absolue de voir les choses". Die Stelle ist nicht leicht auszulegen: das Wie – „une manière de voir les choses" – wird hier zum Inhalt selbst. Es ist eine interessante Vision, aber Flaubert weiß, daß sie nicht zu verwirklichen ist. Literarisch, unter Wörtern, ist der Künstler gleichsam dazu verdammt, von irgend etwas zu reden. Man kann nicht reden, literarisch oder nicht, ohne von *irgend etwas* zu reden. Das Material, mit dem der literarische Künstler arbeitet, enthält, wie hervorgehoben, immer schon Inhaltliches. Eine sprachliche Äußerung, die *nur* Stil wäre, ist darum ein Ding der Unmöglichkeit, geschweige denn ein ganzes Buch, das sich auf Stil reduzierend von *nichts* redete. Zum Stil gehört nun einmal dies, daß er unvermeidlich etwas ist, das *hinzukommt* zu einem anderen, das schon da ist, nämlich eben dem Was. Nun aber kompliziert sich die Situation insofern erheblich, als gerade in einem Literaturwerk auch das Was in verschiedenem Grade beitragen kann zum Wie. Das Was gehört im Literarischen selbst schon zu jenem Wie, das der Stil ist. Und „Wie" heißt aber dann auch wieder: ein Was ist – ihm vorausgehend – schon da, und selbst wenn dieses Was nur wenig ist, ist es doch, unvermeidlich, viel mehr als das von Flaubert literarisch erträumte Nichts … In der Musik ist es anders: da ist gleichsam *nur* Stoff – oder auch: da ist eigentlich *kein* Stoff, denn das stofflich Materielle verflüchtigt sich als solches, wenn kein Inhaltliches da ist. Dann wird das Stoffliche reine Transparenz. In diese Richtung geht eine bemerkenswerte Äußerung von Goethe, nach welcher von allen Künsten die Musik – er denkt an die Instrumentalmusik – die reinste sei, denn sie habe „keinen Stoff, der abgerechnet werden müßte". Insofern ist dann Musik auch der reine Stil; da ist, recht verstanden, nur „Manier", nur „Art und Weise", nur „Kunst". Walter Pater (auch dies gehört wohl hierher): „Jede Kunst hat stets das Bestreben, es der Musik gleichzutun." Ziel wäre also: das reine Wie.

Aus dem Gesagten geht auch dies hervor: den Stil als solchen, den Stil im Singular, gibt es nicht. Es gibt *viele* Stile, Stil gibt es nur als Vielheit; auch „Stil" ist ein plurale tantum: „Indeed, properly speaking, there is no such thing as style; there are many styles, that is all" (R. Ellmann, *Oscar Wilde*, S. 270). Wann immer wir sagen, ein Text *habe* oder auch ihm *fehle* Stil, implizieren wir etwas aus einer Vielheit von Möglichem, nämlich einen *bestimmten* Stil. Damit ist keineswegs gesagt, daß das Vorhandene oder Fehlende leicht zu kennzeichnen sei. Entscheidend ist die Implikation: *bestimmter* Stil, und diese Implikation gilt für die *beiden* Verwendungen unseres Worts.

Blicken wir zurück! Wir skizzierten das Irritierende des Stilbegriffs und setzten ein bei den beiden verschiedenen Verwendungen – Einfügung und Ausfügung –, die zunächst kontradiktorisch scheinen, sich bei genauerem Hinsehen aber ergänzen: die Ausfügung geschieht *innerhalb*, auf der Grundlage von

Einfügung (Sprachbesitz und Diskurstradition). Wir betonten die historische Gegebenheit beider Weisen von Stil: Dominanz, die längste Zeit hindurch, der Einfügung, Dominanz der Ausfügung, besonders vom Ende des 18. Jahrhunderts an. Als Gemeinsamkeit beider Weisen von Stil drängte sich in unbestimmter Weise das Formale, das *Wie* auf: etwas, das schon da ist, ein Inhaltliches, ein Was, wird in spezifischer Weise dargeboten oder – vorsichtiger – tritt in spezifischer Weise hervor; es könnte so oder so oder so hervortreten, tritt aber so hervor. Das Was wird mit einem Wie versehen. Wir stellten fest, daß es einerseits bei diesem Wie bleibt: man kommt nicht weiter, denn wenn man einzuengen sucht, wird der Begriff in der Tat zu eng, daß aber andererseits dieses Wie als etwas *rein* Formales und *nur* Hinzukommendes und also analytisch Ablösbares · (denn, was bloß hinzukäme, müßte klar ablösbar sein) *nicht* vorauszusetzen ist, daß somit, in anderen Worten, in diesem Wie, das als solches bleibt, auch *Inhaltliches* ist und daß dies insbesondere für das Literarische, den Stil im Sprachlichen gilt. Die Metapher vom stilistischen „Kleid", von der stilistischen „Einkleidung", zu der auch der zentrale Begriff des „ornatus" der Rhetorik gehört, ist unangemessen. Es ist alles andere als neu, dies festzustellen. Wichtiger wäre jedoch, sich darüber klarzuwerden, daß es gleichwohl beim Wie bleiben muß und daß dieses Wie nur eben nicht als etwas rein Formales zu nehmen ist. Stil ist ein Wie, anders ist der Begriff nicht zu fassen. Zu diesem Wie gehören aber auch – und im Literarischen auf jeden Fall – Elemente, die dem Was zuzurechnen sind. Demzufolge gibt es hier auch kein reines Was.

Man kann also – von hier aus – die Dinge, den Stil gewissermaßen, auch umdrehen und *ihn*, nicht den Inhalt, als das Vorgängige ansehen, als das eigentlich den Text Generierende. Und vielleicht meint Flaubert eben dies, wenn er den Stil, scheinbar einfach, als „absolute (also: losgelöste, freie, unbedingte) Weise, die Dinge zu sehen" bestimmt („une manière absolue de voir les choses"). Aber eben: die Dinge, die da, im Stil und durch ihn, „auf absolute Weise gesehen" werden sollen, sind (oder wären) sogar in diesem Fall doch schon – als dem Sehen vorgegebene – da. Es müßte, wenn es nach Flaubert ginge, strenggenommen ein Sehen sein, das das Gesehene nicht als ein unabhängig vom Sehen Vorhandenes sieht, sondern selbst erst schafft. Das Sehen schaffte, was es sieht. Es ist aber – mutatis mutandis – auch beim Stil eines Sprachlichen so, wie Descartes es feststellt im Blick auf die Erscheinungen in den Träumen und die Fabelwesen der Maler: rein und als ganze erfunden seien diese nie, da werde immer nur tatsächlich Vorkommendes unwirklich gemischt („sed tantummodo diversorum animalium membra permiscent", Meditatio I, 12). Stil ist also im Sprachlichen jenes komplexe Wie: einerseits muß man festhalten, beim sich einfügenden wie dem sich ausfügenden Stil, an dieser Bestimmung, ein *Wie*, dem also ein *Was* entgegensteht, andererseits gilt es, dieses Wie in seiner Komplexheit zu sehen, es nicht, wie es neuerdings anschaulich heißt, „unterkomplex" zu fassen.

Hieraus folgt nun unmittelbar, daß es ein „unterkomplexes" Mißverständnis von Stil im Sprachlichen ist, diesen in erster Eingrenzung als etwas bloß Sprachliches zu betrachten. Und es ist, wie gesagt, ein gängiges Mißverständnis, ihn als etwas rein Sprachliches, eine sprachliche Erscheinung zu begreifen. Stil ist, auch im Sprachlichen, nichts rein Sprachliches; aber wir müssen noch weitergehen und sagen: er ist nicht einmal etwas *primär* Sprachliches. Und hier darf darauf aufmerksam gemacht werden, daß schon die Sprachäußerung selbst, von welcher der „Text" eine spezifische Erscheinung ist, nichts rein Sprachliches ist, obschon in ihr überall Sprachliches ist. Rein sprachlich ist in ihr nur (und allenfalls) der Sprachbesitz. Die Sprachäußerung ist etwas Nicht-Sprachliches *im Medium* des Sprachlichen; nicht-sprachlich in ihr ist zumindest das Was des durch sie Gesagten, ihr Inhalt. Der Inhalt der Äußerung *Meine Mutter ist vor acht Jahren gestorben* zum Beispiel ist sicherlich nichts Sprachliches, und er ist ihr Wichtigstes. Eine Äußerung – das sind eben nicht „*words, words, words*", sondern etwas, ein Was *im Medium* von Wörtern – und anderem Sprachlichem. Nicht wenige Linguisten sind aber tatsächlich von der Naivität, wie sie Shakespeare den Hamlet hier spielen läßt …

Weder also ist der Text etwas bloß Sprachliches noch ist dies der Stil, der sich an ihm – möglicherweise – zeigt.

Wir müssen also sagen, daß zum stilistischen Wie einer Sprachäußerung drei Arten von Elementen gehören: erstens *inhaltliche* Elemente, Was-Elemente somit, die – im Sinne der Vermeidung des „Unterkomplexen" – jenem Wie zuzurechnen sind, sie sind schon Elemente von Stil, tragen konstitutiv zu ihm bei; zweitens *formale* Elemente, die aber *nicht-sprachlich* sind (das heißt: sie erscheinen zwar sprachlich, da sie ja in einer Sprachäußerung erscheinen, sie sind aber nicht bedingt durch die Sprache selbst, den Sprachbesitz, in dessen Medium die Text-Äußerung erfolgt); drittens *formale* Elemente, die *sprachlich* sind, insofern sie gerade bedingt sind durch die Sprache selbst, die sie realisieren, sie sind Exteriorisierungen von spezifischem Sprachbesitz; alles Sprachliche also in einer Text-Äußerung ist formal, aber nicht alles Formale in ihr ist sprachlich. Somit:

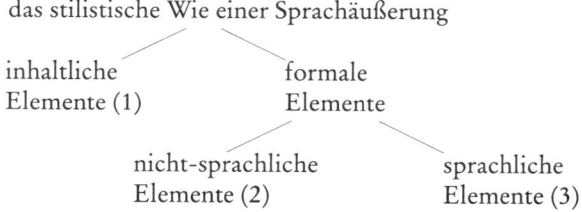

Nicht-sprachlich formale Elemente von Stil wären zum Beispiel: Ironie, Pathos, Leichtigkeit, Tempo, Umständlichkeit, Langsamkeit, Bedächtigkeit, Ruhe, Faßlichkeit, Klarheit, Lebendigkeit. Elemente solcher Art äußern sich zwar, in einer Sprachäußerung, unvermeidlich *sprachlich*, im Medium einer Sprache, sie sind aber – dies muß man sehen – nicht sprachbedingt, sie sind nicht Exteriorisierungen eines spezifischen Sprachbesitzes. Darum sind sie auch – es ist ein gutes, „operationales" Kriterium – ohne Schwierigkeit übersetzbar, das heißt: sie können bei entsprechender Geschicklichkeit des Übersetzenden (wozu zunächst gehört, daß er sie überhaupt wahrnimmt) ohne weiteres auch im Medium einer anderen, ja, vieler anderer Sprachen realisiert werden.

Als sprachlich im eigentlichen Sinn – als rein und ausschließlich sprachlich – ist lediglich dasjenige an einer Text-Äußerung zu betrachten, das Sprachbesitz („langue") realisiert. Und natürlich tragen gerade auch die Elemente dieser Realisierung von Sprachbesitz vieles bei zu dem komplexen – aus Vielem und aus Verschiedenem zusammengesetzten (und doch eben nicht nur „zusammengesetzten") – Phänomen des Stils.

12. Nietzsches kleine Stillehre

(nicht nur für Lou)

Unbestreitbar ist die literarische Faszination. Kaum je wird sie auch bestritten. Dies gilt selbst für den *Zarathustra*, der eine Sonderstellung hat im Werk. Man mag ihn literarisch als nicht ‚geglückt' betrachten (was immer dies heißen mag), als irritierend oder peinlich, faszinierend ist auch er; das am eindrucksvollsten gescheiterte Buch deutscher Zunge. Der Fall ist einfach: Nietzsche ist unter den Philosophen der größte Schriftsteller. Selbst Schopenhauer oder – unter den neueren – Ortega reichen an ihn nicht heran. Zweifel wären allenfalls in bezug auf Kierkegaard angemessen. Abgesehen davon ist Nietzsche, dem viele (zur Zeit freilich wenige) das Prädikat ‚Philosoph' absprechen, ja auch wirklich Dichter. Unter diesen Voraussetzungen ist es überraschend, daß Nietzsches Stil kaum untersucht wurde.

In der Arbeit „Nietzsches Stil am Beispiel ‚Ecce Homo'" haben wir versucht, diesen Stil mit folgenden Kennzeichen zu umreißen: Lebendigkeit, Sinnlichkeit, Klarheit, Sachlichkeit, Sprachbewußtheit (in: *Grundfragen der Nietzsche-Forschung. Nietzsche-Studien* 13 [1984], S. 332–355; hierüber auch H.-M. Gauger, ‚Es ist nichts mit Schriftstellerei'. Zu Nietzsches Stil, Bayerische Akademie der Schönen Künste 1995). Es sind dies bewußt schlichte, bewußt impressionistische Ausdrücke. In der Tat kommt es hierbei auf beides an: auf eine gewisse unfachliche Schlichtheit, die keineswegs mit Naivität zusammenzufallen braucht, und auf die Impression. Eine Stiluntersuchung ist abwegig, ja absurd, wenn sie sich von der Erfahrung des Lesers trennt. Das Ideal ist hier dies: in der Untersuchung muß explizit, auseinandergefaltet, wiedergefunden werden können, was beim Lesen implizit erfahren wurde, und (oder) es muß, umgekehrt, beim Lesen wieder auffindbar sein, was die Stiluntersuchung herauszustellen versuchte. Der Leser mag prüfen, ob er in Jacques Derridas „Sporen", „Éperons", die Nietzsches Stil zum Gegenstand haben – „Les styles de Nietzsche", immerhin, lautet der Untertitel –, irgend etwas über den Gegenstand erfährt (zu Derridas Nietzsche vgl. E. Behler, Derrida–Nietzsche, Nietzsche–Derrida, Paderborn 1988, S. 120).

Nicht aber mit Nietzsches Stil wollen wir uns hier beschäftigen, sondern mit seiner Auffassung von ihm. Es gibt hierzu eine bedeutsame und so gut wie gar nicht beachtete Äußerung. Die Schrift „Zur Lehre vom Stil" findet sich unter den „Nachgelassenen Fragmenten"; sie ist aber kein Fragment. Sie gehört zu den „Tautenburger Aufzeichnungen für Lou von Salomé". Der biographische Hintergrund ist bemerkenswert: am 20. April 1882 trifft Nietzsche, damals siebenunddreißigjährig, in Rom, übrigens im Petersdom, die einundzwanzigjährige Lou von Salomé; die Begegnung mit der schönen und intelligenten Russin aus Petersburg, Tochter eines hugenottischen deutsch-baltischen Generals im Dienst des Zaren, kam über Nietzsches Freund Paul Rée zustande, der seinerseits Lou im römischen Salon der Malwida von Meysenbug kennengelernt hatte; zuvor schon hatte es Briefe Malwidas und Rées an Nietzsche gegeben über die ‚junge Russin', die er unbedingt kennenlernen müsse; eine eigentümliche Erwartungshaltung hatte sich bei Nietzsche kristallisiert; Hingerissenheit, nachdem er Lou kennengelernt hatte; Rée und Nietzsche werben um Lou; Lou weist zwei Heiratsanträge Nietzsches zurück; vom 25. Juni bis zum 27. August 1882 ist Nietzsche in Tautenburg bei Jena (zuvor die erotische Episode mit Lou am Orta-See); vom 7. bis 26. August weilt auch Lou in Tautenburg, des Anstandes wegen ist Nietzsches arge Schwester dabei; in den knapp drei Wochen in Tautenburg wirbt Nietzsche, gegen Rée Stimmung machend, um Lou.

Dieser Hintergrund ist nicht unwichtig. Er verdeutlicht, daß „Zur Lehre vom Stil", direkt an Lou gerichtet, alles andere als eine beiläufige Äußerung ist. Sie ist zu sehen innerhalb eines intensiven Werbens, wobei zu beachten ist, daß Nietzsche in Lou nicht allein die Frau, sondern auch den ersehnten intellektuellen Partner sah. Lou selbst scheint das Gewicht der Äußerung nicht gesehen zu haben. Während jener Wochen führte sie eine Art Brieftagebuch für Rée; hier heißt es: „Eure oben erwähnte Verschiedenheit spricht sich auch sehr deutlich in kleinen Zügen aus. Zum Beispiel in Euren Stilansichten. Dein Stil will den Kopf des Lesenden überzeugen und ist darum wissenschaftlich klar und streng, mit Vermeidung aller Empfindungen. Nietzsche will den ganzen Menschen überzeugen, er will mit seinem Wort einen Griff in das Gemüt tun und das Innerste umwenden, er will nicht belehren, sondern bekehren [...]" (zum biographischen Hintergrund: Janz, C. P., *Friedrich Nietzsche. Biographie*, 1978/79).

Unser Text liegt in zwei Fassungen vor. Die zweite wurde sicher in den drei Wochen geschrieben, als Lou mit Nietzsche in Tautenburg weilte. Die erste dürfte kurz zuvor, vermutlich im Juli, entstanden sein. Halten wir uns an die zweite Fassung, die sich von der ersten vor allem darin unterscheidet, daß sie in zehn Abschnitte gegliedert ist, die meist nur aus einem Satz bestehen. Wir haben hier also ohne Zweifel, der Intention nach, so etwas wie einen ‚Dekalog‘ zum Stil (wogegen freilich das „Zu" des Titels spricht: „Zur Lehre vom Stil"; jedenfalls handelt es sich nicht nur eben um einzelne herausgegriffene Punkte). Die erste Fassung besteht aus fünf nicht numerierten Abschnitten; sie ist nur mit „Stil" überschrieben. Die zweite ist insgesamt straffer. Charakteristische Kürzungen wurden vorgenommen. Zum Beispiel: „Schreiben soll nur eine Nachahmung sein", zweite Fassung: „Schreiben muß eine Nachahmung sein". Oder: „Der Stil soll jedes Mal *dir* angemessen sein...". Zweite Fassung: „Der Stil soll *dir* angemessen sein...". Aber die Unterschiede zwischen beiden Fassungen sind gering. Die zweite hat am Schluß den Zusatz: „F. N. Einen guten Morgen, meine Liebe Lou!" (die Texte finden sich in: Friedrich Nietzsche, *Sämtliche Werke. Kritische Studienausgabe*, herausgegeben von Giorgio Colli und Mazzino Montinari, Band 10, 22–23 und 38–39).

Zur Lehre vom Stil

1.

Das Erste, was noth thut, ist Leben: der Stil soll *leben*.

2.

Der Stil soll *dir* angemessen sein in Hinsicht auf eine ganz bestimmte Person, der du dich mitteilen willst. (Gesetz der doppelten Relation.)

3.

Man muß erst genau wissen: „so und so würde ich dies sprechen und *vortragen*" – bevor man schreiben darf. Schreiben muß eine Nachahmung sein.

4.

Weil dem Schreibenden viele Mittel des Vortragenden *fehlen*, so muß er im Allgemeinen eine *sehr ausdrucksvolle* Art von Vortrage zum Vorbild haben: das Abbild davon, daß Geschriebene, wird schon nothwendig viel blässer ausfallen.

5.

Der Reichthum an Leben verräth sich durch *Reichthum an Gebärden*. Man muß Alles, Länge und Kürze der Sätze, die Interpunktion, die Wahl der Worte, die Pausen, die Reihenfolge der Argumente – als Gebärden empfinden *lernen*.

6.

Vorsicht vor der Periode! Zur Periode haben nur die Menschen ein Recht, die einen langen Athem auch im Sprechen haben. Bei den Meisten ist die Periode eine Affektation.

7.

Der Stil soll beweisen, daß man an seine Gedanken *glaubt*, und sie nicht nur denkt, sondern *empfindet*.

8.

Je abstrakter die Wahrheit ist, die man lehren will, um so mehr muß man die *Sinne* zu ihr führen.

9.

Der Takt des guten Prosaikers in der Wahl seiner Mittel besteht darin, *dicht* an die Poesie heranzutreten, aber *niemals* zu ihr überzutreten.

10.

Es ist nicht artig und klug, seinem Leser die leichteren Einwände vorwegzunehmen. Es ist sehr artig und *sehr klug*, seinem Leser zu überlassen, die letzte Quintessenz unsrer Weisheit *selber auszusprechen*.

Der dritte Abschnitt – „Schreiben muß eine Nachahmung sein" – zeigt klar, daß es hier allein um das Schreiben geht, Stil meint hier Schreibweise. Das Leitwort ist „Leben". In den Abschnitten 1 bis 8 steht es entweder explizit im Zentrum oder aber die Aussagen stehen zu ihm in mittelbarem Zusammenhang. Eine Schreibweise muß, um gut genannt werden zu können, das Prädikat „Leben" verdienen. Sie muß die Merkmale dessen haben, das lebt. Nietzsche spricht hier von einer Eigenschaft oder einem Komplex von Eigenschaften, die einer Schreibweise zukommen können und, wenn sie gut sein soll, zukommen *müssen*. Leben also, auf jeden Fall, als *notwendige* Bedingung guten Stils. Auch schon als hinreichende Bedingung? Fast will es so scheinen. Faktisch jedoch sagt Nietzsche nur, daß „Leben" als erstes, als Wichtigstes notwendig sei. Ist dies eine Metapher? Kann eine Schreibweise überhaupt leben? Natürlich kann sie nicht leben wie ein Organismus. Es geht ja, wie herausgestellt, um eine Eigenschaft, um die Übertragung der Eigenschaft „Leben", die dem zukommt, der schreibt, auf das von ihm Geschriebene. Es ist dies somit eine Metapher im strengen Sinn: Übertragung. Aber der Satz meint gewiß nicht nur eine Metapher im Sinne des ‚bloß' Übertragenen, des Indirekten im Sinne eines „eigentlich nicht". Die Eigenschaft „Leben" soll dem Stil direkt zukommen: er selbst „soll leben". Sodann ist hier „leben" in einem durchaus physiologischen, organischen Sinn zu nehmen, als Gegenteil von Tod. Der Zug ins Physiologische kennzeichnet ja das Denken des späten Nietzsche insgesamt.

Der zweite Abschnitt ist eine Konkretisierung des ersten. Die Eigenschaft „Leben", die einer Schreibweise zukommen kann, hat mit „Angemessenheit" zu tun. Die Schreibweise soll dem Schreibenden angemessen sein, insofern er kommunikativ auf einen anderen gerichtet ist. Die „Angemessenheit" bezieht sich auf die kommunikative Intentionalität dessen, der schreibt: *dir* angemessen, insofern du dich kommunikativ an ein *Du* richtest. Die „Angemessenheit" gilt der Situation, der kommunikativen Grundsituation: jemand teilt sich jemandem mit. Diese Situation soll die Schreibweise abbilden. Hierbei ist zu beachten, daß Nietzsche nicht von einem unbestimmten Adressaten redet; er spricht von „einer ganz bestimmten Person, der du dich mittheilen willst". Natürlich ist dies im Sinne einer Fiktion zu verstehen: die Situation, von der beim Schreiben ausgegangen werden sollte, im Sinne eines Als-ob, ist die der Mitteilung an „eine ganz bestimmte Person". Nietzsche stellt sich hierbei nicht einen Dialog vor, freilich auch nicht einen Monolog, sondern einen *Vortrag*, und zwar einen solchen, der den Angeredeten äußerst genau im Auge behält. Der Ausdruck „Angemessenheit" läßt an den Begriff des „aptum" denken, dem die Rhetorik als „virtus", als „Kraft" einer Äußerung, die zentrale Stellung zuweist (neben oder über der „Reinheit", der „Klarheit" und dem „Schmuck", „puritas", „perspicuitas", „ornatus"). Die Rhetorik, und zwar bereits die antike, meint hiermit, was wir mit „Erwartungshorizont" bezeichnen, ein Sich-Einfügen in das innerhalb einer bestimmten Situation Geforderte. Stil also als Anpassung, als ein „opting in". Diese Auffassung wich Ende des 18. Jahrhunderts einem anderen Ideal. Unter dem Stichwort „Natur" geht es nunmehr um möglichst unmittelbaren, durch Kunst unverstellten Ausdruck eines Innern. Bei Nietzsche ist *beides* beieinander: Stil als Ausdruck dessen, der schreibt, aber dann auch als Widerspiegelung und Realisierung einer kommunikativen, durchaus „rhetorischen" Intention. Hierauf, keineswegs primär auf bloßen „Ausdruck", bezieht sich die Kennzeichnung „Leben".

Daß es Nietzsche hier nicht um Ausdruck im Sinne purer Spontaneität geht, zeigt der dritte Abschnitt, der eine weitere und bedeutsame Konkretisierung bringt. Es geht um ein ‚Vortragen'. Gemeint ist nicht ein spontanes, sich gleichsam ungeordnet verströmendes, sondern gerade ein gegliedertes, auf ein Ziel hin organisiertes Sprechen. Zunächst einmal muß, diesem Abschnitt zufolge, was man sagen will, in einem Vortrag – und zwar für „eine ganz bestimmte Person" – verwandelt werden. Im übrigen affirmiert dieser dritte Abschnitt den Primat des Gesprochenen, der „viva vox", was dann der folgende Abschnitt weiterführt. Das Schreiben muß „Nachahmung" des Sprechens sein; es darf sich nicht lösen vom Gesprochenen, jedenfalls nicht allzu weit. Nietzsche spricht sich hier also implizit gegen jene Art von Verselbständigung der geschriebenen Sprache aus, wie sie vielfach zu beobachten ist: aus dem medial Schriftlichen entwickelt sich der „Duktus der Schriftlichkeit", Schriftlichkeit in der Anlage des Sprachlichen selbst (Koch und Oesterreicher reden hier von „konzeptioneller Schriftlichkeit", vgl. S. 121), die sogar ins medial Mündliche übergehen kann…

Das „Leben" des Stils hängt somit ab erstens von der Lebendigkeit des nachgeahmten Vortrags, zweitens vom Grad des Gelingens der Nachahmung. Es geht folglich um zwei Vorgänge: einmal um die Verwandlung dessen, was man sagen will, in ein „Vortragen", fiktive Mündlichkeit im Sinne eines Vortrags für ein ganz bestimmtes Gegenüber, zum anderen um die Verwandlung dieses „Vortragens" in Geschriebenes. Die Verwandlung steht unter dem Zeichen der Nachahmung: ein Verhältnis von Abbild und Vorbild. Das Gesprochene/Vorgetragene ist Vorbild, das Geschriebene Abbild. Beide Ausdrücke erscheinen ja im vierten Abschnitt. Interessant, daß Nietzsche im Blick auf die erste Verwandlung klar trennt zwischen dem Inhalt des Gesagten und der Art und Weise, dem „So und so" der Darstellung. Er widerspricht hier also seiner eigenen Äußerung, die wir zitierten, aus *Menschliches, Allzumenschliches*: „Den Stil verbessern – das heißt den Gedanken verbessern, und gar Nichts weiter! – wer dies nicht sofort zugiebt, ist auch nie davon zu überzeugen" (2, S. 610, vgl. S. 220).

Der vierte Abschnitt weist darauf hin, daß dem Medium Schrift Mittel fehlen, die im Medium des Mündlichen, des Akustischen, gegeben sind und also dem „Vortragenden" zur Verfügung stehen. Daher müsse Gegenstand der Nachahmung eine „sehr ausdrucksvolle Art von Vortrage" sein. Die Nachahmung falle, allein wegen jener fehlenden Mittel, schwächer aus. Hier hat Nietzsche in der zweiten Fassung eine Klammeranmerkung der ersten weggelassen: „Das Geschriebene wird nothwendig schon viel blässer (und dir natürlicher) ausfallen." An sich ist dieser Klammerzusatz verständlich: du mußt im mündlichen Vortrag, den du nachahmst, etwas ausdrucksvoller, lebendiger sein, als dir dies möglicherweise natürlich ist; das Medium des Schreibens selbst bringt dann die Lebhaftigkeit wieder auf das dir natürliche Maß. Andererseits ist es leicht nachvollziehbar, weshalb Nietzsche die Anmerkung gestrichen hat: es geht ihm ja nicht (es wäre ein Mißverständnis) um Natürlichkeit.

Im übrigen zeigt dieser vierte Abschnitt, wie konkret Nietzsche sieht, um was es geht. Nietzsche hat recht: die Schriftlichkeit ist gegenüber der Mündlichkeit gekennzeichnet durch Defizienzen. Diese Defizienzen sind durch die Verschiedenheit der Medien bedingt. Sie sind von zweierlei Art. Zunächst sind materielle Defizienzen zu verzeichnen: bestimmte Elemente des Gesprochenen werden graphisch nicht reproduziert, dies gilt für die sogenannten „suprasegmentellen Elemente", wie die Linguistik sagt, Elemente, die, wie man weiß, von großer Wichtigkeit sind. Materiell, auf der Seite der Signifikanten, haben wir ja zu unterscheiden zwischen den segmentellen Elementen, den sogenannten Phonemen, den „Lauten" im strengen Sinn, welche unsere Schrift – mit von Sprache zu Sprache wechselnder Genauigkeit – abbildet, und den suprasegmentellen Elementen, welche vor allem im Wechsel der Tonhöhe (Intonation) und im Wechsel der Stärke des Atemdrucks (dynamischer Akzent) bestehen. Aber es gibt noch weitere supra-segmentelle Elemente, die das Gesagte *ebenfalls* bestimmen und dem Geschriebenen *fehlen*: Pausen, Unterschiede in der Lautstärke, Unterschiede in der Geschwindigkeit der Abfolge der Artikulationsbewegungen (Tempo, Temposchwankungen), das komplexe Phänomen, das wir Rhythmus nennen (gemeint ist hierbei der individuelle, okkasionell sich einstellende Sprech-rhythmus, nicht der durch die Sprache selbst vorgeschriebene, den die Schrift auch nicht berücksichtigt); schließlich noch schwerer zu fassende Elemente wie etwa der Unterschied zwi-schen Staccato- und Legato-sprechen, auch das Geschlechts- und Altersspezifische, dann die Individualität des Klangs der Stimme (wir erkennen uns ja an unseren Stimmen und rechnen, etwa am Telefon, damit), das persönliche, in aller Regel unver-wechselbare Timbre mit all dem, was habituell oder okkasio-nell darin liegen mag (Wärme oder Kühle oder Trockenheit usw. – Stimme und Stimmung, auch sprachlich hängt beides sehr einleuchtenderweise zusammen). Zweitens gibt es inhalt-liche Defizienzen der Schriftlichkeit: Fehlen eines dem Produ-zenten und dem Rezipienten gemeinsamen Kontexts, Fehlen einer Rückkopplung vom Rezipienten zum Produzenten. Beim Sprechen kann man reagieren auf die optisch und akustisch zu-gängliche Reaktion des Hörenden; beim Schreiben ist dies aus-geschlossen. Diese Defizienzen müssen nun auf irgendeine Weise ausgeglichen werden. Es ist Aufgabe der Sprachwissen-schaft – diese Aufgabe ist noch keinesfalls gelöst –, die Substi-tute herauszuarbeiten, welche die Schriftlichkeit schaffen muß zum Ausgleich jener Defizienzen. Wir finden, was all dies an-geht, bei Nietzsche natürlich keine sprachwissenschaftlich an-gemessenen Äußerungen, aber doch eine präzise Intuition. In einem Fragment aus dem Herbst desselben Jahres 1882 sagt er noch deutlicher: „Das Verständlichste an der Sprache ist nicht das Wort selber, sondern Ton, Stärke, Modulation, Tempo, mit denen eine Reihe aus Worten gesprochen werden – kurz die Musik hinter den Worten, die Leidenschaft hinter dieser Mu-sik, die Person hinter dieser Leidenschaft: alles das also, was nicht *geschrieben* werden kann. Deshalb ist es nichts mit

Schriftstellerei" (Bd. 10, S. 89). Es ist merkwürdig, daß Jacques Derrida, der sich gerade auf Nietzsche beruft, indem er die „Abwertung" („abaissement") der Schrift beklagt, sich nie damit auseinandersetzt, daß Nietzsche wie kein anderer Denker „Phonozentriker" ist: er exaltiert die *gesprochene* Rede und ist mindestens so schriftskeptisch wie Platon!

Der fünfte Abschnitt zeigt, wie konkret, wie geradezu körperlich Nietzsche dies empfindet, zu empfinden sucht. Es geht ihm um die Gebärde, also um etwas, das das Sprechen begleitet, wobei zu beachten ist, daß selbst noch die Abwesenheit von Gebärden etwas wie Gebärde ist oder jedenfalls sein kann. Wieder verbindet Nietzsche dies mit der Erscheinung ‚Leben': Leben zeigt sich – „verrät sich" – durch Gebärden, und *reiches* Leben, denn Leben ist nicht gleich Leben, manifestiert sich durch „Reichthum an Gebärden". Man muß lernen, alles Sprachliche als Gebärde zu empfinden, sowohl das von fremder als auch das von eigener Hand Geschriebene. Exemplarisch nennt Nietzsche die Satzlänge, die Interpunktion, die Wortwahl, die Pausen, die Reihenfolge der Argumente.

Der sechste Abschnitt verdeutlicht erneut den engsten Zusammenhang zwischen dem Schreiben und dem konkreten, physiologischen Substrat des Sprechens, dem Atmen: eine Periode darf nur schreiben, wer sie auch sprechen kann, wer über den dafür notwendigen „langen Athem" verfügt. Sonst ist die Periode, was sie bei den meisten ist: Affektation.

Der besonders kurze siebte Abschnitt impliziert, daß man *glauben* soll an seine Gedanken. Man soll sie sinnlich empfinden, und der Stil sollte so sein, daß er den Glauben des Schreibenden an seine Gedanken, daß er das Empfinden dieser Gedanken durch den Schreibenden dem Lesenden glauben macht. Auch hier also wieder Leben: existentielle Assimilation des Gedachten, Aneignung des Gedankens so, daß er Empfindung wird. Nicht also „des Gedankens Blässe", „the pale cast of thought", von der Hamlet redet. Es geht Nietzsche um den Menschen, der denkt, dieser soll in seiner Schreibweise hervortreten und ihr so Glaubhaftigkeit geben. Die kommunikative Kraft des Geschriebenen ist um so stärker, je stärker die

Schreibweise, der Stil den Eindruck vermittelt, daß hinter dem Gesagten der Mensch ist: der ganze Mensch.

Der achte Abschnitt insistiert auf dem im siebten Gesagten: man muß die Sinne des Rezipienten zur Wahrheit „verführen", und je abstrakter die Wahrheit ist, die nahegebracht werden soll, desto notwendiger ist jene Verführung. „Verführung" erinnert gewiß an die Rhetorik und konkret an die dem Gorgias zugeschriebene Formel von der „Erzeugerin von Überredung" („peithoūs demiourgós"; vgl. S. 270).

Der neunte Abschnitt betrifft, etwas überraschend, das Verhältnis der Prosa zur Poesie. Der „gute Prosaiker" geht an die Poesie „dicht heran", aber er geht nicht zu ihr über. Darin besteht sein „Takt". Der Stil der dargelegten Prosa, der in diesen zehn Abschnitten einzig in Rede steht, ist gekennzeichnet durch die kommunikative Situation, wie sie der zweite Abschnitt herausstellt: „sich mitteilen". Der Übergang zur Poesie – so ist dieser Abschnitt wohl zu deuten – wäre nun aber ein Verfehlen dieser Situation, denn das Poetische impliziert doch wohl etwas wie ein Vergessen des Angeredeten oder sogar die Abwesenheit eines Partners, monologische Vereinzelung. Dies gilt jedenfalls für das im engeren Sinne Lyrische. Daher muß die Trennungslinie zwischen Prosa und Poesie eingehalten werden bei gleichzeitiger Bemühung, dicht an diese Linie heranzukommen. Der Abschnitt erinnert an die schöne Äußerung Sainte-Beuves zur Sprache Racines, die ein Herantreten an diese Linie von der anderen Seite her evoziert: „ein Stil, der die Prosa streift, aber mit Flügeln", „un style qui rase la prose, mais avec des ailes".

Der zehnte Abschnitt ist der einzige, der auf Inhaltliches zielt. Es geht hier erstens um Einwände, die gegen einen Text gemacht werden können, zweitens um die „Quintessenz" dessen, was in einem Text gesagt werden soll. Insofern aber der Abschnitt sich in so allgemeiner Form zum Inhaltlichen äußert, bleibt er doch formal. Er bezieht sich gleichsam in formaler Weise auf das Inhaltliche eines Textes. Die „leichteren Einwände", die gegenüber dem, was wir schreiben, zu machen wären, sollen, sagt Nietzsche, übergangen, sie sollen nicht einmal formuliert werden; der Leser soll sie selbst finden und selbst beiseite schaffen. Tut der Autor dies für den Leser, greift er ein in etwas, was Nietzsche als dessen Privileg zu betrachten scheint: er schnürt ihn ein, nimmt ihm Beweglichkeit. Nur bei den schweren Einwänden, die vorzubringen sind, soll der Autor dem Leser an die Hand gehen. Sie sollen benannt und aufgelöst werden. Der zweite Punkt, der die „letzte Quintessenz unserer Weisheit" betrifft, ist vom ersten nicht weit entfernt: Auch hier gilt es, dem Leser Freiheit zu lassen; er soll das Eigentliche des Gesagten selbst finden, der Text soll ihn nur nahe genug an dies Eigentliche heranführen. Also insgesamt ein doppeltes Verschweigen: sowohl die „leichteren Einwände" als auch die „Quintessenz" sollen unbenannt bleiben. Bemerkenswert sind die beiden Adjektive, die Nietzsche zweimal, erst negativ, dann positiv verwendet: „artig" und „klug". Es sind Adjektive, die nicht aus der Studierstube oder aus akademischen Veranstaltungen stammen; sie spielen dort kaum eine Rolle. Es sind eher mondäne Bewertungen, die an Begriffe der französischen Gesellschaftskultur des siebzehnten und achtzehnten Jahrhunderts erinnern: an „politesse" und an „finesse". Der spezifisch rhetorische Zug, das Element „Verführung", tritt hier wieder hervor: Dem Leser, so kommt es heraus, soll durch jenes „artige" und „kluge" Verschweigen nicht wirkliche Freiheit, sondern nur das Gefühl von ihr gewährt werden. Die Distanz zum Text, die dem Leser dadurch geschaffen werden soll, daß ihm Raum belassen wird für *eigenes* Überlegen, ist ja doch nicht wirkliche Distanz. Aber es ist dies nur eine, die negative, von *zwei* möglichen Deutungen. Die positive wäre, daß es auch hier um Leben geht: der Angeredete, der Leser, soll auf diese Weise partizipieren an dem, was der Autor klarzulegen sucht. Und natürlich enthält dieser letzte Abschnitt auch das didaktisch fundamentale Wissen, daß die Befriedigung des Lesers größer ist, daß sich seine Motiviertheit, sein Interesse steigern, wenn er den Eindruck hat (zu Unrecht oder zu Recht), *selbst* gefunden zu haben, was der Text *eigentlich,* in seiner „Quintessenz", meint. Auch Nietzsche also, auf den sich Jacques Derrida emphatisch beruft, unterstellt einem Text – mit Selbstverständlichkeit – ein Meinen, gar eine „Quintessenz" des Meinens, die gesucht werden muß. Auch für Nietzsche ist ein Text die „Präsenz", die *Nähe* eines Meinenden, genauer: die Aufforderung an den Lesenden, solche Nähe durch ein Sich-Öffnen, ein Hören und Sehen dessen, der hier *redet,* herzustellen. Dies jedoch, so Nietzsches Position, fällt dem Lesenden um so leichter, je näher der Schreibende in seinem Schreiben beim Reden blieb.

„Der Stil soll leben." Die Lebendigkeit, das Leben der Schreibweise soll bewirkt werden durch Sprechnähe. Die stilistische Anweisung an den Schreibenden, die Nietzsche erteilt, lautet: imitiere Mündlichkeit, fingiere schreibend ein mündliches, an eine bestimmte Person gerichtetes Vortragen dessen, was du sagen willst!

Wie ist das, was Nietzsche darlegt in dieser bemerkenswerten Äußerung, die auch schlicht zeigt, nebenbei, was er *konnte,* sprachwissenschaftlich einzuordnen? Es geht hier nicht um das, was die Sprachwissenschaft mit dem Vorrang, dem „Primat" des Gesprochenen, des Sprechens meint. Dieser Primat ist für die Sprachwissenschaft seit Hermann Paul (1882), Ferdinand de Saussure (1916) und Leonard Bloomfield (1933) ein festes Prinzip, und in diesem Punkt unterscheiden sich die beiden Väter des Strukturalismus keineswegs von Hermann Paul, dem Haupttheoretiker der vorausgehenden Richtung der „Junggrammatiker", von denen sie sich abzusetzen suchen (faktisch jedoch sind Saussure und Bloomfield insgesamt viel näher bei Paul, als sie dies selbst meinen – oder ist Paul näher bei ihnen).

Die Sprachwissenschaft meint mit jenem Primat dies: Sprache ist etwas Gesprochenes, Sprache ist Schall, das heißt: ihr materieller Träger ist dies (ihr Eigentliches ist aber gerade nicht Schall), das Geschriebene ist nur sekundär, es ist ein Epiphänomen. Dies findet sich beispielsweise (aber es findet sich eigentlich überall) in dem vorzüglichen Handbuch von Francis P. Dinneen. Der Verfasser stellt hier einleitend eine Reihe von Charakteristika der Sprache zusammen und stellt an die Spitze den Satz: „Language is sound". Dieser Satz wird *so* erläutert:

„Die Feststellung, daß Sprache Schall ist, mag offensichtlich erscheinen, denn die gewöhnlichste Erfahrung der Sprache, die
alle Menschen haben, besteht in Sprechen und Zuhören. Aber
die Feststellung soll betonen, daß die Laute der Sprache Priorität über ihre schriftliche Darstellung genießen. Die Schriftsysteme der Sprache haben ihre systematischen Aspekte (Dinneen meint: auch da gibt es linguistisch relevante Probleme);
aber der Sprachwissenschaftler hält die Schrift und andere Darstellungsmethoden dem Grundphänomen des Sprechens für
nachgeordnet" (*An introduction to general linguistics*, 1967,
New York, Chicago, S. 6/7).

Dies – von Derrida als „Phonozentrismus" herausgestellt
und mit der ganzen „abendländischen" Metaphysik von Heraklit bis Heidegger zusammengebracht – ist nun aber gar nicht,
was Nietzsche meint, obwohl er ohne Zweifel ebenfalls ausgeht vom Vorrang des Gesprochenen. Was er meint, wäre
sprachwissenschaftlich so zu kennzeichnen. Der durch Schrift
und Schreiben bedingte höhere Planungsaufwand bewirkt, daß
in der Sprache gleichsam eine zweite Sprache entsteht. Die Eigendynamik, die die Schriftlichkeit entwickelt, führt zu einer
schrittweisen, natürlich nie vollständigen Emanzipation der
Sprache des Schreibens von der des Sprechens. Es kommt zu
einem überschüssigen, das heißt nicht mehr allein durch das
Medium der Schrift und dessen spezifischen Bedingungen herbeigeführten *Auseinanderfallen* von Geschriebenem und Gesprochenem. Es kommt zu einer spezifischen Schreibsprache
neben der Sprechsprache. Im Verein damit ergibt sich ein weiteres Phänomen: die Schreibsprache beginnt, auf die Sprechsprache einzuwirken bis hin zu dem Punkt, an dem es schließlich reine Sprechsprache – ein Sprechen ohne irgendwelche
Züge von Schriftlichkeit – kaum mehr gibt. Also: erstens
Emanzipation des Geschriebenen vom Gesprochenen, Tendenz
zur Verselbständigung der geschriebenen Sprache, Einwirkung
der geschriebenen Sprache auf die gesprochene, bedingt vor allem – aber keineswegs ausschließlich – durch den hohen Prestigewert des Geschriebenen. Das zweite Phänomen interessiert
uns hier nicht. Das erste jedoch bezeichnet genau den systema-

tischen Zusammenhang, in welchen Nietzsches „Zur Lehre vom Stil" hineingehört: Restituierung von Mündlichkeit in der Schriftlichkeit selbst. Es ist der Versuch einer Rückkehr zur Mündlichkeit in der Schriftlichkeit, ein Versuch der Überbrückung der Distanz, die sich zwischen Schreibsprache und Sprechsprache aufgetan hat. Mit diesem möglichen Aspekt des „Primats des Gesprochenen", „Phonozentrismus" in der Schriftlichkeit, hat sich die Sprachwissenschaft bisher so gut wie gar nicht befaßt. Sie sah bis vor kurzem hier nicht einmal ein Problem.

Zwei Aufgaben zumindest wären ihr aber in diesem Zusammenhang gestellt. Erstens müßte die Filiation jener Anweisung Nietzsches aufgedeckt werden: „Schreibe, wie du redest!" Zweitens wäre systematische – und dies heißt in diesem Fall auch historisch begründete – Reflexion über diese Problematik erforderlich. Reflexion, also, über das Verhältnis der geschriebenen Sprache zur gesprochenen, über die Differenzen zwischen beiden: die notwendigen, unvermeidlichen, dann die nicht notwendigen (überschüssigen) und die Möglichkeiten einer Überbrückung dieser Differenzen durch Schaffung von Substituten, über die Möglichkeit somit einer Durchbrechung, im Sinne von „Leben" und „Lebendigkeit", der monologischen Situation des Schreibens und des Lesens, leserbezogene Verlebendigung. Was die Filiation angeht, abschließend ein Hinweis.

Jene Anweisung findet sich – bisher ist uns aus dem Deutschen kein älterer Beleg begegnet – in einem Brief Lessings aus dem Jahr 1743. Der Brief ist an die Schwester gerichtet; der damals knapp fünfzehnjährige Schüler der Fürstenschule St. Afra in Meißen schreibt nach Hause: „Ich habe zwar an Dich geschrieben, allein Du hast nicht geantwortet. Ich muß also denken, entweder Du kannst nicht schreiben, oder Du willst nicht schreiben. Und fast wollte ich das erste behaupten. Jedoch will ich auch das andere glauben; Du willst nicht schreiben. Beides ist strafbar. Ich kann zwar nicht einsehen, wie dies beisammen stehen kann: ein vernünftiger Mensch zu sein; vernünftig reden zu können, und gleichwohl nicht wissen, wie man einen Brief aufsetzen soll. Schreibe wie Du redest, so schreibst Du schön."

Gewiß war der junge Schüler (seine fehlerhafte Orthographie ist hier korrigiert) nicht Urheber dieser Anweisung. Sie dürfte Produkt des Unterrichts sein, den er erfuhr. Wie alt ist diese Anweisung? War sie in den ersten Jahrzehnten des achtzehnten Jahrhunderts in Deutschland schon üblich? Jedenfalls wird eine entsprechende Auffassung in Deutschland um die Mitte des achtzehnten Jahrhunderts und dann später immer wieder vertreten.

Ein Beispiel, das bisher noch nicht in diesem Zusammenhang zitiert wurde. Johanna Schopenhauer schreibt am 4. August 1803 an ihren Sohn Arthur, damals fünfzehnjährig: er solle keinen „Brief oder auch nur das unbedeutendste Billiet" absenden, ohne es zuvor noch einmal „mit Bedacht" durchzulesen; dann fährt sie fort: „dies ist der einzige Weg, Deinen Styl zu bilden und von Fehlern zu reinigen; Ausdrücke, welche gebildete wohlerzogene Leute sich nicht einmahl in der Hize des Gesprächs entschlüpfen lassen, z. B. *infame* Bigotterie, werden sich dann nicht mehr in Deine Briefe einschleichen. Es ist wahr, man soll schreiben, wie man ungefähr spricht, aber doch muss man, deucht mir, in einem Briefe mehr auf die Wahl und Zusammenstellung der Ausdrücke sehen, als in einem Gespräche. Man schreibt ja doch langsamer und ungestörter wie man spricht, und der Empfänger eines Briefs liest ihn auch mit mehr Bedacht, als wie er bei einer mündlichen Unterhaltung anwendet." (*Die Schopenhauers, Der Familien-Briefwechsel von Adele, Arthur, Heinrich Floris und Johanna Schopenhauer,* herausgegeben von L. Lütkehaus, Zürich 1991, S. 57). Hier sind entscheidende Gesichtspunkte klug umrissen, und es ist bemerkenswert, daß Johanna Schopenhauer (übrigens selbst eine glänzende Briefschreiberin) jene Anweisung einführt, als wäre sie allbekannt („Es ist wahr...").

In Frankreich findet sich die Anweisung früher. Zum Beispiel nennt sie der so überaus einflußreiche Grammatiker Vaugelas: sein sprachkritisches Projekt insgesamt geht in diese Richtung. Bei seiner Bemühung um die Etablierung einer sprachlichen Norm orientiert er sich primär an einer *gesprochenen* Sprache, nämlich der des Hofs. Freilich: hier geht es erstens um sprachliche Norm allgemein, nicht um Stil; zweitens geht es hier nicht (ebensowenig wie bei Nietzsche) um Imitation eines als *spontan* vorgestellten Sprechens, vielmehr ist die Mündlichkeit, die hier zum Vorbild wird, durchaus „elaboriert" und „produziert"; sie ist Sprechen im Sinne der Gesprächskultur am Hof in Versailles. Gleichwohl bleibt bestehen, daß sich dieser Grammatiker in der Alternative „Autoren – Hof" entscheidet für den Hof, also für eine gesprochene Sprache. Ein hundert Jahre früheres Zeugnis für die Anweisung „Schreibe, wie du redest" findet sich bei dem Spanier Juan de Valdés in dessen „Dialog über die Sprache" (1535): „el estilo que tengo me es natural y sin afetación ninguna escrivo como hablo", „der Stil, den ich habe, ist mir natürlich, und ich schreibe, ohne jede Affektation, wie ich rede".

Geht man weiter, hinter den Barock zurück, finden sich auch in Deutschland analoge – freilich nur analoge – Äußerungen. Man darf hier an die berühmte Stelle aus Luthers „Sendbrief vom Dolmetschen" (1530) erinnern: „Denn man muss nicht die Buchstaben in der lateinischen Sprache fragen, wie man soll Deutsch reden, wie diese Esel tun, sondern man muss die Mutter im Hause, die Kinder auf den Gassen, den gemeinen Mann auf dem Markt drum fragen, und denselben auf das Maul sehen, wie sie reden, und danach dolmetschen, so verstehen sie es denn, und merken, daß man Deutsch mit ihnen redet." Man beachte übrigens diese Abfolge und die jeweiligen Lokalisierungen: Mutter (Haus), Kinder (Gassen), Mann – und zwar der „gemeine" – (Markt). Ahnte Luther etwas von der größeren Natürlichkeit oder der stärkeren „Mündlichkeit" des Sprechens der Frauen und Kinder? Daß es ihm ankam auf Natürlichkeit im Sinne des Unverbildeten, zeigt der Hinweis auf den „gemeinen" Mann: der ist sein Gewährsmann im Sprachlichen, nicht der Gelehrte, der Humanist. Es gibt auch andere Äußerungen Luthers in diese Richtung, zum Beispiel: „Es lernt jedermann sehr viel besser Deutsch oder andere Sprachen aus der mündlichen Rede, im Hause, auf dem Markt und in der Predigt, als aus den Büchern. Die Buchstaben sind tote Wörter, die mündliche Rede lebendige Wörter, die geben sich nicht so eigentlich und gut in die Schrift, als sie der Geist oder die Seele der Menschen durch den Mund gibt" („Von den letzten Worten Davids", 1543). Auch bei Luther jedenfalls haben wir ein Höherstellen des gesprochenen Worts, der gesprochenen Rede, „viva vox", gegenüber dem Geschriebenen und die Aufforderung zur Imitation des Sprechens im Schreiben. Luther, „dies Verhängnis von Mönch" (so Nietzsche in *Ecce homo),* ging also bereits – sprachlich stilistisch – in Nietzsches Richtung. Auch er wollte schon, im Geschriebenen, Leben: „lebendige Wörter".

13. Stil in der Wissenschaft?

In Martin Heideggers berühmter Freiburger Antrittsvorlesung „Was ist Metaphysik?" aus dem Jahr 1929 geht es um das Nichts. Für das Nichts, sagt Heidegger, fehle der Wissenschaft (er redet von ihr zunächst im Singular) das Interesse: „Die Wissenschaft will vom Nichts nichts wissen." Die Wissenschaften, fährt Heidegger fort, richten sich auf das Seiende. Hierin unterscheiden sie sich noch nicht, von dem „vor- und außerwissenschaftlichen Tun und Lassen des Menschen". Wo ist der spezifische Unterschied? In der Sachlichkeit. Die Wissenschaften wollen wissen, was ist; nur dies, dies aber vollständig; vollständig und, soweit es eben angeht – wissenschaftlich. Heidegger drückt den Sachverhalt metaphorisch aus: „Die Wissenschaft hat ... ihre Auszeichnung darin, daß sie in einer ihr eigenen Weise ausdrücklich und einzig der Sache selbst das erste und das letzte Wort gibt." Das Metaphorische dieser Aussage liegt darin, daß die Sache selbst ja nicht sprechen kann: insofern kann ihr auch nicht „das Wort gegeben" werden. Reden kann immer nur der Wissenschaftler oder allenfalls im kollektiven Sinn (Wissenschaft ist in der Tat ein kollektives Unternehmen) die Wissenschaft. Was Heidegger aber meint, ist klar: In den Wissenschaften, in der Haltung der Wissenschaftler, muß alles zurücktreten gegenüber dem Bemühen um Erkenntnis der jeweiligen Sache. Insofern kommt dann im Sprechen der Wissenschaft quasi die Sache selbst – und nur diese – zu Wort. Heidegger selbst bestimmt diese Haltung als „Sachlichkeit": „In solcher Sachlichkeit des Fragens, Bestimmens und Begründens vollzieht sich eine eigentümlich begrenzte Unterwerfung unter das Seiende selbst, auf daß es an diesem sei, sich zu offenbaren." Überraschend, aber gewiß zutreffend: das Herrische und Herrschende der Wissenschaft tritt zunächst als „Unterwerfung" hervor; die Wissenschaft „unterwirft sich" ihrer Sache und bringt diese gerade durch solche „Unterwerfung" zur „Offenbarung" dessen, was sie ist (der Ausdruck „sich offenbaren" klingt religiös, ist aber hier kaum so gemeint, immerhin: so steht es, etwas überraschend, da). In der „Unterwerfung" unter das Seiende „offenbart sich" dieses als das, was es ist. Aus dieser Erkenntnis, Produkt der Unterwerfung, ergibt sich dann umgekehrt der Ansatz zu einer Beherrschung des Seienden, wie sie in der Technik offen hervortritt. Beherrschen kann man allenfalls, was einem bekannt ist. Diese spezifische Haltung zum Seienden ist, wie Heidegger hinzusetzt, eine „frei gewählte Haltung der menschlichen Existenz", womit er verdeutlicht – was dem Wissenschaftler oft kaum mehr zu Bewußtsein kommt –, daß die wissenschaftliche Haltung nichts Selbstverständliches ist. Eine Haltung, somit, gekennzeichnet durch Sachlichkeit. In der Wissenschaft geht es nicht, wie in der Kunst, um die Herstellung von Schein, wobei sich *darin* Kunst gewiß nicht erschöpft; auch sie hat, auf freilich komplexere Weise, mit Wahrheit zu schaffen; aber um Schein geht es in der Wissenschaft wirklich nicht. Im Gegenteil: „In den Wissenschaften vollzieht sich – der Idee nach – ein In-die-Nähe-Kommen zum Wesentlichen aller Dinge" (M. Heidegger, *Was ist Metaphysik?*, Frankfurt 1951, S. 23).

Man braucht nicht Heideggerianer zu sein, um dies insgesamt für korrekt zu halten, zumindest, wie Heidegger selbst betont, „der Idee nach". Dieser Zusatz ist wichtig, denn natürlich muß man unterscheiden zwischen dem faktischen Verhalten der Beteiligten in einer Wissenschaft, in dem sich gewiß Unsachliches vielfach finden läßt, und dem, was „der Idee nach" sein sollte und als regulativ in dem kollektiven Unternehmen, das eine wissenschaftliche Disziplin darstellt, immer ist. Das Unsachliche ist in der Wissenschaft immer Schlacke, auch wenn das Unsachliche möglicherweise gerade – psychologisch geurteilt – die wissenschaftliche Forschung vorantreibt. Ziel bleibt und muß bleiben, jenes „In-die-Nähe-Kommen zum Wesentlichen" der Dinge, übrigens nicht, wie Heidegger sagt, „aller Dinge", sondern der Dinge, die jeweils als Gegenstand gesetzt wurden. Die Sachlichkeit der Wissenschaft ist so, daß sie Dinge, die sachlich, in reiner Sachlichkeit, also eben wissenschaftlich, nicht zu erforschen sind, sich nicht als Gegenstand setzt. Sicher stecken hier überall Probleme: „Der Idee nach", „das Wesentliche", „der Sache selbst das Wort geben", „Haltung der menschlichen Existenz". Trotzdem wird sich Einigkeit darüber erzielen lassen, daß Sachlichkeit entscheidend und umgekehrt Unsachlichkeit für das Wissenschaftliche – letztlich jedenfalls – hinderlich, weil erkenntnishemmend ist; sie verhindert jene „Unterwerfung" unter die Sache. Gerade auch die Geschichte der Reflexion über die Sprache zeigt dies deutlich: wissenschaftlich wurde die Sprachreflexion erst, indem sie sachlich wurde und nur eben wissen wollte, gleichsam ohne Hintergedanken, was in der Sprache ist, gerade auch mit den spezifischen Limitierungen, die sich aus solcher Sachlichkeit ergeben. Die Sachlichkeit der Wissenschaft hat ihren Preis. Und sie ist schwer zu erreichen und – mehr noch – durchzuhalten. Sigmund Freud: „Es wird wohl so sein, daß überhaupt nur wenig Menschen konstitutionell zur wissenschaftlichen Forschung befähigt sind." Freud bezieht sich mit dieser Bemerkung eben auf die – im Faktischen immer wieder hervortretende – Unsachlichkeit: „das Benehmen der Wissenschaftler gegen Neuheiten in der Wissenschaft", „die affektive Einstellung" (Brief an Alexander Lipschütz, 12. August 1931, *Briefe 1873 bis 1939,* Frankfurt 1960, S. 402/403).

Was ergibt sich hieraus für die Sprache der Wissenschaft? Offensichtlich dies: Die Sprache der Wissenschaft, genauer: ihr jeweiliges Sprechen, sollte seinerseits sachlich sein. Das Sprachliche hat in der Wissenschaft nur zwei Funktionen: erstens dient es der Erkenntnis des jeweiligen Gegenstands, zweitens der Mitteilung des jeweils Erkannten. Sprachliches somit als Mittel der Erkenntnis und als Mittel der Mitteilung des Erkannten. Dem ist hinzuzufügen, daß das Sprachliche nicht das einzige Werkzeug des Erkennens und auch nicht das einzige Werkzeug der Mitteilung des Erkannten ist. Aber es ist doch wohl das privilegierte Werkzeug; es ist nicht einfach eines unter anderen. Wissenschaft zielt immer auf das Sagen, was ja auch Heidegger impliziert mit seiner Metapher, nach welcher „der

Sache selbst das erste und letzte Wort" gegeben werde. Ferner gilt, daß der Bereich des Wissenschaftlichen prinzipiell der Bereich des Sagbaren ist. Hierin unterscheidet er sich von anderen menschlichen Tätigkeiten und Manifestationen, etwa dem des Religiösen und Künstlerischen. Dies gilt sicher auch für die Fälle, in denen im Wissenschaftlichen die Alltagssprache überstiegen werden muß, in der Mathematik zum Beispiel, durch andere Mittel des Erkennens und andere Mittel der Mitteilung. Um Mitteilung freilich, in irgendeiner Form, geht es immer: was nicht mitgeteilt werden kann, ist gewiß nicht schlechthin, sicher aber wissenschaftlich unerheblich. Nicht Mitteilbares gehört nicht zu irgendeiner wissenschaftlichen Disziplin.

Wenn das Wissenschaftliche primär eine Haltung ist – man unterwirft sich im Sinne der Sachlichkeit einer Sache und im Zusammenhang damit einer wissenschaftlichen Disziplin –, dann ist wissenschaftliches Reden etwas ganz anderes als sprachlicher Stil, dann ergibt sich gerade für den Stil der wissenschaftlichen Darlegung eigentlich große Freiheit. Zunächst kann es Stil hier gewiß überhaupt nur in der Mitteilung geben, denn im Erkenntnisprozeß selbst gibt es ja keine Wahl, die die Voraussetzung wäre von Stil: da gibt es nur Einfügung in die Haltung der Sachlichkeit, die dann gerade impliziert, daß man sich nicht ungeprüft in das bisher „als wahr" Erkannte einfügt. Faktisch ist es zwar auch hier wiederum so, daß zu einer bestimmten wissenschaftlichen Disziplin eine bestimmte Art zu reden gehört, die natürlich dem Wandel unterworfen ist. Eigentlich aber ist diese bestimmte Art zu reden in einer bestimmten Disziplin eine bloße Üblichkeit. Sie ist dem wissenschaftlichen Prozeß selbst äußerlich. Dies gerade zeichnet das wissenschaftliche Reden aus und unterscheidet es scharf von alltäglichem und besonders von literarisch künstlerischem Reden. Der sachliche Gehalt und der sprachliche Ausdruck sind hier, *müssen* hier jederzeit trennbar sein. Bei einem „sprachlichen Kunstwerk", um den problematischen Ausdruck aufzugreifen, ist dies bekanntlich ganz anders. Der sachliche Gehalt darf im Wissenschaftlichen nicht am sprachlichen Wie der Äußerung liegen. Das hier Gesagte muß immer auch anders – und also auch in einer anderen Sprache – gesagt werden können. Da also das Sprachliche hier in der Tat bloße Einkleidung ist, da Wissenschaft gerade nicht Stil ist, nicht sein darf, darf hier das Sprachliche eigentlich durchaus individuelle Züge tragen. Es darf sich auszeichnen durch „Leben" (hierzu des Kapitel über Nietzsches Dekalog zum Stil, seine Stillehre). Ein mit Nietzsche eigentümlich verwandter Denker, Blaise Pascal, für den, wie für Nietzsche, das Wissenschaftliche nicht selbstverständlich war, hat das hohe Glück des Lesers benannt, das ihm gelegentlich auch in wissenschaftlichen Texten widerfährt: „Man hat einen Autor erwartet und findet einen Menschen", „Quand on voit le style naturel, on est tout étonné et ravi, car on s'attendait de voir un auteur, et on trouve un homme" (*Pensées,* Ed. Brunschvig, Paris 1961, S. 79/80). „Naturel" – ein Synonym für „Leben".

Was wir demnach in einer wissenschaftlichen Disziplin als gleichsam vorgegebenen Stil haben, für denjenigen, der in sie einzudringen sucht, ist etwas Äußerliches. Er hat sich eben so ergeben, wurde üblich und hat gewiß auch seine Zweckmäßigkeit. Es ist bemerkenswert, daß Francis Bacon, einer der Gründer neuzeitlicher Wissenschaft, unter den „Trugbildern" („idola"), die Erkenntnis hemmen oder verhindern, auch die nennt, die zur Tradition gehören, und daß er diese als „Trugbilder des Theaters" („idola theatri") bezeichnet (vgl. S. 43). Hierin liegt die Erkenntnis vom Theaterhaften, also Zurechtgemachten und also Äußerlichen, einer bestimmten Redeweise in einer Disziplin. Gerade im akademischen Bereich tritt ja dieses Theaterhafte, auch über die bloße Redeweise hinaus, vielfach hervor, obwohl es doch, wie jeder weiß, zur „Wahrheitsfindung" nicht beiträgt. Es hat aber sozialpsychologisch gesehen die Funktion eines institutionellen „Außenhalts".

So liegt umgekehrt für das Wissenschaftliche eine große Gefahr gerade darin, daß das wissenschaftliche Reden zu einer Art Stil, zu einer bestimmten Art zu reden wird. In den geistes- oder sozialwissenschaftlichen Disziplinen haben wir in der Tat weithin das Phänomen, daß, was sich Wissenschaft nennt, zu einer puren Sprechweise verkommen ist, zu einem jeweils spezifischen, freilich mittlerweile recht interdisziplinär gewordenen „Diskurs". Wissenschaftlich ist, wer auf eine bestimmte Weise zu reden imstande ist. Hier ist die Sachlichkeit selbst in Gefahr, und wir treffen da vielfach, in der Tat, auf ein unsachliches Sprechen. Unsachlich darf man ein Sprechen nennen, das sich selbst auf Kosten der Sacherkenntnis, um die es einzig gehen sollte, in den Vordergrund schiebt, ein Sprechen, das sich, im extremen Fall, zurückzieht aus der Sache und sich nur noch um sich selbst, um Anpassung an einen der mehreren herrschenden „Diskurse" bemüht. Die Einführung in eine Wissenschaft wird dann zur Erlernung eines Idioms. Man kann diese Reduktion der Wissenschaft auf bloße Sprechweise „Wissenschaft als Stil" nennen: es ist die Gefahr der Stilisierung der Wissenschaft, die Gefahr der Verwandlung der Wissenschaft in Stil, wobei mit „Stil" hier nicht individueller Stil gemeint ist, sondern ein sozialpsychologisch zu begreifender kollektiver Stil, in den sich eine Gruppe von Wissenschaftlern unter Führung zumeist eines Meisters, eines Schul-Meisters, eingeübt hat. Natürlich reden wir hier von einer tendenziellen Gefahr, nicht von einer Wirklichkeit (wirklich aber ist die Gefahr). Die Dominanz des Stils, des „Diskurses", im wissenschaftlichen Sprechen bringt dieses in der Tat in die Nähe des Literarischen; nur ist es eine „Literatur" sui generis... Hierher gehört dann auch die Bedeutung des Modischen, das in jenen Diskurs eine zeitliche Dimensionierung und Dynamik bringt, die den Diskurs-Wissenschaftler in Bewegung hält.

Zur Absonderung des wissenschaftlichen Sprechens von der Alltagssprache, genauer: von der gebildeten Gemeinsprache, ein Einschub. Diese Absonderung ist unvermeidbar. Insofern sie unvermeidbar ist, ist sie auch nicht zu kritisieren. Es gibt für diese Absonderung unabweisbare sachliche Gründe. Sie liegen darin, daß in den Wissenschaften in der Regel Gegenstände und auch Sichtweisen bedeutsam werden, die in der alltäglichen Welt unerheblich sind. Sodann ist die fachsprachliche Absonderung für den Wissenschaftler insofern vielfach ökonomisch, als sie ihm eine weit kürzere Ausdrucksweise erlaubt. Terminologische Festsetzungen dienen nicht nur der Präzisierung und Limitierung, sondern haben auch *diesen* Sinn. Es gibt jedoch neben diesen sachlichen Gründen auch unsachliche. Man darf sie sozialpsychologisch nennen, denn hier geht es um Absonderung gleichsam um ihrer selbst willen: Erzeugung von „Wir-Gefühl", oder letztlich, von den einzelnen Beteiligten her gesehen, um Erzeugung des ich-stärkenden Gefühls: ich gehöre dazu, ich bin dabei, bin vom Bau. Es ist dabei wichtig zu sehen, daß diese Absonderung nicht nur zum Laien hin, sondern gerade auch zum anderen Fachgenossen hin immer wieder versucht wird: man sucht, diesen – durch Sprechweise – in die „tenebrae exteriores" nichtfachlicher Existenz zu drängen.

Wir sollten also, wenn es um Stil in der Wissenschaft geht, zunächst feststellen, daß Stil in der wissenschaftlichen Darlegung dem Wissenschaftlichen selbst ganz äußerlich ist, so daß von hierher sich gerade für Stil in diesem Bereich große Freiheit ergibt. Die Freiheit ist hier ungleich größer als in der Literatur, denn in dieser natürlich ist der Stil essentiell; er gehört hier zum Gesagten selbst. Stil im Sinne individueller Ausfügung, als Individual- oder Personalstil, sollte also in der Wissenschaft viel mehr toleriert werden, als dies tatsächlich der Fall ist. Man könnte auch sagen: ist die Sachlichkeit der wissenschaftlichen Haltung garantiert, darf der Stil der Darlegung ruhig etwas „unsachlich" sein.

Sodann sollte sich – auch dies ist eine Stilforderung – das wissenschaftliche Sprechen auszeichnen, soweit es ohne Einbuße an sachlichem Gehalt möglich ist, durch Zugänglichkeit, durch Faßlichkeit. Wir reden hier betont von „Faßlichkeit" und ziehen diesen sachlich-praktisch orientierten Begriff dem eher ins Ästhetische hinüberspielenden der „Klarheit" vor. Das wissenschaftliche Sprechen sollte aus mehreren Gründen so nah an der gebildeten Gemeinsprache bleiben, wie dies möglich ist. Daß es sich unvermeidlich von ihr ein gutes Stück weit entfernen muß, haben wir hervorgehoben. Es gibt keinen vernünftigen Grund, den Zugang zu wissenschaftlichen Texten über das durch die Sache selbst gebotene Maß hinaus zu erschweren. Faßlichkeit ist ja auch für die interdisziplinäre Zuarbeit wichtig. Es gilt, sich möglichst allgemeinsprachlich auszudrücken, damit einen der noch unbekannte potentielle Diskussionspartner einer *anderen* Disziplin verstehen kann. Schließlich – und vor allem – dient das Bemühen um Faßlichkeit der Sacherkenntnis selbst: sie zwingt zu einem schärferen Blick auf die Sache. Es gibt das bekannte im schlechten Sinne „akademische" Drumherumreden. Das Bemühen, sich faßlich auszudrücken, läßt sehr oft das sachlich noch unbewältigte Hervortreten. Der Schreibende (oder Redende) merkt bei solchem Versuch, daß er – gedanklich, unter Umständen auch empirisch – doch noch nicht ganz durchgedrungen ist. Faßliches Reden macht auch angreifbarer, denn angreifen kann man eigentlich nur, was man verstanden hat. Schwerverständlichkeit ist ein großer Schutz (man sollte dies aber nicht übertreiben). Zudem waltet hier ein eigentümlicher, oft zu beobachtender Mechanismus: wenn man jemanden, der sich sehr unfaßlich – kompliziert, verworren, selbstverspielt – ausdrückt, schließlich halbwegs verstanden hat, wenn man, nach beträchtlicher Mühe, nur *ungefähr* weiß, worum es geht und eine *Linie* verfolgen kann, ist man so dankbar, daß einem danach die Energie zur Auseinandersetzung mit dem sachlich Vorgebrachten fehlt. Es ist eine Art Erschöpfung, gemischt mit der Freude: ungefähr hab ich's nun doch verstanden! Im übrigen ist es nicht schwer, unfaßlich zu schreiben: „Es läßt sich ohne sonderlich viel Witz so schreiben, daß ein anderer sehr viel haben muß, es zu verstehen" (Lichtenberg).

Somit: stilistische Eigenprägung als etwas in der wissenschaftlichen Darlegung keineswegs Unerlaubtes, dann vor allem Faßlichkeit als sprachlich formale Tugend eines wissenschaftlichen Textes. Ohne das konstitutive Element der Sachlichkeit aber in der Haltung selbst, die noch vor dem Sprachlichen liegt, bleibt beides „tönendes Erz" und „klingende Schelle". Sachlichkeit ist die Liebe des Wissenschaftlers; sie ist das interesselose Interesse für das Seiende, das er sich als Gegenstand gesetzt hat.

14. Über das Rhetorische

Große Kerzen, denken wir uns, umstellten den Katafalk, auf dem der Sarg ruhte. Von ihren Flammen, die flackerten, trennte sich Rauch, der sich im dunklen Gewölbe verlor. Schwarze Tücher bedeckten fast ganz, von oben her, die farbigen Fenster der Sainte Chapelle. Hinter der königlichen Familie, dicht gedrängt, die Hofleute und die Gesandten. Totenmesse, Messe „Requiem aeternam" für Ludwig XIV., den man begonnen hatte, seit einiger Zeit schon, den Großen zu nennen, Louis le Grand. Die für diese Messe festgesetzte Stelle des Evangeliums war verlesen worden, die zelebrierenden Geistlichen, die Meßdiener traten vom Altar zurück, und alles blickte nun auf den Mann, der seitlich betend kniete und sich jetzt langsam erhob. Abwesend, wie von weit herkommend, mit nach innen gewandtem Blick – so, schildern Zeitgenossen, habe er in solchen Augenblicken gewirkt –, ging er zur Kanzel. Jean-Baptiste Massillon begann die Trauerrede, die Oraison funèbre auf Ludwig mit einem Satz, der im Gedächtnis blieb. Wir stellen uns vor, daß er ihn langsam und deutlich, aber ohne Nachdruck, ohne ein Wort hervorzuheben gesprochen hat. Er sagte: „Nur Gott, meine Brüder, ist groß ...", „Dieu seul est grand, mes frères ...", „Nur Gott, meine Brüder, ist groß und ist es besonders, wenn er beim Sterben der Könige den Vorsitz führt: je stärker ihr Ruhm und ihre Macht erstrahlten, desto mehr huldigen beide, wenn sie *dann* erlöschen, seiner Größe: Gott erscheint ganz als der, der er ist, und der Mensch ist nichts mehr von alledem, was er glaubte zu sein." Mit *einem* kurzen Satz also, mit vier Wörtern, einsilbigen Wörtern, „Dieu seul est grand", umreißt der Redner (und könnte damit beinahe schon schließen) die Situation und reißt sie gleichzeitig unwiderlegbar, definitiv auf seine Seite: es ist eine ungeheure Klarstellung, die zudem, vor *dieser* Gemeinde, die Spannung erzeugen mußte: wie wird sich der Redner aus dem Kreis dieses harten, aber, nachdem er gesprochen, unvermeidbar, ja notwendig scheinenden Satzes lösen?

Ist dieser Anfang – dies nun unsere Frage – rhetorisch? Oder ist er nicht vielmehr in seiner einleitungslosen, abrupten Direktheit und Schlichtheit gerade unrhetorisch? Ist er nicht – und zwar unter Voraussetzung des hier Vorauszusetzenden – einfach gut? Die Frage bezieht sich besonders, natürlich, auf den allerersten Keulensatz: „Dieu seul est grand …“. Die Antwort kann nur lauten: dieser Satz ist nicht rhetorisch, er ist gut.

Am Ausgangspunkt steht eine Irritation; der irritierte Eindruck, daß seit längerem schon, besonders in Deutschland (aber nicht nur hier), die Rhetorik überschätzt werde. Vormals wurde sie unterschätzt: da war man sich einig, daß das Rhetorische, stilistisch, künstlerisch und in einem weiteren Sinn menschlich, negativ zu bewerten sei. Heute aber eine eigentümliche Hochschätzung des Rhetorischen. Sie findet sich beim gebildeten Betrachter, dem unprofessionellen Freund der Sprache, dann in der professionellen Literaturkritik, schließlich in den akademischen Philologien. Niemand wagt, gegen Rhetorik etwas zu sagen, und selten wird verfehlt, darauf hinzuweisen, daß man das Rhetorische keineswegs negativ sehen dürfe. In der Sprachwissenschaft entstand die sogenannte Textlinguistik, die sich geradezu als Fortsetzung der alten Rhetorik versteht, als eine auf den aktuellen Forschungsstand gebrachte und mit den Motivationen unserer Zeit versehene Rhetorik. Die moderne Linguistik behandelt, etwa unter der anheimelnden Überschrift „persuasive Kommunikation“, rhetorische Fragen. Sie entdeckt die Rhetorik der Alltagssprache. In dem Sätzchen zum Beispiel „ich vergesse immer alles“ entdeckt sie eine Hyperbel, also einen bestimmten von der Rhetorik seit alters bezeichneten und klassifizierten Tropus. Im übrigen gibt es die „New Rhetoric“ oder auch „Rhetorica Nova“ …

Sodann irritiert ein gewisser Imperialismus dieser aufschäumenden Rhetorik-Welle. Autoren, die wir schlicht als große Schriftsteller betrachteten, werden nunmehr als „Redner“ oder „Rhetoren“ herausgestellt. So schreibt Walter Jens einleitend in dem Essay „Feldzüge eines Redners" über Lessing: „Was immer er war: Antiquar und Philologe; Kritiker und Pamphletist; Sammler und Dramenschreiber; Theologe, Lyriker und Bibliothekar – zuerst war er Redner ...". Und in demselben Band findet sich der Essay „Der Rhetor Thomas Mann". Hier heißt es: „Ein Schriftsteller war Thomas Mann, der die Techniken der klassischen Rhetorik, von der Drei-Stil-Lehre und deren parodistisch-verfremdender Umkehr bis zur Dialog-Nuancierung, mit einer Kennerschaft ohnegleichen beherrschte, ein Rhetor höchsten Ranges, ein Rhetor wie Schiller, den Adam Müller in seiner Schrift über die Beredsamkeit und deren Verfall in Deutschland als den größten Orator der deutschen Nation etikettierte."

Natürlich ist dies nicht schlechthin von der Hand zu weisen, bei Schiller am allerwenigsten, obwohl selbst die Sprache Schillers durch die Kennzeichnung „rhetorisch" sehr unvollständig beschrieben ist. Warum aber soll die Lebendigkeit und Sprechnähe von Lessings Schreibweise unter dem Begriff des Rhetorischen subsumiert werden oder die differenzierte und doch wieder so einheitliche Vielfalt Thomas Manns?

Bei Walter Jens erscheint die Beschäftigung mit Rhetorik, ihre Hochschätzung, als gleichsam republikanische Pflicht. Und es ist ja ganz unabweisbar, daß ein Zusammenhang besteht zwischen Rede und Demokratie: Diktatur ohne Rede ist immerhin möglich, obwohl sich, bekanntlich, auch Diktatoren bemühten, ihre Macht durch Rede zu festigen; aber Demokratie ohne Rede ist unmöglich. Trotzdem: ist da nicht wieder jene Überschätzung des Rhetorischen, wenn anklingt, daß die Deutschen, wenn sie mehr Rhetorik getrieben hätten, Hitler nicht erlegen wären? In dem sprachkritischen Buch von Wolf Schneider *Wörter machen Leute* (1976) findet sich die Vermutung noch direkter und vergröbert, Hitler und Goebbels hätten ihre Wirkung dadurch begünstigt gesehen, „daß die Deutschen keine rhetorische Tradition besaßen und mithin kein geschultes Mißtrauen gegen die Kunstgriffe der Beredsamkeit". Dies Buch teilt übrigens die Hochschätzung des Rhetorischen keineswegs.

Dies also ist das eine: Hochschätzung. Die Irritation vermindert sich nicht, sondern wächst, wenn man zusätzlich feststellt, daß diese Hochschätzung mit Fremdheit einhergeht: es handelt sich, hat man den Eindruck, um eine künstliche, nicht wirklich assimilierte, eine (möchte man sagen) rhetorische Hochschätzung. Ernst Robert Curtius, der durch sein großes Buch *Europäische Literatur und lateinisches Mittelalter* so viel beigetragen hat zu jener Aufwertung der Rhetorik, sagt über sie: „Uns ist sie fremd geworden ..." (Kapitel 4). In der Tat: fremd geworden und fremd geblieben trotz jener Aufwertung. Speziell für unser Land fügt Curtius hinzu: „Ein angeborenes Mißtrauen gegen sie scheint dem Deutschen eigen." Und es folgt das Zitat, das in diesem Zusammenhang immer kommt, der Ausbruch Fausts gegenüber seinem Famulus:

> „Such' Er den redlichen Gewinn!
> Sei Er kein schellenlauter Tor!
> Es trägt Verstand und rechter Sinn
> Mit wenig Kunst sich selber vor;
> Und wenn's euch Ernst ist was zu sagen,
> Ist's nötig Worten nachzujagen?"

Übrigens hatte Famulus Wagner mit seinem Satz „Allein der Vortrag macht des Redners Glück", auf den Faust repliziert, lediglich den Demosthenes zitiert (vgl. A. Schöne, *Goethe: Faust, Kommentare,* Frankfurt 1994, S. 221).

Es ist dies, im deutschen Bereich, der „locus classicus contra rhetoricam", und die Äußerung ist nicht, wie Wolf Schneider meint, ein „treuherziger Kalenderspruch" (*Wörter machen Leute, Magie und Macht der Sprache,* München 1976, S. 112). Auch die Sicherheit, mit der Curtius mit Hilfe einiger Zitate zu dieser Stelle anmerkt, sie drücke „nicht Goethes Meinung aus", ist nicht nachzuvollziehen. Keineswegs ist, was Goethe Faust sagen läßt, etwas Goethe Fremdes.

Antirhetorische Äußerungen gibt es aber nicht nur im deutschsprachigen Raum. Solche Äußerungen, und zwar sehr prominente, finden sich auch im englischen und romanischen Bereich: Bacon, Locke, Pascal, Descartes, Verlaine, Cervantes, Ortega ... Schließlich war ja bereits Plato – in gewissem Sinn zumindest – Gegner der Rhetorik. Also: Hochschätzung der Rhetorik und gleichzeitig Fremdheit vor ihr.

Auch der Sprachgebrauch widerspricht jener Hochschätzung; sie hat sich in ihm nicht durchgesetzt. Der Sprachgebrauch ist klar negativ. Der Satz „Das ist reine Rhetorik" ist negativ. Rhetorik wird allenfalls toleriert, wenn etwas hinzukommt, wenn sie nur begleitet. Also ist sie für sich selbst nichts Gutes, denn dies ist doch unbestreitbar: ist etwas für sich selber gut, ist es am besten, wenn es rein, ohne Beimischung von anderem, erscheint: reines Gold, reine Wahrheit. Oder ist Rhetorik etwas wie Salz? Jedenfalls: wenn Rhetorik rein auftritt, ist sie – so sieht es der Sprachgebrauch – unerfreulich. Der *Große Duden* definiert das Adjektiv „rhetorisch": „a) die Rhetorik betreffend, b) die Redeweise betreffend, c) phrasenhaft; schönrednerisch". Zwei neutrale Bedeutungen, also, und eine negative. Walter Jens selbst sagt über Hofmannsthal in dem Band, aus dem wir zitierten, daß er ein Schriftsteller war, „dessen Begabung und dessen Gefahr im Rhetorischen lag". Also sieht auch Walter Jens unter Umständen im Rhetorischen etwas Negatives oder doch Ambivalentes. Ein weiteres Beispiel: der verstorbene, zu früh verstorbene (aber das ist eine rhetorische Floskel) Literaturkritiker und Lyriker Rudolf Hartung sagt über die Sprache von Marcel Reich-Ranicki:

„Es ist die Sprache eines reinen Rationalisten, scharf und flach in einem, hell und ganz ohne Aura, gesalbt mit dem Öl der Rhetorik, nicht ohne Witz und nicht untauglich zur Satire. Nimmt man einen seiner Sätze aus dem Kontext, mag er banal anmuten; im Verband aber wird er getragen vom rhetorischen und suggestiven Schwung des Ganzen."

Man sieht: auch hier, wo das Wort eigentlich positiv verwendet wird, haftet ihm etwas Negatives an: ein Lob, das einen Tadel, die Feststellung eines Mangels oder eines Zuviel, je nachdem, enthält. In der Tat: wir assoziieren negativ mit dem Wort „rhetorisch": Machen und Mache, Glätte, Geklingel, Wortüberschuß, sachliche Unerheblichkeit, Hohlheit, auch sachlichen Unernst, Pose und Öligkeit („alle tausend Worte Ölwechsel", wie Herbert Wehner seinerzeit über Rainer Barzel sagte). Also: der faktische Sprachgebrauch der Wörter „rhetorisch" und „Rhetorik" ist wie ein Dementi jener allgemeinen Hochschätzung; er widerspricht ihr, und die Frage ist, ob sich nicht in ihm die Wahrheit ausdrücke oder zumindest dasjenige, was wir tatsächlich meinen. Denn Äußerungen wie „pure Rhetorik", „das ist mir zu rhetorisch", „ich mag seine rhetorische Art nicht", sind sinnvoll und meinen unter leicht zu erzielendem Konsens etwas Bestimmtes, tatsächlich Vorkommendes und genauer Beschreibbares. Übrigens gehört auch der Ausdruck „rhetorische Frage" hierher: eine unernste, uneigentliche, nicht wirkliche Frage. Man fragt nach etwas, was man schon weiß. Und es gibt ja nicht bloß die rhetorische Frage, sondern, weniger bekannt, auch die rhetorische Aufforderung.

Also: Hochschätzung der Rhetorik; gleichzeitig Fremdheit vor ihr; klare Dementierung dieser Hochschätzung durch den Sprachgebrauch. Unseren Einwand gegen das Rhetorische präzisieren wir durch eine Äußerung von José Ortega y Gasset. Dieser Philosoph, vormals hochberühmt, ist heute, in unserem Lande zumindest, vergessen; er ist aber, was immer er war, unter den Philosophen der größte Schriftsteller seit Nietzsche; er ist für unser Thema zuständig.

Ortega sagt an einer Stelle unzweideutig: „Wem es gelingt, ohne Rhetorik zu schreiben, ist ein großer Schriftsteller: tertium non datur." Folgen wir in seinem Zusammenhang diesem radikalen, radikal antirhetorischen Satz. Er findet sich in einem Essay von 1916, der sich mit dem hierzulande unbekannt gebliebenen großen spanischen Erzähler Pío Baroja befaßt („Ideas sobre Pío Baroja", in: „El Espectador", I). Der Stil eines Schriftstellers, führt Ortega aus, bestehe aus einer Reihe von Wahlentscheidungen. Die erste betreffe das „zentrale Thema seines Werks". Vor dem Schriftsteller ist die Welt ausgebreitet: „Da sind alle vergangenen, gegenwärtigen und künftigen Dinge. Da ist das Materielle und das Geistige, das Qualvolle und das Heitere, der Norden und der Süden. Dort sind alle Wörter des Wörterbuchs, wie Geschützbatterien aufgereiht, jedes einzelne mit seiner Bedeutung abschußbereit." Also ‚copia rerum' und ‚copia verborum', um es mit Ausdrücken der Rhetorik zu sagen, und es ist bemerkenswert (und richtig), daß Ortega beide, die Dinge und die Wörter, nicht einander entgegenstellt: auch die Wörter gehören, wie die Dinge, die sie bezeichnen, zur Welt. In der Wahl seines zentralen Themas, „erste und entscheidende Wahl", konstituiert sich der Stil des Autors (auch für Ortega gehört also das Was des Geschriebenen schon zum Stil; vgl. Kap. 11). Es gibt eine Affinität zwischen dem Innersten eines Schriftstellers und einem „bestimmten Teil der Welt". Diese Wahl ist in der Regel unwillkürlich. Sie ist dadurch bedingt, daß der Schriftsteller glaubt, das von ihm gewählte Objekt sei „das beste Instrument für den Ausdruck des ästhetischen Themas, das er in sich trägt".

Daher müsse, fährt Ortega fort, die Literaturkritik, deren primäre und wesentliche Aufgabe es keineswegs sei, die Verdienste eines Werks abzuschätzen, sondern seinen Charakter zu erfassen, damit beginnen, dies „generische Objekt" herauszuarbeiten, das dasjenige Element sei, welches die ganze Produktion bedinge und antreibe. Hieran scheint bemerkenswert und in jeder Hinsicht zutreffend, daß der Stil noch gleichsam *vor* dem Sprachlichen sich konstituiert, sich jedenfalls nicht im Sprachlichen erschöpft. Der Stil ist nicht in erster Linie ein sprachliches Phänomen. Man kann es auch so sagen: der Sprachstil ist nur ein Element des Stils insgesamt (vgl. 227). Der Sprachstil, sagt Ortega, also die Wahl der Wörter und der grammatischen Konstruktionen, sei „nur der äußerliche und daher am wenigsten charakteristische Teil des literarischen Stils".

Wo kommt die Rhetorik herein? Sie nun ist für Ortega ein Sprachphänomen:

„Rhetorik kann nicht ausladende Fülle [ampulosidad] heißen oder Gesuchtheit [rebuscamiento]: es gibt durch ausladende Fülle und Gesuchtheit gekennzeichnete Stile, die *nicht* rhetorisch sind. Ich würde sagen: jeder ausdruckslose Stil oder jedes ausdruckslose Stilelement sind Rhetorik. Wenn die Wörter oder die Wendungen nicht ausschließlich der Notwendigkeit gehorchen, einen Gedanken, ein Bild oder ein Gefühl auszudrücken, die in der Seele des Autors lebendig gegenwärtig sind, bleiben sie wie tote Materie und sind die Negation des Ästhetischen."

Es muß also ein expressiver Drang da sein. Wenn er fehlt, ist die Wahl im Sprachlichen bestimmt durch anderes: sie ist dann bestimmt durch Anpassung an andere. „Die Rhetorik ist die Sünde, die eben darin besteht, daß man sich selbst nicht treu ist; sie ist die Heuchelei in der Kunst."

Es findet sich nun, wie häufig bei Ortega, eine jener faszinierenden, nicht ungefährlichen Ausweitungen, eine Art von visionärer Levitation. Es sei, sagt er, das Normale bei den Menschen, daß sie auf eben solch künstliche Weise leben. „Wir denken, fühlen und wollen das, was wir andere denken, fühlen und wollen sehen." Die Trennung von dieser verfremdeten Existenz ist nun eben dies, daß „man sich eine unabhängige Persönlichkeit geschaffen hat". Hier nun geht Ortega zu weit und in die falsche Richtung. Es läuft schließlich wieder einmal auf die „unabhängige Persönlichkeit" hinaus und auf die Aufrichtigkeit, von der Ortega sagt, schön wie immer, daß sie „eine der feinsten, zartesten Weisen sei, Mensch zu sein". Aber wir wissen es doch, und auch Ortega hätte es – schon 1916 – wissen können, daß es die unabhängige Persönlichkeit nicht gibt und die volle Aufrichtigkeit auch nicht. Und nun gar im Literarischen...

Trotzdem hat er hier etwas gesehen. Nämlich dies: es muß eine Entsprechung vorliegen, eine sich unmittelbar aufdrängende Affinität zwischen dem Innen und dem sprachlichen Außen, zwischen dem gedanklichen und emotionalen Ausdrucksimpuls einerseits und dem Gesagten andererseits. In anderen Worten: das Sprachliche einer Äußerung muß dem entsprechen, was *hinter* ihr steht, was sie bedingte. Also das Sprachliche der Äußerung: es geht aber, wieder einmal, in einem weiteren Sinn um die formale Seite der Äußerung überhaupt, zum Beispiel auch (hierauf weist Ortega hin) um die Metaphorik.

Richtig beobachtet und klug gedacht ist sodann bei Ortega dies, daß das Verdikt des Rhetorischen nicht für *jede* Form von sprachlich ausladender Fülle oder gar von Schwulst gilt: „es gibt", sagt er, „Fülle, Gesuchtheit und Raffinement ohne Rhetorik". Selbst Schwulst kann also, dann nämlich, wenn ihm im Inneren etwas *entspricht*, unrhetorisch sein. Verlangen von der sprachlich formalen Gestalt darf man nur dies: „sie muß sich nähren, ausschließlich, durch Innerlichkeit", „la elocución nutrida por completo de intimidad".

Von hier aus wäre nun das stilistische Ideal der „Angemessenheit" zu formulieren. Keineswegs fällt es zusammen mit dem des „aptum", das ziemlich genau umschreibt, was man heute den „Erwartungshorizont" nennt (vgl. S. 234). Dies meinen wir hier mit „Angemessenheit" nicht. Wir meinen damit, daß das Sprachliche und, weiter noch, das Formale allgemein, nicht überschüssig sein sollte über das – intellektuell und emotional – Gesagte hinaus. Es sollen, um eine treffende Wendung unserer Sprache aufzugreifen, keine „Worte gemacht" werden. Dies, eben dies wäre rhetorisch. Wir verstehen also unter dem Rhetorischen, daß die Rede – und Schreibweise –, daß ihre sprachlichen und formalen Mittel überschüssig sind über das hinaus, was gesagt wird, eine Art Verselbständigung also des Sprachlichen. Dieser Begriff des Rhetorischen scheint uns in der Nähe des Begriffs zu liegen, den der Sprachgebrauch verrät. Wir behaupten nicht, daß das Rhetorische notwendig oder ausschließlich so zu fassen sei, meinen aber, daß *dieser* Begriff des Rhetorischen, zumindest neben den anderen, notwendig ist.

Es gilt, zumindest gegenüber der herrschenden Überschätzung, den negativen Begriff des Rhetorischen zu retten. Denn es ist doch unbezweifelbar, daß es das von ihm gemeinte Phänomen gibt: die Wortüberschüssigkeit, die Sprachüberschüssigkeit. Wobei dieser Überschuß nicht nur numerisch zu nehmen ist, sondern auch, unter Umständen, qualitativ: es können nicht nur unangemessen viele, sondern auch unangemessen hohe (oder niedrige) Wörter gebraucht werden. Jene Überschüssigkeit kann, psychologisch betrachtet, verschiedene Ursachen haben. Stets jedoch handelt es sich, von der fertigen Äußerung her gesehen, um Hypertrophie des Sprachlichen; die Äußerung erliegt der Sprache. Sodann behaupten wir, daß dies Phänomen verbreitet ist. Schließlich, daß es durch den Begriff des Rhetorischen gut getroffen wird. Zu trennen sind hier also die Rhetorik und das Rhetorische, in ähnlicher Weise wie seinerzeit Emil Staiger das Lyrische, Epische und Dramatische von Lyrik, Epik und Dramatik trennte. Andererseits besteht aber doch ein Zusammenhang zwischen dem Rhetorischen als einer (negativen) Stilqualität und der Rhetorik als einer geschichtlichen Erscheinung.

Was ist Rhetorik? Was ist, was damals begann, im frühen fünften vorchristlichen Jahrhundert, im Südwesten Siziliens, in Syrakus? Denn dort, in Syrákusai – Syracusae, Syracusarum – hat es begonnen: im griechischen Sizilien.

Da sind die seit alters überlieferten beiden Namen, bloße Namen fast, Teisias und Korax, die beiden ersten Rhetoriklehrer. Warum gerade hier in Syrakus? Kaum sind die zahlreichen Prozesse um Besitzverhältnisse, die damals, nach dem Sturz der Tyrannen, geführt werden mußten, eine ausreichende Erklärung für den Ausbruch jenes anderen, verbalen Ätnas. Daß sich übrigens in unmittelbarer Nähe des wirklichen Ätnas, schon in ziemlicher Höhe, eine Ortschaft befindet, die zweisprachig pleonastisch *Linguaglossa* heißt, ist bemerkenswert... Dann, nach Teisias und Korax, schon viel greifbarer, nicht aus Syrakus selbst, aber ganz aus der Nähe, Gorgias von Leontinoi. Im Jahr 427 v. Chr., gerade zu Beginn des Peloponnesischen Kriegs, kam er als Gesandter nach Athen. Von ihm heißt es, er habe die Sinnlichkeit der Sprache entdeckt. Diese aber war und ist immer da: Gorgias kann sie nur – in seinem Sprechen – bewußter, artifiziell raffinierter gemacht haben. Man mag sich vorstellen, daß seine Sprechweise den Athenern fremdartig klang und daß dies beitrug zur Faszination des Mannes, die beträchtlich war. Er lehrte Dialektik, die Kunst des Disputs, und dann Rhetorik, die Kunst also der zusammenhängenden, genau vorbereiteten Rede. Gorgias wurde – und dies ist führwahr nichts Geringes – zum Schöpfer der Kunstprosa.

Woher rührte dieser Erfolg, der Erfolg der Rhetorik überhaupt? Sicher hatte er zu schaffen mit dem Aufkommen der Demokratie, dem Zerfall des Adelsregiments, dann aber auch mit dem Relativismus, wie er sich in der sogenannten griechischen Aufklärung bildete. Das Herkommen, die Normen aller Art wurden relativiert durch Vergleich: wenn die Dinge hier so sind und dort so, wenn es anderswo auch anders geht, so müssen die Dinge ja nicht sein, wie sie hier und jetzt sind, dann könnten sie auch anders sein ... Oder man maß die Dinge an einem rational ersonnenen Maß, und dies gab Gelegenheit, über das Maß, die Kriterien, zu streiten. Gorgias' Position war schon beinahe die des späten Nietzsche: es gibt keine Wahrheit, kein Wissen; es gibt nur Schein, Meinung, doxa – und es gibt die Sinnlichkeit des Sprechens (auch hiervon wußte Nietzsche viel, vgl. S. 223, 238). Der erste Beleg für das Wort „Rhetorik" (rhetorikè téchne) findet sich in dem *Gorgias* betitelten Dialog Platos. Das Wort bezeichnet hier erstens die Kunst, zweitens die Theorie der Beredsamkeit. Der Rhetor war der Antragsteller in einer Volksversammlung, dann allgemein der Redner, der Volksredner; die Bedeutung ‚Lehrer der Beredsamkeit', die später so bedeutsam wurde, kam erst im Hellenismus auf. Bis dahin hieß der Lehrer, der gegen Bezahlung Rhetorik unterrichtete, ‚sophistés'. Im Lateinischen ist mit ‚rhetor' stets ‚Lehrer' gemeint, der ‚dicendi magister'; der Redner selbst ist der ‚orator'. Der Athener Isokrates, Schüler des Gorgias und Zeitgenosse von Plato und Aristoteles, war dann der bedeutendste Lehrer der Rhetorik; er wurde beinahe genauso alt, nämlich hundertjährig, wie sein Lehrer Gorgias und nannte, was er lehrte, schlicht „Philosophie". Erst Plato und Aristoteles haben diese Bezeichnung, sich gerade von der Rhetorik oder doch *dieser* Rhetorik absetzend, eingeengt auf eine durch die Suche nach Wahrheit (und *nur* durch sie) bestimmte theoretische Haltung. Die Antwort von Plato und Aristoteles bestand, was die Rhetorik angeht, in einer Zurückweisung und einer Zurechtrückung (so sieht es Manfred Fuhrmann, dem wir hier folgen: *Die antike Rhetorik*, 1984).

Nach Aristoteles, bis die lateinischen Quellen einsetzen, bricht die Überlieferung ab. Aber die Rhetorik lebte, auch nach dem Ende der griechischen Freiheit, weiter, wenngleich in anderer, nun jedoch unpolitischer Gestalt: Rhetorik als Allgemeinbildung, als Begleitstudium für die Lektüre der Klassiker und für praktische Übungen im sprachlichen Ausdruck. Im zweiten vorchristlichen Jahrhundert kam die Rhetorik nach Rom. Sie fand dort Bedingungen, die denen ähnlich waren, die

Gorgias seinerzeit vorgefunden hatte in Athen. Höhepunkt und auch schon – in gewissem Sinn – Endpunkt der lateinischen Rhetorik ist natürlich Cicero. Nach ihm kam es, wie drei Jahrhunderte zuvor in Griechenland, zu einer Entpolitisierung und Literarisierung der Rhetorik. Quintilians berühmte „Institutio oratoria" ist eine Theorie der Kunstprosa. In der Spätantike schließlich wurde die Rhetorik eingebracht in die auch aus dem Altertum stammenden, aber nun erst systematisierten ‚freien Künste': „artes liberales".

Diese Künste, die frei genannt wurden, weil sie nicht dem Gelderwerb dienten und eines freien, also müßigen Mannes würdig waren, waren noch für Seneca so etwas wie eine Vorstufe, ein Propädeutikum der Philosophie. Da die Philosophie nun aber nicht mehr die Bildungsmacht war wie zuvor, blieben, wie Curtius feststellt, „am Ausgang des Altertums die freien Künste als einziger Wissensbestand übrig". Die Rhetorik erscheint; im sogenannten Trivium, dem elementaren „Dreiweg" der sieben Künste, an der zweiten Stelle nach der Grammatik: grammatica, rhetorica, dialectica.

Im Mittelalter kam dann hinzu, daß die Rhetorik umgewandelt wurde in die Lehre vom Brief: Die sogenannte ‚ars dictaminis' oder ‚dictandi' ist eine Lehre vom Briefstil und stellt die eigentliche Neuerung des Mittelalters im Bereich der Rhetorik dar, wobei sich eine engste Verbindung ergab mit dem Juristischen. Der Unterricht in Rhetorik wird im Mittelalter zur rechtlichen Unterweisung. Brechen wir an dieser Stelle diese summarischen, rekapitulierenden Hinweise ab. Sie sollten die große Kontinuität verdeutlichen, aber auch einige wichtige Veränderungen innerhalb dieser weit über zwei Jahrtausende umfassenden Kontinuität.

Wann und wie hörte dies alles auf? Und was, eigentlich, hörte mit der Rhetorik auf? Oder hat sie gar nicht aufgehört? Im achtzehnten Jahrhundert war, wie man weiß, der Bruch. Da war zunächst die Ablehnung des sogenannten ‚Schwulsts' der Barockschreibweise im Namen der Natürlichkeit. Überall störte nun auf einmal – und immer im Namen der Natürlichkeit – der Schwulst. Genauer: das Vorhergehende wurde nun

Schwulst. Sogar in der Musik, an Bach zum Beispiel, störte er. Genauer: es wurde da etwas als Schwulst empfunden. Es gibt die bemerkenswerte Äußerung, die ein Schüler Gottscheds, Johann Adolf Scheibe, 1737 gegen Bach richtete:

„Dieser große Mann würde die Bewunderung ganzer Nationen sein, wenn er mehr Annehmlichkeit hätte und wenn er nicht seinen Stücken durch ein schwülstiges und verworrenes Wesen das Natürliche entzöge und ihre Schönheit durch allzu große Kunst verdunkelte ... Alle Manieren, alle kleinen Auszierungen und alles, was man unter der Methode zu spielen verstehet, drücket er mit eigentlichen Noten aus, und das entzieht seinen Stücken nicht nur die Schönheit der Harmonie, sondern es machet auch den Gang durchaus unvernehmlich. Kurz: er ist in der Musik dasjenige, was ehemals der Herr von Lohenstein in der Poesie war. Die Schwülstigkeit hat beide von dem Natürlichen auf das Künstliche und von dem Erhabenen auf's Dunkle geführt, und man bewundert an beiden die beschwerliche Arbeit und eine ausnehmende Mühe, die doch vergebens angewandt ist, weil sie wider die Vernunft streitet."

Diese Äußerung Scheibes, von Carl Dahlhaus als „musikästhetisch keineswegs substanzlos" bezeichnet, klingt wie Antirhetorik in der Musik, und sie enthält ja zudem einen literarischen Bezug.

Das Ideal der Natürlichkeit, das wenig zu tun hat mit Spontaneität, kam aus Frankreich (in Spanien aber war es schon früher, schon zu Beginn der Edad de Oro lebendig). Für die klassische Literatur Frankreichs ist es prägend; es zeigt sich paradigmatisch in der Abweisung, unter dem Stichwort „le naturel" oder „la nature", der spezifischen – als unnatürlich erlebten – Rhetorik der Preziösen. *La nature* – das ist das allgemeine, durch Berufliches nicht gesonderte, in geselliger Bildung realisierte *Wesen* des Menschen. Danach, in der zweiten Hälfte des achtzehnten Jahrhunderts, sich rasch verstärkend und gar nicht sehr allmählich, kam – *auch,* aber nicht nur in Frankreich – die Abweisung des Rhetorischen im Namen der Natur, was nicht dasselbe ist wie Natürlichkeit.

Nun geht es um die Spontaneität des Genies, die sich nicht

einengen lassen will und soll durch Traditionen. In der bekannten Schrift, um nur ein Beispiel zu nennen, von Edward Young *Conjectures on Original Composition* von 1759 werden zwei Arten von ‚Nachahmungen‘ unterschieden. Nachahmung der Natur und Nachahmung von Autoren. Young plädiert für die erstere, die kennzeichnend sei für das Genie, dem ohne Lernen, ohne Regeln – hier der implizite Hinweis auf die Rhetorik – zufalle, was andere auch unter Mühen nicht erreichten. Freilich, konzediert Young: Es gebe auch Genies, die erst noch lernen müssen. Es gebe „erwachsene Genies", wozu er Shakespeare rechnet, und dann den „kindlichen", „infantine genius", wozu für ihn Swift zählt. Man könne zwar, sagt er listig, durchaus Autoren nachahmen, aber dann solle man wirklich die Autoren nachahmen, nicht jedoch, wie es zumeist geschehe, deren Werke: „imitate not the composition, but the man". Also: Homer nachahmen, nicht jedoch die *Ilias,* wie Homer soll der Dichter schöpfen – dies Bild kehrt immer wieder – aus dem Quell der Natur. Also: Freiheit für das Originalgenie. Es kommt nun – wir brauchen dies nicht nachzuzeichnen – für die Literatur die Stunde der wahren Empfindung, wobei man nicht sagen darf, diese habe zuvor in jeder Hinsicht gefehlt. Aber was hier, abkürzend gesagt, mit der ‚Goethe-Zeit‘ aufbricht, ist doch etwas Neues. Authentizität, Erlebnisdichtung. Man kennt die Äußerung Goethes gegenüber Eckermann: „Was mich nicht auf den Nägeln brannte, das habe ich nicht geschrieben ..." Heute stehen wir derlei wieder sehr distanziert gegenüber und sind womöglich eher geneigt, uns wieder auf die Seite des Machens von Literatur, der Rhetorik also, zu schlagen. Wie verhält es sich, in der Tat, mit diesem Bruch, mit diesem Neuen, das das Ende der Rhetorik markiert? Doch zuvor – abschließend – einige Anmerkungen zur Rhetorik.

Erstens. Die Rhetorik ist eine komplexe, nicht eine rein auf das Sprachliche bezogene Disziplin. Das Sprachliche ist in ihr wirklich nur ein Element unter anderen. Sie bezieht sich erstens auf die sprachlichen Mittel der Kunstprosa, zweitens – unter dem Gesichtspunkt des Überzeugens – auf die gleichsam logisch literarischen Formen des Argumentierens, drittens geht es in der Rhetorik, besonders in der antiken, auch schlicht um Sachkenntnisse. Es ist wichtig zu betonen, gerade gegenüber der modernen Linguistik, die häufig (es gibt Ausnahmen) das Sprachliche zu isolieren trachtet, daß in der Rhetorik das Sprachliche durchaus ‚eingebettet‘ erscheint. Die Beschäftigung mit der Rhetorik muß in gleicher Weise ihre sprachwissen-schaftlichen, literaturwissenschaftlichen und gesellschaftlichen Aspekte berücksichtigen.

Zweitens. Natürlich ist das unter dem Stichwort ‚Rhetorik‘ Versammelte außerordentlich eindrucksvoll: der überaus lange Zeitraum, die relative inhaltliche Geschlossenheit, dann das lähmend Faszinierende, das darin liegt, daß hier gleichsam alles durchdacht, durchgespielt, vorgesehen ist. Es gibt nichts Neues mehr; was immer du findest, längst ist es klassifiziert, auf-gespießt in irgendeinem der zahllosen Paragraphen etwa von Lausbergs unlesbarem, aber unentbehrlichem Handbuch. Dies ist ein wirkliches Imperium. Und dann, damit zusammenhän-gend, das irritierend Imperialistische: Längst hat die Rhetorik auf alles ihre Hand gelegt, man kommt aus ihr nicht heraus; es ist beinahe wie mit der Politik oder der Psychoanalyse. Greift man die Rhetorik an, weist man sie zurück, so füllt man, ohne es zu wollen oder zu bemerken, eben wieder einmal eines ihrer Kästchen; man treibt, wenn man es nicht völlig ungeschickt macht, „rhetorica contra rhetoricam". Und wenn jemand ein-fach darauf losschreibt, „au courant de la plume", wie Mon-taigne dies tat oder zu tun vorgab, dann ist dies eben, längst klassifiziert, bewußte Unordnung, also auch eine Art Ord-nung, „ordo neglectus". Wo immer du schreibend oder redend hingehst, überall ist, wie in dem rätselhaften Volkslied, das „bucklichte Männlein" der Rhetorik schon da. Übrigens wird von der ausgehenden Antike an die Rhetorik keineswegs so, als buckliges Männlein, sondern als prangende Frau dargestellt, worüber uns Curtius genau belehrt (Kap. 3, § 1), während die Grammatik, die ihr in der Reihe der freien Künste vorausgeht, allegorisch als Greisin erscheint ... Für den Verfall der Rheto-rik, heute, spricht auch, daß wir die Assoziation Rhetorik – Frauenschönheit nicht leicht nachzuvollziehen vermögen.

Drittens. Was uns im systematischen Aufriß als Rhetorik präsentiert wird, etwa in dem Handbuch von Lausberg, ist historisch gesehen eine Chimäre, ein Trugbild: Dies alles war so zu keinem Zeitpunkt, also synchronisch betrachtet, beieinander. Man müßte, um es richtig zu verstehen, genau wissen, was Rhetorik in ihrem jeweiligen geistes- und gesellschaftshistorischen Kontext war: unter Perikles, zur Zeit Ciceros oder zu der Karls und Alkuins oder dann im siebzehnten Jahrhundert in Frankreich oder in Deutschland.

Viertens. Wir haben einen Zusammenhang postuliert zwischen der Rhetorik und dem Rhetorischen als einer bestimmten Stilqualität. Dieser Zusammenhang ist immer und von Anfang an in der Rhetorik latent. Dies zeigen bereits die Definitionen der Rhetorik, wie sie sich, in der Rhetorik selbst, von der Antike an finden. Unter diesen Definitionen lassen sich, wie Fuhrmann bemerkt, zwei Arten unterscheiden: solche, die rein formal und technisch sind, und solche, die einen ethischen Zusatz enthalten. Die bloß formalen Definitionsversuche orientieren sich ausschließlich am Zweck: Es geht – unabhängig von Moral – in einem neutralen und technischen Sinn um „Erzeugung von Überzeugung". Diese Formel, Rhetorik als „Erzeugerin von Überzeugung" oder auch „Überredung", „peithoûs demiourgós", legt Plato dem Gorgias in den Mund. Sie soll bereits auf die ältesten Rhetoriklehrer, also auf Korax und Teisias, zurückgehen. Man kann unterscheiden zwischen *überreden* und *überzeugen,* wobei das letztere natürlich die moralischere Lösung ist; das griechische Verbum jedoch, das zugrunde liegt, „peíthein", heißt sowohl „überreden" als auch „überzeugen" (und vielleicht ist diese Nichtunterscheidung eine Weisheit des Griechischen). In eben diesem neutralen Sinn definiert auch Aristoteles Rhetorik als „das Vermögen, bei jedem Gegenstand das Überzeugende zu erkennen". Zwar bindet Aristoteles die Rhetorik, wie er sie versteht, in seine Politik und Ethik ein, gleichwohl behält sie praktisch, als ‚téchne', doch etwas von dem formal und instrumental frei flottierenden So-oder-So der Sophistik. Die Stoa dann erhöht die Rhetorik von der ‚Technik' sogar in den Rang einer Wissenschaft (epistéme), wozu sich Aristoteles nicht verstand; die Stoa definiert sie dann aber – konsequent – moralisch.

Dasselbe tun sogleich die Römer, die störte, was das „Artistenvölkchen" der Griechen weniger störte, nämlich eben dies instrumentell Offene der Rhetorik. Jetzt wird die Rhetorik zur „Wissenschaft des guten Redens", zur „bene dicendi scientia" (oder „ars"). Entscheidend ist das Wort „gut": Es meint hier nicht oder jedenfalls nicht *nur,* in einem ästhetischen und intellektuellen Sinn, das Gekonnte, sondern es ist durchaus auch *moralisch* gemeint: die Kunst, die Wissenschaft, die Theorie des auf gute Weise Redens. Die berühmte Definition Catos des Älteren, die dann Quintilian übernimmt, enthält dies moralische Element in einer noch deutlicher markierten Form: Der Redner wird nun „der gute des Redens kundige Mann", „vir bonus dicendi peritus", ein Mann also, der zunächst einmal gut ist und dann *zusätzlich* über die Kunst des Redens praktisch und theoretisch verfügt. Walter Jens faßt dies hervorragend so zusammen: „Die Rhetorik ist die Kunst des guten Redens (und Schreibens) im Sinne einer von Moralität zeugenden, ästhetisch anspruchsvollen, situationsbezogenen und auf Wirkung bedachten Äußerung, die allgemeines Interesse beanspruchen kann" (ein schöner, beinahe schon parodistisch klingender Lexikonsatz).

Der Gefahr der falschen, unguten Rhetorik soll also dadurch vorgebeugt werden, daß das Moralische aufgenommen wird in die Begriffsbestimmung selbst. Aber gerade so ergibt sich ein Dilemma: nimmt man dies moralische Element *nicht* auf, behält die Rhetorik immer dies – von Plato an gesehene – Gefährliche, nimmt man es auf, bleibt es der Definition ganz äußerlich, denn: Was hat das Schaffen einer bestimmten Meinung in einem anderen zu tun mit Moral? Moral kann doch hier allenfalls – und dann eben in dem genannten äußerlichen Sinn – als eine Art Bremse fungieren, als etwas, das dazu anhält, bestimmte Dinge, die rhetorisch gerade geboten wären, zu unterlassen. Übrigens ist ja prinzipiell die Grenze schwer anzugeben, an der das bloße Reden übergeht in ein Agieren. Bereits Shakespeare hat es mit superiorer Intelligenz in Mark Antons

Rede in „Julius Caesar" gezeigt. Das Problem gleicht an dieser Stelle fast dem der neuzeitlichen und dann – gesteigert – der modernen Technik. Da suchen wir ja auch – seit langem und ungleich dringlicher – nach jener Bremse und stellen fest: Was immer (wissenschaftlich und technisch) gemacht werden kann, wird über kurz oder lang auch gemacht. Auch da würde es doch nicht helfen, den Naturwissenschaftler, dann den Hand in Hand mit ihm arbeitenden Techniker als ‚viri boni' zu bestimmen. In beiden Fällen wird die Eigenschwerkraft des Technischen übersehen. In dem Augenblick, in dem die Rhetorik zur Technik wird, systematisch erforscht und schulmäßig weitergegeben, ist schon die Möglichkeit und die Gefahr ihrer Loslösung, ihrer reinen und für konträre Zwecke verfügbaren Instrumentalität gegeben. Gegeben ist dann auch die Gefahr einer Trennung zwischen Innen und Außen, zwischen dem Gesagten und dem Gemeinten, das „Zerwürfnis zwischen Zunge und Herz", „discidium linguae atque cordis", von dem schon Cicero in *De oratore* eines seiner Vorbilder, Lucius Licinius Crassus (140–91), reden läßt. Rhetorik impliziert stets die Gefahr des Rhetorischen.

Man darf hier einen Schritt weitergehen. Nietzsche sieht in der Rhetorik nichts anderes als die „bewußte Anwendung von Kunstmitteln", die als unbewußte ohnehin zur Sprache gehören. Rhetorik ist für ihn „eine Fortbildung der in der Sprache gelegenen Kunstmittel am hellen Lichte des Verstandes". Schließlich ist für ihn „die Sprache selbst das Resultat von lauter rhetorischen Künsten". Er formuliert geradezu (und dies ist überaus bemerkenswert und originell): „Die Kraft, die Aristoteles Rhetorik nennt, an jedem Dinge das herauszufinden und geltend zu machen, was wirkt und was Eindruck macht, ist zugleich das Wesen der Sprache." So in der Rhetorik-Vorlesung von 1874. Wie immer es damit stehen mag: Rhetorik ist jedenfalls die systematische Aktivierung von Elementen, die *an sich schon* zur Sprache gehören. Konkret: Sinnlichkeit war schon in der Sprache, bevor sie Gorgias ‚entdeckte'. Diese Entdeckung war ihre bewußte Instrumentalisierung. Wenn dies so ist, dann ist die Gefahr des Rhetorischen ganz unabhängig von Rhetorik prinzipiell gegeben. Dann läßt sich im Blick auf die Rhetorik lediglich sagen, daß sie diese immer latente Gefahr – durch Bewußtheit und technische Instrumentalisierung – nur eben noch steigert.

Zurück nun zu der zuvor gestellten Frage. Wie kam es zum Niedergang der Rhetorik? Wir sprachen vom Ideal der Natürlichkeit, dann von dem der Natur. Literatur wird – so die Auffassung – nicht gemacht, sondern quillt hervor; in diesem Zusammenhang dann die Forderung nach Echtheit; Dichtung, wahre Dichtung ist immer Erlebnisdichtung. Dies alles scheint heute ferngerückt. Aber vielleicht scheint dies nur so. Es ist zu fragen, ob dies nicht – trotz Mallarmé und Pound und Joyce und Benn – Täuschung sei und ob die Auffassung, Dichtung müsse authentisch, müsse Ausdruck eines Erlebens sein, uns trotz allem nicht noch immer bestimmt. Diese Vermutung stieße sicher auf vielfachen und mitleidigen Widerspruch. Es ist aber zu befürchten, daß wir, was das Grundsätzliche angeht, und von einigen spezifischen Zutaten abgesehen, noch immer Romantiker sind. Literatur im Sinne eines sich anpassenden Einübens in bereitliegende Formen, Regeln und Muster? Wäre dergleichen für uns denkbar? Welche Literatur – heute – wäre so? Möglicherweise war da wirklich Ende des achtzehnten Jahrhunderts ein irreversibler oder jedenfalls uns, bis heute, irreversibel scheinender Bruch, dem dann auch das (zuvor bereits stark geschwächte) Interesse an der Rhetorik *definitiv* zum Opfer fiel.

Und vielleicht besteht ein Zusammenhang zwischen diesem Bruch, der bedeutsam genug ist, mit jenem anderen, größeren und, wie es scheint, ebenfalls irreversiblen, der in dieselbe Zeit fällt: Wir meinen den Bruch, den das historische Bewußtsein markiert, den Durchbruch zum Historischen, von dem wir im fünften Kapitel sprachen, als es um die moderne Dichtung ging (S. 90–92). Im Zusammenhang mit diesem Bruch ist auch das Ende der normativen Poetik zu sehen und der Beginn einer *historischen* Ästhetik. Dieser konnte die Rhetorik, als *solche* bereits, nicht standhalten. Von ihr konnte sie allenfalls ein historisches Verständnis erwarten. Und sie hat es bald auch erfahren von ihr. Also: Relativismus; Schwund von überzeitlicher Wahrheit, Schwund somit, in gewissem Sinn, von Wahrheit überhaupt, Vergleichgültigung des Suchens nach ihr. Denn: was ist Wahrheit, wenn sie nur geschichtlich, nur eine bestimmte Zeit hindurch, unter bestimmten geschichtlichen Bedingungen gilt? Oder wenn sie nur historisch in ästhetisierender Einfühlung nachempfunden wird? In solcher Krise der Wahrheit dann wenigstens und jedenfalls Wahrhaftigkeit, Wahrhaftigkeit der Dichtung: Dichtung als authentischer Ausdruck, wie immer gebrochen und vermittelt, eines Inneren. Hier, eben hier ist der noch kaum beachtete Zusammenhang zwischen der irreversiblen (eigentlich gar nicht sehr befreienden) Befreiung zur Geschichte und der ebenso irreversibel scheinenden Forderung nach einer echten, also eben nicht rhetorischen Literatur, nach einem „rein aus dem Inneren genährten Reden", wie Ortega sagte.

Daß ein Element von Machen – und insofern durchaus von Rhetorik – in jedem Literaturwerk enthalten ist: jeder weiß es. Die Frage ist nur, ob das Literaturwerk insgesamt – im Sinne eines rhetorisch inszenierten Sprach- oder Redetheaters – machbar sei, ob in ihm nicht mehr und anderes sein müsse als der bloße Drang eines Autors zu schreiben und das von ihm Geschriebene anderen zu unterbreiten (kaum gibt es Irritierenderes als diesen Drang). Genauer: ob der eigentliche Wert eines Literaturwerks nicht in dem liegt, was in ihm gerade *nicht* machbar, nicht zu *machen* war. Denn Machbarkeit hieße, genaugenommen, doch wohl auch dies: jeder – bei Vorliegen bestimmter Voraussetzungen – kann es, *könnte* es. Und haben wir nicht – die (rhetorische) Frage läßt sich an dieser Stelle kaum unterdrücken – beim Lesen gegenwärtiger Literatur in der Tat allzu oft das Gefühl: das könnte mancher, das könnten viele, das könnte ich auch? Ist also die gegenwärtige Literatur rhetorisch? Sie ist es sicher nicht im Sinn der Rhetorik. Sie ist es aber zum Teil im Sinne einer ihrerseits längst rhetorisierten, also machbaren, einübbaren und eingeübten Antirhetorik. Und sie ist es ganz gewiß – und nicht selten – im Sinne des Rhetorischen, des Wortüberschusses, des dem Sprachlichen Erliegens.

„Rhetorisch", sagt Ortega, „ist für mich ein Buch, auf dessen Grund nicht jener metaphysische Schauer zittert, die Unruhe, die Bewegtheit, welche in einem Autor die Existenz erzeugt." Es bleibt wohl dabei, so brav es klingen mag: diese Art von Echtheit muß das Geschriebene insgesamt bedingen, und sie muß auf den disponierten Leser übergreifen – eine nicht machbare, ja ihren Träger übersteigende *objektive* Dringlichkeit. Ist diese Dringlichkeit, dies Nicht-Gemachte wirklich da, stört das Gemachte, das Gekonnte, das sich ihm hinzugesellen mag, keineswegs; im Gegenteil: dann kann es steigern.

Nachbemerkung

Die bereits an anderer Stelle publizierten Kapitel dieses Buchs wurden stark umgearbeitet, und dies nicht nur zum Zweck der Vereinheitlichung. Die Kapitel „Die Unmöglichkeit, was Sprache ist, *eigentlich* zu verstehen", „Der etymologische Holzweg", „Was heißt – einen Text verstehen?", „Graf Buffon über den Stil oder ‚Stil ist der Mensch selbst'", „Das Was und das Wie. Zum Begriff des Stils" und „Stil in der Wissenschaft?" wurden eigens für dieses Buch geschrieben.

Ich widme dieses Buch Hans Rössner, der es angeregt hat.

H.-M. G.

Buchanzeigen

Eine Erzählung von Hans-Martin Gauger

Hans-Martin Gauger
Davids Aufstieg
Erzählung. 1993. 189 Seiten. Leinen.

„Gauger hat seine Daviderzählung in einer bemerkens- und auch bewundernswerten Treue zu den überlieferten Texten geschrieben. Der christliche und wohl auch der jüdische Leser findet sich bei dieser Erzählarbeit in seinem biblischen Davidsbild bestätigt. Ihm hilft die Straffung, die Zusammenfügung, die logische Abfolge. Ihm helfen die Verdeutlichung und die behutsamen Fragen."

Paul Konrad Kurz
Deutsches Allgemeines Sonntagsblatt

„Gauger hält sich an die Fakten. Ohne literarische Ambitionen bringt er den Text zum Sprechen, er dramatisiert nicht, dichtet und erfindet nicht. ,Dichterischer Täuschung' setzt er ,redliche Nüchternheit' entgegen. Und gerade diese Nüchternheit ist es, die Gaugers ,andere Erzählung' zu einer spannenden und oft heiteren Lektüre macht. Es gelingt ihm, Neugier zu wecken auf die alte Geschichte."

Der Tagesspiegel

„Eine originelle Idee ergab ein fesselndes Buch: ,Davids Aufstieg', die Geschichte und die Person Davids, geschildert nach den beiden Büchern Samuel und dem ersten Buch der Chronik des Alten Testaments. (...) Es ist eine ungewöhnlich farbenreiche, spannende Biographie des Hirtenjungen, der Goliath besiegte, an Sauls Hof Liebe und Haß erfuhr und schließlich König eines geeinten Israel mit der neu eroberten Hauptstadt Jerusalem wurde. Der Autor stellt Fragen, sucht nach gesicherten Antworten, findet immer neue Details, die auch fleißige Bibel-Leser noch nicht im großen Zusammenhang sahen. Alte Geschichte in heutiger Sicht, Menschen von damals, deren Gefühle, Freundschaften, Verbrechen, Motive zu historischen Psychoprogrammen führen, zusammengefaßt zu einer packenden Erzählung."

Münchener Merkur

„Ein Vorhaben, das ebenso überraschend wie gelungen ist."

Bibel report

Verlag C. H. Beck München

Literatur und Sprache

John Lyons
Einführung in die moderne Linguistik
8., unveränderte Auflage. 1995.
538 Seiten mit 35 Abbildungen und Tabellen im Text. Broschiert
C. H. Beck Studium

Ludwig Reiners
Stilkunst
Ein Lehrbuch deutscher Prosa
Völlig überarbeitete Ausgabe. 1991. 542 Seiten. Leinen

Ludwig Reiners
Stilfibel
Der sichere Weg zum guten Deutsch
133. Tausend. 1990. 239 Seiten. Gebunden

Hermann Ehmann
affengeil
Ein Lexikon der Jugendsprache
3., durchgesehene Auflage. 1994. 156 Seiten. Paperback
Beck'sche Reihe Band 478

Christoph Gutknecht
Lauter böhmische Dörfer
Wie die Wörter zu ihrer Bedeutung kamen
1995. Etwa 210 Seiten. Paperback
Beck'sche Reihe Band 1106

Umberto Eco
Die Suche nach der vollkommenen Sprache
Aus dem Italienischen von Burkhart Kroeber.
2. Auflage. 1994. 388 Seiten mit 22 Abbildungen. Leinen
Europa bauen

Verlag C. H. Beck München